全球行銷貿易
人才認證題庫

台北市外貿行銷專案經理人協會　著

NM 新月圖書

國家圖書館出版品預行編目資料

全球行銷貿易人才認證題庫 / 台北市外貿行銷專案經理人協會著. -- 1 版. -- 臺北市：新月圖書, 2016.04

368 面；19x26 公分.

ISBN 978-986-91966-3-5 (平裝)

1. 國際貿易實務 2. 國際行銷

558.7   105005223

NM 新月圖書

全球行銷貿易人才認證題庫

著　　者	台北市外貿行銷專案經理人協會
發 行 人	卓劉慶弟
出 版 者	新月圖書股份有限公司
地　　址	臺北市重慶南路一段一四三號三樓
電　　話	(02) 2311-4027
傳　　真	(02) 2311-6615
郵　　撥	10775738
網　　址	www.tunghua.com.tw
讀者服務	service@tunghua.com.tw
直營門市	臺北市重慶南路一段一四七號一樓
電　　話	(02) 2382-1762
出版日期	2016 年 4 月 1 版

ISBN　　978-986-91966-3-5

版權所有 ‧ 翻印必究

序言

有鑑於全球貿易發展與國際企業經營對台灣經濟發展的重要性，全球貿易的專業經理人才培育，向來為台灣經濟發展之基石。而能夠在此一場域中達陣的專業經理人，需要會貿易也要會行銷；結合此兩種專業能力，將會對於相關工作推展上握有強大的競爭力。而觀諸目前市面上，並沒有結合「國際貿易」與「國際行銷」此兩種專業人才認證時所需使用的專門書籍，因此《全球行銷貿易人才認證題庫》一書的問世，正好適時填補此一缺口，時機掌握得恰到好處，十分切合時代脈動且具備時代意義。

由「台北市外貿行銷專案經理人協會」專案企劃，新月圖書出版的《全球行銷貿易人才認證題庫》一書，結合兩位貿易專業的教師與三位行銷專業的教師聯合編寫內容重點與命題。內容包括「經貿資訊與國際貿易實務」與「全球行銷與經營策略」兩大部分。前者有十二個單元，分別是：經貿資訊；貿易基本概念及流程；國際貿易基本貿易條件；要約、報價與承諾；國際貿易付款、信用狀分析與付款融資；國際貨物運輸；國際貿易風險管理 (運輸 / 輸出保險)；進出口結匯 / 出口託收；貿易索賠、仲裁與糾紛處理；出口報價計算；基礎貿易英文；信用狀實例分析及單證填製。後者則有十個單元，分別是：全球化與全球行銷概念；全球行銷環境：經濟、政治與文化環境；行銷資訊與行銷資料應用；全球競爭策略、市場區隔與定位；全球市場進入策略；全球產品策略與管理；全球定價策略；全球行銷通路管理與運籌系統；全球廣告與溝通策略；全球行銷之組織與控制。因此，本書可說是一本培養全球行銷貿易人才的「教戰守策」。

《全球行銷貿易人才認證題庫》一書各單元，業已含括「國際貿易」與「國際行銷」的各項要點，內容可說是十分完備與周延。而各單元列有重點整理與考題和答案，題目數量豐富，超過九百題。本書十分適合全球行銷貿易人才認證，與提升自身全球行銷貿易能力之用途。這是一本不可多得的好書，特別向您推薦。

陳澤義
國立台北大學國際企業研究所教授兼所長
2016.3.18

目錄

經貿資訊與國際貿易實務篇　　1

單元一　經貿資訊　　3
單元二　貿易基本概念及流程　　14
單元三　國際貿易基本貿易條件　　28
單元四　要約、報價與承諾　　38
單元五　國際貿易付款、信用狀分析與付款融資　　46
單元六　國際貨物運輸　　58
單元七　國際貿易風險管理 (運輸 / 輸出保險)　　71
單元八　進出口結匯 / 出口託收　　83
單元九　貿易索賠、仲裁與糾紛處理　　95
單元十　出口報價計算　　104
單元十一　基礎貿易英文　　117
單元十二　信用狀實例分析及單證填製　　122

全球行銷與經營策略篇　　147

單元一　全球化與全球行銷概念　　149
單元二　全球行銷環境：經濟、政治與文化環境　　158
單元三　行銷資訊與行銷資料應用　　170
單元四　全球競爭策略、市場區隔與定位　　177
單元五　全球市場進入策略　　183
單元六　全球產品策略與管理　　190
單元七　全球定價策略　　201
單元八　全球行銷通路管理與運籌系統　　207

單元九　全球廣告與溝通策略　　214
單元十　全球行銷之組織與控制　　221

練習題題庫　　227

第一回　　229
第二回　　243
第三回　　256
第四回　　269
第五回　　282
第六回　　296
第七回　　309
第八回　　322
第九回　　335
第十回　　348

經貿資訊與國際貿易實務篇

單元一　經貿資訊

單元二　貿易基本概念及流程

單元三　國際貿易基本貿易條件

單元四　要約、報價與承諾

單元五　國際貿易付款、信用狀分析與付款融資

單元六　國際貨物運輸

單元七　國際貿易風險管理（運輸／輸出保險）

單元八　進出口結匯／出口託收

單元九　貿易索賠、仲裁與糾紛處理

單元十　出口報價計算

單元十一　基礎貿易英文

單元十二　信用狀實例分析及單證填製

單元一 經貿資訊

 **重點整理**

一、貿易相關法規規定

1. 《貿易法》第 11 條：現行貿易管理制度為「原則自由，例外限制」負面表列。

2. 《貿易法》第 17 條：出進口人不得有下列行為：
   (1) 侵害我國或他國依法保護之智慧財產權。
   (2) 未依規定標示來源識別、產地或標示不實。
   (3) 未依規定申報商標或申報不實。
   (4) 使用不實輸出入許可證或貿易許可及證明文件。
   (5) 未依誠實及信用方法履行交易契約。
   (6) 以不正當方法擾亂貿易秩序。
   (7) 其他有損害我國商譽或產生貿易障礙之行為。

3. 《貿易法》第 28 條：未依誠實及信用方法履行交易契約，國貿局可處以：
   (1) 警告。
   (2) 3 萬元～30 萬元之罰鍰。
   (3) 停止 1 個月～1 年輸出入。
   (4) 撤銷出進口廠商登記。

4. 出進口廠商登記管理辦法：出進口廠商並無限制最低資本額，欲經營出進口業務需向國貿局登記。

5. 我國掌理貿易業務主管機關為經濟部國貿局。
   (1) 我國掌理海關業務主管機關為財政部。
   (2) 我國各項對外貿易之母法為《貿易法》(1993 年公佈實施)。
   (3) 外匯主管機關為財政部，而外匯業務與指定銀行之授權機關為中央銀行外匯局。
   (4) 可簽發原產地證明的機構為公會、標準檢驗局。
   (5) 可簽發 I/P 或 I/L 的機構為國貿局、加工出口區管理處、科學園區管理局。

二、重要區域組織

1. 與台灣有簽署 FTA 國家有：巴拿馬、瓜地馬拉、尼加拉瓜、薩爾瓦多、宏都拉斯(多在中南美洲)、中國大陸 (ECFA)、新加坡、紐西蘭。

2. 歐元會員國 18 國 (2014 年)：荷蘭、比利時、盧森堡、葡萄牙、西班牙、德國、法國、義大利、奧地利、愛爾蘭、希臘、芬蘭、斯洛維尼亞、拉脫維亞、賽普勒斯、馬爾他、斯洛伐克、愛沙尼亞。

3. 歐盟有 28 國：德國、荷蘭、比利時、盧森堡、法國、義大利、丹麥、英國、愛爾蘭、希臘、西班牙、葡萄牙、瑞典、芬蘭、奧地利、賽普勒斯、愛沙尼亞、拉脫維亞、立陶宛、波蘭、捷克、斯洛伐克、匈牙利、馬爾他、斯洛維尼亞、羅馬尼亞、保加利亞、克羅埃西亞。

4. 我國目前有加入區域組織為 APEC (21 國) 及 WTO (160 國)(2014 年)。

   我國於 2002 年以台澎金馬獨立關稅領域加入 WTO，成為第 144 個會員國，WTO 最高決策機構為部長會議。我國自加入 WTO 後停徵商港建設費改徵商港服務費，為從量稅(由交通部負責)，僅對海運之進出貨物及人課徵。

5. 東協 ASEAN 為 10 國：越國、柬埔寨、寮國、泰國、緬甸、馬來西亞、新加坡、印尼、汶萊、菲律賓。

   (1) 東協加一是指加中國 (2010 年)。

   (2) 東協加三是指加中國、日本及韓國 (2012 年)。

6. 金磚四國 (BRICs) 是指巴西、俄羅斯、印度及中國。

7. 區域全面經濟夥伴協定 (RCEP 16) 是指東協加三、澳洲、紐西蘭、印度。

8. 跨太平洋夥伴關係 (TPP 12) 是指越南、馬來西亞、新加坡、汶萊、澳洲、紐西蘭、日本(與 RCEP 同)、美國、墨西哥、加拿大 (NAFTA)、祕魯、智利。

9. 《京都議定書》：管制二氧化碳。

   《華盛頓公約》：保護瀕臨絕種野生動物。

   《里約宣言》：保護全球環境及兼顧經濟發展。

   《CWC 公約》：聯合國禁止化學武器製造與使用。

三、重要經貿數據

1. 2013 年我國前三大貿易對手國為中國大陸(含香港)、日本、美國，對外貿易總額為 5,753.3 億美元，出口值為 3,054.4 億美元；排名第 20 名，進口值為 2,698.9 億美元；排名第 18 名。

2. 我國主要三大貿易順差國：中國大陸、新加坡、菲律賓。
3. 我國主要三大貿易逆差國：日本、沙烏地阿拉伯、科威特。
4. 海關貿易統計資料僅含有形貿易，並不包含無形貿易 (無須通關)，但後者會出現在央行結匯統計資料中。

四、各類貿易型態

1. 國內貿易與國際貿易：兩者風險、使用貨幣、交易對手、語言、風俗習慣及法律不同。
2. 有形貿易與無形貿易：前者指原物料、半成品、製成品等有形產品；後者指勞務、服務等無形商品。
3. 主體制貿易與佣金制貿易：前者為直接買賣，由買賣當事人以自己名義為自己計算自負盈虧；後者則透過第三者，可分為直接及間接代理，前者以委託人名義 (本人) 為本人計算，後者 (行紀行為) 則以被委託人名義 (自己) 為本人計算。
4. 直接貿易與間接貿易：前者指本國貨主與外國買主間的交易未經由第三者中介；後者可分為三角貿易、轉口貿易、轉換貿易。
    (1) 過境貿易：貨物經由第三國轉運至進口國，但交易文件、貨款由買賣直接處理 (直接貿易)。
    (2) 轉換貿易：貨款的清償經由第三國，用於解決外匯不足的問題 (間接貿易)。
    (3) 轉口貿易：貨物透過第三地運至進口國，貨款、交易文件均透過中間商 (間接貿易)。
    (4) 三角貿易：貨物直接運至進口國，貨款、交易文件則透過中間商 (間接貿易)。
5. 相對貿易：一種以物易物的國際貿易，用於解決外匯不足或貿易保護的問題，又稱補償性或買回交易。可分為下列幾種：
    (1) 易貨交易：直接交換等值的商品與勞務，沒有金錢交易。
    (2) 補償交易：一方出售並同時向另一方採購，以抵銷部份或全部貨款。
    (3) 相對採購：一方出售機械設備及技術，並同時向另一方採購不相關的產品。
    (4) 產品購回協定：一方輸出機械設備 (已開發國家)，並約定日後購回其所生產出的產品 (開發中國家)，可獲技術移轉並解決外匯不足問題。
6. 整廠輸出：整個工廠轉至開發中國家，其投資金額大、交易時間長且風險大但附加價值高。

經貿資訊與國際貿易實務篇

五、貿易流程

交易前準備階段：

1. 市場調查。
2. 尋找交易對手。
3. 招攬交易(詢價、報價、還價、信用調查)。

訂約階段：

4. 簽訂買賣契約。

履約階段：

5. 接受信用狀(若LC交易)。
6. 貨物裝運(洽船、簽證、檢驗、出口報關)。
7. 出口押匯。

善後處理階段：

8. 貿易索賠。
9. 仲裁。

六、對國際市場掌控程度(國際供應鏈中的角色)

1. OEM (original equipment manufacturing)：原廠委託製造。
2. ODM (original design manufacturing)：原廠委託設計。
3. OBM (owner brand marketing)：自創品牌行銷。

七、國際貿易信用調查的3C及6C

1. 與個別廠商相關：品性(character)、能力(capacity)、資本(capital)為3C。
2. 與總體經濟環境相關：市場狀況(condition)、國家(country)、貨幣(currency)。

考題

1. 2013 年為我國賺取最大量外匯與使用最大宗外匯的產業分別為何？
   (A) 工具機；石油
   (B) 工具機；化學
   (C) 電子產品；石油
   (D) 機械設備；電機設備

2. 103 年我國外銷接單，國內生產占比率為
   (A) 47.4%
   (B) 52.6%
   (C) 61.5%
   (D) 38.5%

3. 我國目前已加入下列哪些國際貿易合作組織所標示的成員：a. APEC；b. ASEAN；c. TPP；d. RCEP；e. WTO
   (A) a b e
   (B) a b e
   (C) a c e
   (D) a e

4. 我國對外貿易最大順、逆差來源國分別為何？
   (A) 美；日
   (B) 中；日
   (C) 日；中
   (D) 歐；日

5. 東協 (ASEAN) 加一的「一」所指為哪一國？
   (A) 台灣
   (B) 韓國
   (C) 中國
   (D) 日本

6. 東協 (ASEAN) 加「六」係指東協加中、日、韓與其餘哪三國？
   (A) 孟加拉、印度、巴勒斯坦
   (B) 印度、沙烏地阿拉伯、埃及
   (C) 美國、加拿大、墨西哥
   (D) 印度、澳洲、紐西蘭

7. 我國於 2004 年 1 月 1 日與哪國簽署第一個自由貿易協定？
   (A) 哥斯大黎加
   (B) 瓜地馬拉
   (C) 巴拿馬
   (D) 宏都拉斯

8. 下列哪個國家並非我國自由貿易協定 (FTA) 的簽約國？
   (A) 巴拿馬
   (B) 薩爾瓦多

(C) 宏都拉斯與尼加拉瓜　　　　　(D) 哥斯大黎加

9. 我國與外國最早簽署自由貿易協定的國家是
   (A) 薩爾瓦多　　　　　　　　　(B) 巴拿馬
   (C) 瓜地馬拉　　　　　　　　　(D) 宏都拉斯

10. 廠商出口貨品至巴拿馬，如要適用自由貿易協定之優惠關稅待遇，必須在貨品出口前簽署
    (A) 匯票　　　　　　　　　　　(B) 原產地證明書
    (C) 公證報告　　　　　　　　　(D) 檢驗證明書

11. ECFA 後續協議中，不包括下列何者？
    (A) 貨品貿易協議　　　　　　　(B) 投資保障協議
    (C) 服務貿易協議　　　　　　　(D) 爭端解決協議

12. 我國負責 ECFA 原產地證明書的簽證機關是
    (A) 標準檢驗局　　　　　　　　(B) 陸委會
    (C) 國際貿易局　　　　　　　　(D) 海基會

13. 歐元區中央銀行所在地位於歐洲的哪一個國家？
    (A) 法國　　　　　　　　　　　(B) 比利時
    (C) 德國　　　　　　　　　　　(D) 希臘

14. 歐盟總部所在地位於歐洲哪一個國家？
    (A) 法國　　　　　　　　　　　(B) 比利時
    (C) 德國　　　　　　　　　　　(D) 希臘

15. 聯合國自 1994 年起，150 個國家在紐約聯合國總部通過了《聯合國氣候變化綱要公約》(UNFCCC)，其後每年開一次締約國大會。第三次締約國大會成為國際法是扭轉全球氣候變化的第一步，稱為
    (A) Montreal Protocol　　　　　(B) Kyoto Protocol
    (C) Washington Convention　　　(D) Rio Declaration

16. 根據《貿易法》第 17 條規定，出進口人有違反執業禁止之行為時，經濟部國際貿

易局得予以

(A) 處新台幣 5 萬元以上，50 萬元以下罰鍰

(B) 停止其 1 個月以上，1 年以下輸出入貨品

(C) 撤銷其出進口廠商登記

(D) 以上皆是

17. 下列何者非我國《貿易法》之立法宗旨？

(A) 健全貿易秩序，增進國家之經濟利益

(B) 公平及互惠原則

(C) 《貿易法》未規定者，不適用其他法律之規定

(D) 資本自由化、國際化精神

18. 根據《貿易法》第 18 條對進口救濟之規定，產業受害時調查措施之受理機構為

(A) 國際貿易局　　　　　　　(B) 海關

(C) 貿易調查委員會　　　　　(D) 外貿協會

19. 台灣的商家為能確保消費者所花的錢有更多的比例進到供應國小農夫的手中，可以向何種類的貿易組織取得認證？

(A) 自由貿易　　　　　　　　(B) 公平貿易

(C) 配額貿易　　　　　　　　(D) 相對貿易

20. 我國在孫運璿時代創立，由經濟部每年評選並頒發給前一年「出進口績優廠商」的獎項稱為

(A) 大貿獎　　　　　　　　　(B) 金貿獎

(C) 貿易磐石獎　　　　　　　(D) 創匯貢獻獎

21. 最早與我國簽訂 FTA 的國家大都分佈在

(A) 東南亞　　　　　　　　　(B) 東北亞

(C) 北美洲　　　　　　　　　(D) 中南美洲

22. 我國加入 WTO 及 APEC 係以下列何種名義申請加入？

(A) 台灣、台澎金馬關稅領域　　　(B) 台灣關稅領域、中華民國

(C) 台澎金馬關稅領域、中華台北　(D) 台灣關稅領域、中華台北

23. 我國是為了因應何種經濟變化，而與中國大陸簽訂 ECFA？
    (A) ASEAN+1 (B) APEC
    (C) EU (D) TPP

24. 下列何者非《貿易法》第 28 條所規定的處分？
    (A) 停業 (B) 警告
    (C) 罰鍰 (D) 賠償

25. 下列哪一個單位不可簽發 I/P 或 I/L？
    (A) 國貿局 (B) 標準檢驗局
    (C) 加工出口區管理處 (D) 科學園區管理局

26. 下列何者非間接貿易？
    (A) 三角貿易
    (B) 轉口貿易
    (C) 過境貿易
    (D) 貨物直接從出口國到進口國，但文件經由非進出口廠商的第三者

27. FTA 簽約國大多為貿易國往來國家，一般國家大都以哪兩項價格來統計出進口額，從而造成貨物出口總額低估，而進口總額高估的現象？
    (A) 出口額依照 FOB、進口額依照 CIF
    (B) 出口額依照 CIF、進口額依照 FOB
    (C) 出口額採國際市場價格計算、進口額照國內市場價格計算
    (D) 出口額照國內市場價格計算、進口額照國際市場價格計算

28. 貨物輸出國經由第三地至輸入國，而涉及文書往來由進出口廠商自行處理之方式來達成貿易稱為
    (A) 三角貿易 (B) 轉口貿易
    (C) 易貨貿易 (D) 過境貿易

29. 貨物直接由出口國運往進口國，不通過第三國，而第三國中間商卻介入其中貿易過程，此係屬
    (A) 三角貿易 (B) 轉口貿易

(C) 易貨貿易　　　　　　　　　　(D) 過境貿易

30. 有關我國加入國際或區域經貿組織的敘述，下列何者錯誤？
    (A) 我國目前已加入的國際經合組織為 APEC
    (B) 我國在 2002 年成為 WTO 會員國
    (C) 目前與我國簽訂 FTA 國家均在中南美洲
    (D) 我國並非 IMF 會員國

31. 有關服務業貿易敘述，下列何者正確？
    (A) 國際間運輸、旅遊、金融或無償移轉等貿易，均屬此種貿易
    (B) 其交易需經報關統計
    (C) 其交易金額亦會顯示在國際收支統計表
    (D) 台灣目前服務業貿易已超過商品貿易

32. 關於進出口貨品編號 CCC Code，下列敘述何者有誤？
    (A) 總共 11 碼，前 6 位碼依據 HS Code 編訂
    (B) 前 8 位碼為稅則號別
    (C) 前 10 位碼為統計號別，另外加 1 碼為檢查號碼
    (D) 進口稅率分為三欄，第一欄適用與我國簽有 FTA 國家，第二欄適用於 WTO 會員國，第三欄適用於其他非屬第一、二欄國家適用

33. 關於我國貿易現況，下列敘述何者正確？
    (A) 所有進出口貨物皆需辦理報關
    (B) 目前貿易往來使用最多的付款方式為託收交易
    (C) FTA 簽約國大多為主要貿易國往來國家
    (D) 已加入 WTO、APEC 及 IMF 等國際組織

34. 有關各種稅費：(1) 商港服務費；(2) 推廣貿易服務費；(3) 關稅；(4) 貨物稅及營業稅，下列敘述何者正確？
    (A) 出口時應繳納：(1)(2)(3)　　(B) 出口時應繳納：(1)(2)(4)
    (C) 進口時應繳納：(1)(3)(4)　　(D) 進口時應繳納：(1)(2)(3)(4)

35. 下列國際規範何者敘述錯誤？

(A)《京都議定書》：管制二氧化碳

(B)《華盛頓公約》：保護瀕臨絕種野生動物

(C)《里約宣言》：保護全球環境及兼顧經濟發展

(D)《CISG 公約》：聯合國禁止化學武器製造與使用

36. 依照我國《自由貿易港區設置管理條例》所設置「自由貿易港區」的特色為何？
  (A) 境內關外
  (B) 境外關內
  (C) 境外關外
  (D) 境內關內

37. 國內貿易與國際貿易，下列何者非屬其差異？
  (A) 匯兌風險
  (B) 信用風險
  (C) 政治風險
  (D) 語言及風俗習慣不同

38. 國際貿易的主體與客體分別為
  (A) 貿易商、貨物
  (B) 貿易商、單證
  (C) 單證、貨物
  (D) 貨物、單證

39. 接受國外大廠委託製造生產後，並以國外原委託廠商之品牌在市場銷售，這種模式稱為
  (A) OEM
  (B) ODM
  (C) OBM
  (D) ORM

40. 下列何者不是相對貿易？
  (A) 易貨交易
  (B) 補償交易
  (C) 相對採購
  (D) OEM

單元一答案

1. (C)	2. (A)	3. (D)	4. (B)	5. (C)
6. (D)	7. (C)	8. (D)	9. (B)	10. (B)
11. (B)	12. (C)	13. (C)	14. (B)	15. (B)
16. (D)	17. (C)	18. (C)	19. (B)	20. (B)
21. (D)	22. (C)	23. (A)	24. (D)	25. (B)
26. (C)	27. (A)	28. (D)	29. (A)	30. (C)
31. (C)	32. (D)	33. (A)	34. (D)	35. (D)
36. (A)	37. (B)	38. (A)	39. (A)	40. (D)

單元二
貿易基本概念及流程

 重點整理

一、交易前準備階段

1. 招攬交易、信用調查。
2. 詢價 (inquiry)、報價 (offer)、還價 (counter offer)。
3. 接受並確認。

二、履約階段

4. 申請開狀：進口商向開狀銀行申請開發 LC (若為 FOB、CFR 洽訂保險事宜)。
5. 開發、交付信用狀：開狀銀行交付通知銀行 LC。
6. 通知信用狀：通知銀行告知出口商領取 LC。
7. 預售外匯：出口商進行外匯避險。
8. 洽訂艙位：出口商洽訂艙位。
9. 投保並取得保險單據 (CIF)：出口商洽訂保險事宜。
10. 貨物進儲指定地點：貨物運至貨櫃 (集散) 場、檢驗公證。
11. 出口報關。
12. 放行：出口地海關放行。
13. 裝船：貨物裝船。
14. 交付提單：運送人交付海運提單 (B/L)。
15. 裝船通知：出口商對進口商發出裝船通知。
16. 辦理押匯：出口押匯 (交付押匯銀行全套 LC、匯票、貨運單據)。
17. 墊付押匯款項：出口商收到押匯銀行墊付款項。
18. 寄單求償：押匯銀行向開狀銀行寄單求償。
19. 單據到達通知：開狀銀行通知進口商單據到達。
20. 進口贖單 (付款或承兌)：進口商至開狀銀行辦理 (付款、承兌、延付) 贖單。

21. 提示提單 (B/L)：進口商向船公司提示 B/L。
22. 發行小提單 (D/O)：繳清運費 (若為 FOB、CFR) 並換取小提單。
23. 進口報關。
24. 放行：進口地海關放行。
25. 提貨。

下圖為勞委會提供國貿丙檢範例

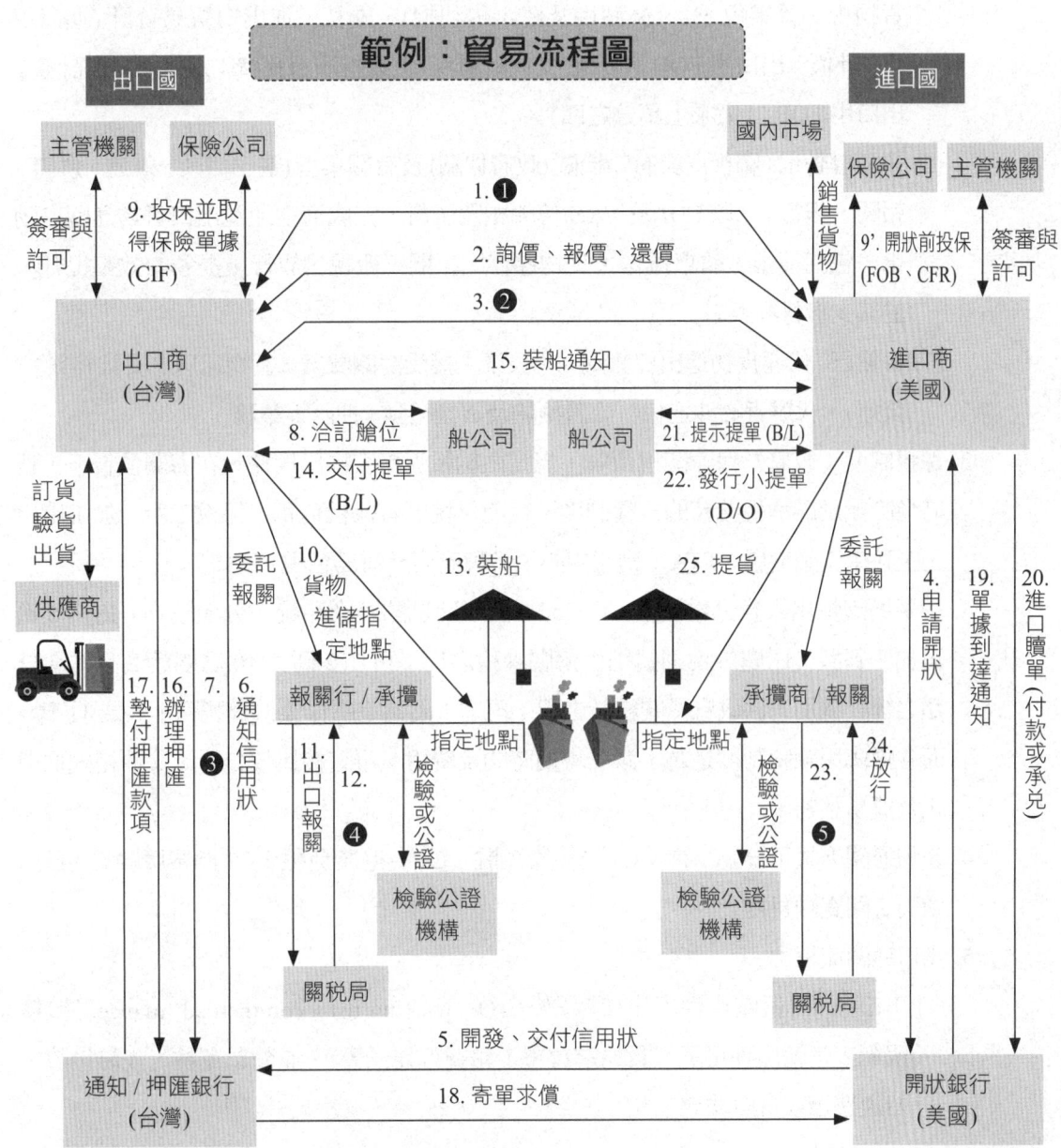

三、善後處理階段

26. 貿易索賠 (claim)。
27. 仲裁。

四、報關流程

1. 相關單位：

    (1) 關稅局：設有關務署及基隆、台北、台中、高雄四個關稅局，負責徵稅 (關稅、貨物稅、營業稅 5%、菸酒稅及健康福利捐)、緝私、進出口貿易統計 (進口用 CIF 計價、出口用 FOB 計)、收受代辦業務 (貿易推廣服務費；進口用 CIF 計價、出口用 FOB 計價乘上萬分之四)。

    (2) 通關自動化：關稅局與有關機關 (政府機關) 及有關業者 (進出口業、航運、倉儲、報關、銀行等) 以 EDI 及 VAN 傳輸相關資料，完成海空運進出口貨物通關自動化，包括簽審、艙單遞送、貨物儲存、報關、繳稅、放行、提領的效率提升，並減少資料錯誤率。

    (3) 報關行：代理貨物進出口報關、代表業主接受海關驗貨、貨物運送之安排 (洽艙、裝運)、代辦貨物沖退稅、公證檢驗及簽證結匯 / 押匯等業務。

2. 保稅制度：政府為保障關稅徵收，規定由納稅義務人提出擔保，在海關監督下，暫時免除或延緩繳稅義務的一種制度。目前保稅區有保稅倉庫、保稅工廠、加工出口區、科學工業園區、FTA、物流中心、免稅商店及離島免稅。

3. 中華民國輸出入貨品編號 (CCC Code) 前 6 碼是國際商品統一分類號列 (HS)，6 碼再加 2 碼共 8 碼屬於稅則號別供海關課稅之用；再加 2 碼共 10 碼屬於商品標準分類之統計號別，供政府機關統計之用；再增 1 碼為電腦作業檢查號列，共為 11 碼。而各國使用調和制度是為了減少轉換時間及費用、可直接比較分析、文件格式標準化及貿易談判。

4. 貨物通關方式可分為三種：C1 為免審免驗、C2 為應審免驗、C3 應審應驗 (10 日內會同海關查驗貨物)。

5. 出口通關流程：

    (1) 出口收單 (報關文件：出口報單、S/O、packing list、commercial invoice、裝櫃明細表、輸出許可證、貨物進倉單、報關行委任書)，並分為免驗、先驗後放、船邊機邊或倉庫驗放。

(2) 驗貨。

(3) 分類估價。

(4) 放行。

6. 進口通關：

(1) 進口收單 [報關文件：進口報單、進口艙單、貨物進倉單、packing list、commercial invoice (2 份)、報關行委任書]，並分為免驗、先驗後放、船邊/機邊或倉庫驗放。

(2) 驗貨 (C1 為免審免驗、C2 為文件審查、C3 文件與貨物審驗)。

(3) 分類估價 (分為先放後核及先核後放：前者為先行徵稅驗放後再加以審查；後者為當地海關先將資料傳送關稅總局查詢後再處理)。

(4) 徵稅 (分為先放後稅及先稅後放：前者為先行放行後收到海關通之後再繳稅；後者為先行繳納稅款或提供擔保後再放行)。

(5) 放行。

7. 繳稅方式可以現金、匯付稅款、線上扣繳 (EDI)、先放後稅 (先提供海關核准之擔保以取代現、保證金繳納) 或記帳 (按月匯總清關) 方式繳納。

8. 進口關稅依課徵目的分為財政關稅及保護性關稅：前者為了增加國庫收入；後者則分為平衡稅、反傾銷稅、報復關稅及額外關稅。

五、與關稅相關法規

1. 《關稅法》第 2 條規定：所謂關稅是指對國外進口貨物所課徵之進口稅。有依數量及每數量單位完稅額課徵之從量稅，依其完稅價格及稅率課徵之從價稅與複合關稅，一般貨物大多以從價稅課徵。我國特別關稅 (保護關稅) 包括平衡稅、反傾銷稅及報復關稅。

2. 《關稅法》第 16 條規定：進口貨物之申報，由納稅義務人自裝載貨物之運輸工具進口日之翌日起 15 日內向海關辦理。

3. 《關稅法》第 73 條規定：報關期限屆滿之翌日起，按日加徵滯報費新台幣 200 元，滯報費加徵滿 20 日仍不報關者 (共 35 日)，由海關將其貨物變賣。變賣所得扣除應繳納關稅及必要費用外，如有餘款由海關暫代保管，納稅義務人得於 5 年內申請發還，逾期繳交國庫。

4. 《關稅法》第 18 條規定：為加速進口貨物通關，海關得按納稅義務人應申報事項，

先行徵稅驗放，事後再加以審查。先放後核的進口核價方式，即先放行通關，事後再估價核稅。
5. 貨物進口於收到海關稅款繳納證(稅單)翌日起 14 日內辦理繳納，自繳納期限屆滿翌日起，按日加徵滯納金萬分之五。滯納金加徵滿 30 日仍不繳納者，由海關將其貨物變賣。
6. 營業稅及貨物稅之滯納金為每 2 日加徵 1%，最多加徵 15%。
7. 《關稅法》第 29 條規定：進口貨物以從價課徵關稅，其完稅價格以進口貨物之交易價格為計算根據；即含運費及保費，亦指 CIF 或 CIP 價格。外幣價格之折算以報關日前一旬中間日(即 5 日、15 日、25 日)之台灣銀行掛牌公告匯率為準。
8. 海關進口稅則之稅率分為三欄，第一欄之稅率適用於 WTO 或有互惠待遇國家或地區之進口貨物，第二欄之稅率適用於特定低度開發、開發中或簽有 FTA 國家或地區之進口貨物，其餘適用於第三欄。若同時適用於第一欄及第二欄則以稅率較低為準。

六、與輸出入許可相關法規

1. 1990 年實施免除輸出入許可證，1994 年實施「負面列表」貿易管理制度。
2. 依貨品輸出入管理辦法，有關輸出入簽證之規範為：
   (1) 免證是指免除 I/P 或 I/L 及 E/P 或 E/L。
   (2) 有配額管制的產品應向國貿局辦理簽證。
   (3) 輸出入許可證應至國貿局或經濟部委任機構辦理；而輸出許可證其有效期限為自簽證日起 30 天，不可申請延期，遺失、更改及延期則申請註銷重簽。
   (4) 輸出許可證申請人不得修改，未報關則簽證之修改應申請註銷重簽，已報關則應先經海關簽署證明始可申請更改。輸入許可除了申請人名稱(除非核准)之外，於 I/P 有效期限屆滿前可申請更改。
   (5) 輸入許可證有效期限為 6 個月，貨物應於屆滿前自原起運口岸裝運(以提單日期為準)，申請人得於屆滿前 1 個月申請延期，每次延期不得超過 6 個月，延期次數不得超過 2 次。
3. 戰略性高科技貨品其輸出規定為：
   (1) 非經許可不得輸出。
   (2) 經核發後非經核准不得擅自更改進口人或轉往第三國，據實申報用途。

(3) 違反者 2 年以下有期徒刑、拘役或併科罰金新台幣 30 萬元以下。
(4) 出口人應具備進國口政府核發國際進口證明書或抵達證明書或最終用途證明書或進口保證文件。
(5) 輸出許可證其有效期限為 1 個月並限一次輸出。

七、與輸出入檢驗 / 報關相關法規

1. 海運貨物其承載的船公司應於船舶抵港前 5 日內 (全貨櫃輪於 7 日內) 向海關遞送進口艙單。
2. 美國自 911 之後規定，所有運抵美國各港口者，需在外國港裝載前 24 小時發出確實載貨清單至美國海關。
3. 商品檢驗標準規範為：
   (1) 由主管機關指定公告之，主管機關依國際公約、國家標準、國際標準或其他技術法規，若無，由主管機關訂定或經主管機關核准後得依買賣雙方約定之標準檢驗。
   (2) 商品檢驗費不得超過商品市價 (外匯銀行簽證出口價格或市場躉售價格) 之千分之三，若未依前項規定查定費額者，輸出商品以離岸價格 (FOB)，輸入商品以起岸價格 (CIF) 計算。
   (3) 一般商品檢驗由經濟部標準檢驗局檢驗，若為動植物則由農委會動植物防疫檢疫局檢驗。

八、進出口大陸物品管理辦法

1. 台灣與大陸地區貿易許可辦法第 5 條：得以直接方式為之，其買方或賣方得為大陸地區業者，而物品之運輸應經由第三地或境外航運中心為之。
2. 以不危害國家安全及對相關產業無重大不良發展為原則。
3. 1998 年公告：
   (1) 輸入規定代號為 MW0：不准進口。
   (2) 輸入規定代號為 MP1：有條件進口。

九、檢驗 / 公證 / 產地證明

1. 商品檢驗執行方式分為逐批檢驗、監視檢驗、驗證登錄及符合性聲明等方式。
2. 公證是指經由第三者以中間人獨立公正立場，從事標的物檢驗鑑定且簽發之證

明或報告；分為海事公證、保險公證及貨物公證 [多屬裝運前檢驗 (pre-shipment inspection, PSI)] 三種。

3. 出口商要求公證目的可能為出口國政府、進口國政府或買主、計算數與質的標準、防止進口商惡意索賠；進口商要求公證目的可能為進口國政府、進口國使用標準、計算數與質的標準、確認賣方交貨符合規定。

4. ISO 9000 是品質認證，ISO 14001 是環保認證。

5. 產地證明書 (certificate of origin, CO)：若 LC 要求領事發票或海關發票則不需另付 CO。一般 CO 簽發係基於政經關係及稅率關係需要，另有優惠關稅 CO (簡稱 form A) 及產地聲明書 (出口商簽發)。

6. 原產地證明書管理辦法第 4 條規定 (原產地認定標準)：原物料經加工或製造後所產生之貨品與原材料歸屬我國進口關稅前六位編號相異者，或已完成重要製成或附加價值率超過 35%。

7. 包裝單 / 重量單對貨物名稱、規格、重量、體積、收件人、航期、嘜頭件號應填製，對於申報不實，政府得以漏課罰 2～5 倍之罰緩並得以沒收。

考題

1. 以 FOB 條件交易時，下列何者是出口程序之必要步驟？
   (A) 洽訂艙位
   (B) 投保貨物運輸保險
   (C) 出口報關
   (D) 支付運費

2. 下列哪一個步驟屬於履約階段？
   (A) 報價
   (B) 簽約
   (C) 開發信用狀
   (D) 索賠

3. 下列何者為可數的數量單位？
   (A) KG
   (B) DOZ
   (C) CBM
   (D) TONE

4. 出口商在從事國際貿易時，應辦理事項如下：a. 出口報關；b. 辦理出口押匯；c. 審查信用狀；d. 貨物裝船；e. 製作單證，其正確處理程序為
   (A) abcde
   (B) deabc
   (C) cadbe
   (D) cadeb

5. 我國課徵進口關稅之完稅價格 (DPV)，原則上以何者為標準？
   (A) FOB
   (B) CFR
   (C) CIF
   (D) DDP

6. 下列何種發票不能當作押匯文件？
   (A) Proforma Invoice
   (B) Commercial Invoice
   (C) Consular Invoice
   (D) Customs Invoice

7. 若貿易付款方式有：a. O/A；b. CWO；c. D/P；d. D/A；e. LC；對出口商而言，付款安全性順序由高至低為
   (A) edcba
   (B) bedca
   (C) bedac
   (D) becda

8. 依關稅法規定，進口貨物於海關開出稅單之翌日起，幾天內應繳納進口關稅？

(A) 14 (B) 15
(C) 20 (D) 30

9. 進口貨物應依規定於期限內報關及繳納稅費，逾期者，下列何者不加徵懲罰費用？
   (A) 關稅 (B) 貨物稅
   (C) 營業稅 (D) 貿易推廣服務費

10. 出口商應憑下列哪一項單據，向船公司換取物權單據，以辦理出口押匯手續？
    (A) 裝貨單 (B) 大副收據
    (C) 提單 (D) 小提單

11. 海關對於逾期不報關或不繳稅之貨物，拍賣並獲其所得價款時，扣除應納關稅及必要之費用外，如有餘款，納稅義務人得於幾年內向海關申請發還，逾期則歸國庫所有？
    (A) 半年 (B) 1 年
    (C) 3 年 (D) 5 年

12. 依照我國稅則對輸出入貨品之簽審代號規定，MP1 代表何種意義？
    (A) 大陸商品不准進口 (B) 大陸商品管制進口
    (C) 大陸商品有條件進口 (D) 大陸商品應取得輸入簽證

13. 下列何者分別為出口與進口報關文件？
    (A) S/O、B/L (B) B/L、M/R
    (C) S/O、D/O (D) B/L、D/O

14. 下列何者為出口押匯文件？
    (A) S/O (B) M/R
    (C) B/L (D) D/O

15. 下列敘述何者正確？
    (A) 自家工廠倉庫可向政府申請為保稅倉庫
    (B) 保稅區加工為成品之貨物進入國內市場，不須補繳關稅
    (C) 不須辦理進口通關作業

(D) 加工後出售於課稅區之廠商時，仍需課稅

16. 我國對於進出口商品原產地之認定有二：一為其商品標準分類前 6 碼是否改變；二為材料經加工或製造後之重要製程所產生之貨品附加價值達
    (A) 35%
    (B) 40%
    (C) 45%
    (D) 50%

17. 貿易廠商不可向下列哪個單位請求簽發原產地證明書？
    (A) 經濟部國貿局
    (B) 經濟部標準檢驗局
    (C) 智慧財產局
    (D) 同業公會

18. 有關出口簽證之敘述下列何者正確？
    (A) 目前出口簽證制度已改為「正面表列」方式
    (B) 有效期限為 6 個月
    (C) 大部份貨物的出口均應申辦出口簽證
    (D) 逾期應註銷重簽

19. 關於進出口貿易流程，下列敘述何者較適當？
    (A) 每一筆國際貿易程序都大同小異
    (B) 國際貿易流程不會因為運輸方式不同而有所差異
    (C) 國際貿易流程不會因為貿易條件不同而有所差異
    (D) 貿易契約不會以簽訂書面契約書為必要條件

20. 在我國，下列有關貿易流程安排之敘述何者錯誤？
    (A) 所有以有形商品均應申請報關
    (B) 出口貨物完成通關裝船後，由大副簽發託運人提單
    (C) 出口商應訂艙單辦理出口報關
    (D) 進口商應持提單向船公司換取小提單，已辦理進口通關提貨

21. 下列何者屬於間接貿易方式？
    (A) 相對採購
    (B) 補償交易
    (C) 轉換貿易
    (D) 抵償交易

22. 在 Buyback Agreement 的交易方式中，簽訂機械設備採購協議的供應商多數位於何等國家？
    (A) 外匯短缺國家
    (B) 開發中國家
    (C) 外匯充裕國家
    (D) 工業化國家

23. 廠商由 OEM 或 ODM 進化到 OBM 模式，通常升級過程
    (A) 有延續性
    (B) 受到國外原廠支持
    (C) 不會有延續性
    (D) 國外原廠會提供技術

24. 廠商在全球運籌帷幄的過程中，對於供應鏈的貿易型態通常採用何種方式？
    (A) 過境貿易
    (B) 轉換貿易
    (C) 三角貿易
    (D) 相對貿易

25. 根據《管理外匯條例》第 3 條之規定，管理外匯之行政主管機關與掌理外匯之業務機關，分別為
    (A) 財政部、中央銀行
    (B) 經濟部、中央銀行
    (C) 中央銀行、財政部
    (D) 中央銀行、台灣銀行

26. 在信用調查項目中，調查類似鼎新等商業道德有瑕疵的經營者，將其排除在交易之外，屬於下列何者？
    (A) Capital
    (B) Capacity
    (C) Character
    (D) Cooperation

27. 報關行 (Customs Broker) 協助進出口廠商進出口，代辦業務不包括
    (A) 估算貨物成本
    (B) 代理貨物訂船艙位
    (C) 退稅的辦理與沖退稅申請事宜
    (D) 安排進出口貨物提貨事宜

28. 根據 Incoterms 2010 貿易條件的意涵，買方的共同義務為
    (A) 支付價金
    (B) 保證運送人安全送達
    (C) 進口通關
    (D) 辦理提貨

29. 根據 Incoterms 2010 之規定，CIP 之風險負擔與通關之規定與下列何者相同？
    (A) FAS
    (B) FCA

(C) CIF (D) IN BOND

30. 制定國際貿易解釋規則之目的在於
    (A) 改善國際關係、增加交易機會
    (B) 交易條件標準化、減少貿易糾紛
    (C) 提高經營者信譽、減少惡意索賠
    (D) 創造貿易機會、賺取外匯收益

31. 我出口商由基隆出口一批電腦至 Djibouti，正確的貿易條件應為
    (A) CIF Keelung
    (B) FOB Keelung
    (C) FOB Djibouti
    (D) DAT Keelung

32. 根據 Incoterms 2010 規定，賣方必須將 Delivery Order 交給買方的貿易條件為
    (A) EXW
    (B) CIP
    (C) DAT
    (D) DAP

33. 信用狀中規定 FOB 條件，貿易契約中又約定賣方須負責船務運輸，萬一貨物在載運途中發生船難，該項損失應由何方負擔？
    (A) 保險公司
    (B) 賣方
    (C) 買方
    (D) 船公司

34. 以信用狀付款方式交易，出口商應辦理事項如下：a. 信用狀通知；b. 辦理出口押匯；c. 簽證與檢驗；d. 報價；e. 出口報關，其出口正確次序為
    (A) daecb
    (B) dacbe
    (C) cdaeb
    (D) daceb

35. 以信用狀付款方式、FOB 交易之流程有：a. 購買運輸保險；b. 詢價；c. 辦理贖單；d. 開發信用狀；e. 申請簽證；f. 簽訂貿易契約；g. 進口報關；h. 換領 D/O；i. 提貨，其正確順序為何？
    (A) bfcaedhgi
    (B) bfeadchgi
    (C) bfeachdgi
    (D) bfdheacgi

36. 調查經營者信譽，過濾誠信不佳的交易對手，預防意外損失減少惡意索賠，屬於何種信用調查項目？
    (A) Condition
    (B) Character

(C) Capacity (D) Cooperation

37. 買賣雙方初次往來,在交易函件中向對方提供 "Our reference：The Bank of Taiwan Head Office,Taipei",其作用為方便交易對手
   (A) 開發信用狀 (B) 調查信用
   (C) T/T 匯款 (D) 以 O/A 交易

38. 海關進口稅則之稅率分為三欄,適用第三欄稅率之國家或地區為何？
   (A) 世界貿易組織會員 (B) 特定低度開發國家或地區
   (C) 巴拉圭 (D) 北韓

39. 我國出口商品 100% 檢驗的檢驗的方式稱為
   (A) 監視檢驗 (B) 逐批檢驗
   (C) 驗證登錄 (D) 符合性聲明

40. 我國貨品輸出入規定中,須由國貿局核發輸入許可證者,其代號為
   (A) 111 (B) 112
   (C) 121 (D) 122

單元二答案

1. (C)	2. (C)	3. (B)	4. (D)	5. (C)
6. (A)	7. (D)	8. (A)	9. (D)	10. (B)
11. (D)	12. (C)	13. (C)	14. (C)	15. (D)
16. (A)	17. (C)	18. (B)	19. (D)	20. (B)
21. (C)	22. (D)	23. (C)	24. (C)	25. (A)
26. (C)	27. (A)	28. (A)	29. (B)	30. (B)
31. (B)	32. (D)	33. (C)	34. (D)	35. (B)
36. (B)	37. (B)	38. (D)	39. (B)	40. (C)

單元三
國際貿易基本貿易條件

 **重點整理**

一、基本貿易條件

1. 基本貿易條件是由國際商會 (International Chamber of Commerce, ICC) 於 1936 年制定的條款,稱之為「貿易條件之國際解釋規則」(Incoterms),歷經多次修訂 (最新一次在 2010 年),現在通用為 Incoterms 2010。

2. Incoterms 2000 貿易條件有 13 種,分為四類:

    (1) E [1 種:EXW (Ex work)]:工廠交貨條件,賣方責任最輕。

    (2) F [3 種:FOB (free on board)、FCA (free carrier)、FAS (free alongside ship)]:指運費未付。

    (3) C [4 種:CFR (cost and freight)、CIF (cost, insurance and freight)、CPT (carriage paid to)、CIP (carriage and insurance paid to)]:運費已付且 CIF、CIP 報價含保費。

    (4) D [5 種:DAF (delivered at frontier)、DES (delivered ex ship)、DEQ (delivered ex quay)、DDU (delived duty unpaid)、DDP (delived duty paid)]:目的地 / 港交貨,賣方責任較重。

3. Incoterms 2010 貿易條件有 11 種,分為兩類:

    (1) 純海運:FOB、FAS、CFR、CIF。

    (2) 複合運送:EXW、FCA、CPT、CIP、DAT、DAP、DDP。

    (3) 與 Incoterms 2000 相比,去除 DAF、DES、DEQ、DDU,加上 DAT 及 DAP。

4. 貿易條件的完整寫法 (貿易條件後加的地點):

    (1) 純海運:FOB、FAS、CFR、CIF ＋港口。

    (2) 複合運送:EXW、FCA、CPT、CIP、DAT、DAP、DDP ＋地點 (運送人)。

    (3) E、F 類＋起運地 / 起運港。

    (4) C 類、D 類＋目的地 / 目的地港。

5. 賣方將風險移轉予買方的地點：

   (1) E：工廠或倉庫。

   (2) F：FOB (起運港船上)、FAS (起運港船邊)、FCA (第一運送人)。

   (3) C：CFR、CIF (起運港船上)、CPT、CIP (第一運送人)。

   (4) D：DAT (目的地貨運終點站，如碼頭、鐵路、航空站)、DAP (目的地買方指定地點自運輸工具卸載；不含進口通關)、DDP (目的地買方指定交通工具上；含進口通關)。

6. 貿易索賠對象：

   (1) E、F 類交易條件：買方要保，買方索賠。

   (2) C 類交易條件：賣方要保，買方索賠 (CIF、CIP 最具爭議)。

   (3) D 類交易條件：賣方要保，賣方索賠。

二、交易品質的決定

1. 依樣品約定品質：構造簡單、單價低；如文具、禮品。

2. 依規格約定品質：如 CNS、UL、CE、JIS。

3. 依說明書約定品質：貴重、複雜產品；如寶石、汽車、機械、電腦等。

4. 依品牌約定品質：已註冊商標或品牌。

5. 依標準品 [FAQ (fair average quality)] 約定品質：農產品。

6. 依市場等級 [GMQ (good merchantable quality)] 約定品質：無公認標準或樣品；如木材、冷凍魚蝦。

7. 對等樣品 (counter sample)：賣方依買方提供樣品仿造相似品，交買方確認之樣品。

三、交易數量的決定

1. 適用 shipped quality terms 為 F、C 類交易條件。

   適用 landed quality terms 為 D 類交易條件。

2. LC 規定不得增減、或以包裝單位、或個數計量 (如 PCS、SET、BALE、ROLL、DOZEN、CARTON)，且 LC 未特別容許增減時，則數量不得增減。

3. 法定重量：指貨物之淨重 (N/W)，進口從量稅所採的法定重量。

   公量：以科學方法抽去貨物中的水份再加上標準含水量。

4. 不可數的單位；LC 特別容許增減或非以包裝單位或個數計量時且 LC 未特別禁止增減，則數量得增減 5%；若以概數表示，則數量得增減 10%。

(1) 重量單位：用於天然產品，如羊毛。

(2) 容積：用於部份穀物，如小麥或玉米；及流質物質，如汽油。

(3) 體積：用於化學氣體，如瓦斯及木材。

(4) 長度：用於布或電纜。

(5) 面積：用於木板或皮革。

四、交易付款條件

1. 預付貨款 [CIA (cash in advance)]：訂約時付款 [CWO (cash with order)]、出貨時付款 [PBS (payment before shipment)]。

2. 裝貨付款 (payment on shipment)：憑單據付款 [CAD (cash against document)]、LC。

3. 延後付款 (deferred payment)：貨到付款 [COD (cash on delivery)]、付款交單 (D/P)、承兌交單 (D/A)、installment、consignment、O/A。

4. 順匯清償方式：電匯 (T/T)、信匯 (M/T)、票匯 (D/D)、支票、郵政匯票 (M/O)。逆匯清償方式：LC、D/P、D/A 等。

五、交易包裝條件

1. shipping mark 的功能為搬運時易辨認、簡化賣方單據製作、易辨識產地、保護貨物、保持商業機密。

2. 包裝上常見的標誌用語有：KEEP DRY (保持乾燥)、FRAGILE (易碎的)、INFLAMMABLE (易燃的)、POISON (有毒的)、THIS SIDE UP (朝上)、NO HOOKS (勿用吊鉤)。

考題

1. 下列何者適用於複合運輸方式？
   (A) FOB (B) FCA
   (C) CFR (D) CIF

2. 在台灣若以航空方式運送，則適用下列何種貿易條件？
   (A) FOB (B) FCA
   (C) CFR (D) CIF

3. 下列何者是解釋貿易條件的國際慣例？
   (A) Incoterms 2010 (B) UCP600
   (C) ISBP (D) ISP 98

4. 依 Incoterms 2010 之規定，CIF 條件下貨物風險於何時移轉給買方？
   (A) 出口港運輸工具上 (B) 出口地貨物交給第一運送人時
   (C) 到達目的港船上交貨 (D) 在目的地指定地點交貨

5. 依 Incoterms 2010 之規定，CIP 條件下貨物風險於何時移轉給買方？
   (A) 出口港越過船舷 (B) 出口地貨物交給第一運送人時
   (C) 到達目的港船上交貨 (D) 在目的地指定地點交貨

6. 依 Incoterms 2010 之規定，FOB、CFR 和 CIF 三種貿易條件為
   (A) 風險移轉點不同，成本結構相同 (B) 風險移轉點相同，成本結構不同
   (C) 風險移轉點不同，成本結構不同 (D) 毫無關係

7. 下列哪一種貿易條件對出口商最不利？
   (A) FOB (B) CFR
   (C) CIF (D) C&I

8. 依 Incoterms 2010 之規定，在 DDP 條件下，賣方除了須辦理進口通關之外，是否需要負責把貨物裝上買方所指定的運輸工具上？
   (A) 需要 (B) 不需要

(C) 是雙方協商而定　　　　　　　　(D) 沒有規定

9. 台北某出口商想出口一批貨物給日內瓦 (Geneve) 的買方，裝運港為基隆港，貿易條件 CIF Hamburg，則貨物的風險移轉位置在哪裡？
   (A) 台北　　　　　　　　　　　　(B) 基隆港
   (C) Hamburg　　　　　　　　　　(D) Geneve

10. 對於從事三角貿易而言，就擔任實際出口商之買方及實際進口商之賣方而言，以何種貿易條件最為理想？
    (A) CFR、CIF 條件　　　　　　　(B) CFR、FOB 條件
    (C) FOB、C&I 條件　　　　　　　(D) CFR、C&I 條件

11. 依據 Incoterms 2010 規定，a. DDP；b. DAT；c. DAP；d. FCA；e. EXW；f. FOB；g. FAS；h. CFR；i. CIF；j. CPT；k. CIP，下列敘述何者錯誤？
    (A) 賣方責任最重者為 a
    (B) 賣方不用負擔主運費為 d、e、f、g
    (C) 賣方負擔保費費用者為 a、b、c、h、i、j、k
    (D) 賣方負擔主運送費用，也用負擔主運送風險者為 a、b、c

12. 某出口商收到國外信用狀兩張：(1) 鞋子 1,000 雙，每雙 50 美元，信用狀總金額 52,500 美元；(2) 棉花 1,000 公噸，每公噸 100 美元，信用狀總金額 105,000 美元。若目前棉花價格已漲至每公噸 120 美元，則出口商會如何選擇裝運數量及押匯金額？
    (A) 鞋子 1,000 雙，50,000 美元；棉花 1,000 公噸，100,000 美元
    (B) 鞋子 1,000 雙，50,000 美元；棉花 950 公噸，95,000 美元
    (C) 鞋子 1,000 雙，50,000 美元；棉花 1,050 公噸，105,000 美元
    (D) 鞋子 1,050 雙，52,500 美元；棉花 1,050 公噸，105,000 美元

13. 若契約規定裝運期限為 "Shipment on or about June 26th"，則下列何者裝運時間會被拒付？
    (A) 6 月 20 日　　　　　　　　　(B) 6 月 26 日
    (C) 6 月 30 日　　　　　　　　　(D) 7 月 1 日

14. 近來日圓對美元走貶，而新台幣又緊盯美元，若在此情況下業者從事三角貿易應如何選擇交易貨幣來作進出口報價，以規避匯兌風險或獲取匯兌利益？
    (A) 以日圓作出口報價，以美元作進口報價
    (B) 以日圓作進口報價，以美元作出口報價
    (C) 以日圓作出口報價，以日圓作出口報價
    (D) 以美元作進口報價，以美元作出口報價

15. 一般而言，賣方在下列何種付款方式中所承擔的信用風險最低？
    (A) COLLECTION (B) LC
    (C) CWO (D) PBS

16. 匯票之到期日若為 60 days after sight 時，則自何日起算 60 天到期？
    (A) 見票後 (B) 押匯日後
    (C) 提單簽發日後 (D) 進口商承兌後

17. 我國出口商由基隆港出口貨品至東京，則下列何者為不可能的對外報價方式？
    (A) FOB Keelung (B) CFR Keelung
    (C) CIF Tokyo (D) DAT Tokyo

18. 在國際貿易上，一般都認定下列何時為實際裝運日期？
    (A) 託運日期 (B) 報關日期
    (C) 提單簽發日期 (D) 保險生效日期

19. 依據 UCP600 之規定，貨物投保貨物運輸保險，應以何種幣別投保？
    (A) 出口國的貨幣 (B) 進口國的貨幣
    (C) LC 相同的貨幣 (D) 目前較強勢貨幣

20. 在 CIF 貿易條件下，下列有關於保險的敘述何者較為正確？
    (A) 由買方投保，也是由買方負責索賠 (B) 由賣方投保，也是由賣方負責索賠
    (C) 由買方投保，由賣方負責索賠 (D) 由賣方投保，由買方負責索賠

21. 出口商選用樣品時，下列何者較為適當？
    (A) 以買方樣品 (B) 以平均、下等品質

(C) 以平均、中等品質　　　　　　(D) 以精選、上等品質

22. 依 Incoterms 2010 之規定，下列貿易條件何者適用 Shipped Quality Terms？
    (A) EXW　　　　　　　　　　(B) CIF
    (C) DAT　　　　　　　　　　(D) DAP

23. 下列何種商品適用以樣品約定品質的條件？
    (A) 藥品　　　　　　　　　　(B) 罐頭
    (C) 玉石　　　　　　　　　　(D) 芝麻子

24. 汽車、科學儀器、化學品、藥品及油脂等商品交貨，約定品質時適用以下何種方式？
    (A) Sale by sample　　　　　　(B) Sale by standard
    (C) Sale by specification or catalog　(D) Sale by inspection

25. 賣方保證，其交貨品質具有可銷性，適用在如木材、冷凍魚蝦等產品之品質約定方式，稱為
    (A) FAQ　　　　　　　　　　(B) Sale by specification
    (C) GMQ　　　　　　　　　　(D) Sale by inspection

26. 以 turnkey project 契約輸出機器設備，約定品質方式為何？
    (A) 以出廠品質為準　　　　　　(B) 以離岸品質為準
    (C) 以起岸品質為準　　　　　　(D) 以買方品質為準

27. 國際貿易以重量作為交易單位時，大多以何種重量作為計量單位？
    (A) Gross weight　　　　　　　(B) Net weight
    (C) Net net weight　　　　　　(D) Shipping weight

28. 進口貨物從量課稅，其課稅依據為
    (A) 毛重　　　　　　　　　　(B) 理論重量
    (C) 法定重量　　　　　　　　(D) 推定重量

29. 信用狀規定 Amount: USD 5,000，Description of Goods: ABOUT 100 SETS，單價為 USD 50/set 時，則下列不致被銀行拒付之押匯最高金額為何？

(A) USD 4,500 (B) USD 5,000
(C) USD 5,500 (D) USD 6,000

30. Panacea 公司擬以 D/A 付款條件與巴西進口商交易,如欲降低對方屆時不付款及運輸途中發生危險的損失,應採行何種交易?
    (A) FCA (B) C&I
    (C) CPT (D) CIP

31. Panacea 公司擬出口機器人到歐洲,由於歐元匯率劇烈變動,其避險策略如何?
    (A) 預購遠期外匯 (B) 預售遠期外匯
    (C) 改採弱勢貨幣交易 (D) 投保輸出保險

32. 在其他交易條件都相同的情況下,當本國貨幣即將貶值時,進口商宜採用以何種付款條件?
    (A) PIA (B) Sight LC
    (C) D/P (D) D/A

33. 台商在中國大陸設廠,以 turnkey project 方式向韓商購置染整工廠,由於金額龐大、交期又長,應採用何種付款條件較能被供應商接受又能降低風險?
    (A) 記帳 (B) 託收
    (C) 寄售 (D) 分期付款

34. 下列付款條件中,何者最能提供買方資金融通的需求?
    (A) Sight LC (B) Cash with Order
    (C) D/P at sight (D) D/A

35. 依 Incoterms 2010 之貿易條件分類,可以判斷買賣雙方約定的
    (A) 交貨地點 (B) 交貨時間
    (C) 收貨地點 (D) 付款地點

36. 下列「遲延交貨」之敘述,何者是錯誤的?
    (A) 缺乏船艙位,則由賣方負責
    (B) 買方延遲派船,則由買方負責

(C) 台商在中國大陸遇到雪災無法出貨，則買賣雙方均可不必負責

(D) 已簽訂船艙位，卻因本航次已滿船，只得裝載下一班船，則買賣雙方亦均可不負責

37. 下列出口包裝之原則何者符合最適包裝為何？
  (A) 應具備牢固性
  (B) 額外增加費用可接受
  (C) 儘量使用便宜材料以節省費用
  (D) 一定要使用最好的包裝材料

38. 貨物外箱的裝運標誌：HARER VIA DJIBOUTI C/NO：37/125 MADE IN CHINA，下列敘述何者錯誤？
  (A) C/N. 37/125 表示整批貨物共計 125 箱
  (B) MADE IN TAIWAN 為 COUNTRY OF ORIGIN
  (C) HARER 為 PORT OF LOADING
  (D) DJIBOUTI 為 PORT OF DISCHARGE

39. 依據 Incoterms 2010 規定，CIF 條件下若貿易契約中未約定運輸保險種類與金額，應投保協會貨物保險條款之何種保險與比例？
  (A) A 條款，110%
  (B) B 條款，100%
  (C) C 條款，110%
  (D) A 條款，100%

40. 在 DAT 條件下，對國際運輸保險通常如何處理？
  (A) 買方投保，賣方提出索賠
  (B) 賣方投保，買方提出索賠
  (C) 賣方投保，賣方提出索賠
  (D) 買方投保，買方提出索賠

單元三答案

1. (B)	2. (B)	3. (A)	4. (A)	5. (B)
6. (B)	7. (B)	8. (A)	9. (B)	10. (D)
11. (C)	12. (B)	13. (A)	14. (B)	15. (C)
16. (A)	17. (B)	18. (C)	19. (C)	20. (D)
21. (C)	22. (B)	23. (B)	24. (C)	25. (C)
26. (D)	27. (B)	28. (C)	29. (B)	30. (B)
31. (B)	32. (A)	33. (D)	34. (D)	35. (A)
36. (D)	37. (A)	38. (C)	39. (C)	40. (C)

單元四 要約、報價與承諾

重點整理

一、流程 (國貿契約文件)

1. 推廣：信函、商品目錄、價目表寄送，價目表僅視為要約之引誘，不具法律效力。
2. 詢價：發出詢價函。
3. 報價：若有特定對象、明確貨物內容、數量及價金和願受約束之報價，則視為要約之行為，一經對方接受，則買賣契約成立，其具有法律上的約束力。
4. 還價：又稱相對報價或反要約，當被報價者提出還價時，原報價失去效力。
5. 承諾：由買方發出稱之為訂購單 (purchase order 或 order sheet) 或透過第三者簽發代購單 (indent order)，由賣方發出者稱為售貨確認書 (sales confirmation 或 sales note)。
6. 訂定貿易契約：依承諾所簽具單據轉換為完整的國際貿易契約。

二、各流程應注意事項

1. 確定報價 (firm offer) 又稱穩固報價，經被報價人無條件同意，契約立即宣告成立。
2. 若為未確定報價、附帶條件 (conditional offer) 之報價，則視為要約之引誘，不具約束力。
3. 其他報價種類：聯合報價 (兩種以上物品；需同時接受)、特別報價 (拍賣報價；賣完前有效)、長效報價 (持續報價) 為未撤銷之前均有效。
4. 報價之失效：報價期限屆滿、還價、報價之撤回 (被報價人接受之前)、報價人宣告破產或死亡。
5. 目前常有以預約發票 (profarma invoice, P/I) 來代替報價、售貨確認書。
6. 貿易契約分為基本 (主要) 條款、一般 (次要) 條款：
    (1) 基本條款包含品質、價格、數量、付款、交貨、保險六項條件。
    (2) 一般條款包含契約有效期限、終止與消滅、轉讓、不可抗力因素、仲裁與裁判管轄及依據法規、契約完整或修正、通知條款。

考題

1. 有關 "Inquiry" 之敘述，下列何者正確？
   (A) 詢價對發詢價的一方具法律效率
   (B) 可由 Seller 發出
   (C) 為必要的進口程序之一
   (D) 詢價只限於詢問價格

2. 對於 Quotation 之敘述，下列何者正確？
   (A) 對發報價的一方不具法律效率
   (B) 只能由 Seller 發出
   (C) 可以用口頭方式報出
   (D) 只限於報出價格條件

3. 下列行為何者為 Sub-con-offer？
   (A) 詢價
   (B) 要約
   (C) 要約的引誘
   (D) 簽訂副契約

4. 下列行為何者為報價？
   (A) 寄送 price list
   (B) 發出 offer sheet
   (C) 寄送 catalogue
   (D) 寄送 sample

5. 下列行為何者為 Invitation of offer？
   (A) 電報報價
   (B) 聯合報價
   (C) 口頭報價
   (D) 向非特定人報價

6. 政府採購以招標方式為之，應視為
   (A) 要約的引誘
   (B) 要約
   (C) 反要約
   (D) 承諾

7. 刊登懸賞性廣告，視為
   (A) 要約的引誘
   (B) 要約
   (C) 反要約
   (D) 承諾

8. 在 QUOTATION 上載有 This offer subjects to goods unsold 是屬於
   (A) firm offer
   (B) conditional offer
   (C) combined offer
   (D) continuous offer

9. 買方來電:「我們接受貴公司 10 月 10 日的報價,但貿易條件 FOB 請修改為 CIF」,請問該磋商屬於下列哪一項?
　　(A) 有條件接受　　　　　　　　(B) 有條件報價
　　(C) 還價　　　　　　　　　　　(D) 報價

10. 要約經反要約,原要約如何?
　　(A) 可以再議　　　　　　　　　(B) 仍然有效
　　(C) 失去效力　　　　　　　　　(D) 等要約接受,契約成立

11. 以下敘述何者錯誤?
　　(A) 報價的誘引視為還價　　　　(B) 報價對發報價的一方具法律效力
　　(C) 被報價人接受,契約即告成立　(D) 報價又稱要約

12. 下列敘述何者視為反報價?
　　(A) 變更報價中的付款條件　　　(B) 表示將進一步評估報價內容
　　(C) 寄送價目表　　　　　　　　(D) 對報價保持沉默

13. 下列何者是「有效接受」的要件?
　　(A) 報價由第三人所接受　　　　(B) 被報價人接受大部份的內容
　　(C) 未附帶條件接受　　　　　　(D) 在 validity 之後接受

14. 下列何者契約有效成立?
　　(A) 被報價人對報價還價　　　　(B) 報價被第三人接受
　　(C) 報價人對有條件接受同意　　(D) 被報價人接受逾期

15. 對於穩固報價之效力,下列何者錯誤?
　　(A) 不得變更　　　　　　　　　(B) 在有效期限內不得任意撤銷
　　(C) 生效時期我國《民法》採到達主義　(D) 於對話報價時,有效期限為立即接受

16. 英美法的規定,以郵件或電傳方式表示接受時,採
　　(A) 瞭解主義　　　　　　　　　(B) 到達主義
　　(C) 發信主義　　　　　　　　　(D) 表白主義

17. 賣方出口報價的有交期限為 9 月 5 日,預計 8 月 20 日寄達進口商,而在 8 月 18 日

的時候賣方發出電傳表示報價無效，該動作之性質為
(A) 重新報價 (B) 反報價
(C) 報價撤回 (D) 報價修改

18. Panacea 公司收到由國外從未往來的某商寄發的一封 Proforma Invoice，該信的性質屬於
    (A) 貿易契約 (B) 訂單
    (C) 報價單 (D) 商業發票

19. 下列代理貿易何者正確？
    (A) 以本人名義為本人算計，效力及於本人
    (B) 以本人名義為本人算計，效力及於自己
    (C) 以自己名義為本人計算，效力直接及於自己
    (D) 以自己的名義為自己計算，效力直接及於本人

20. 下列貿易條件中，何種契約條款是國內貿易所欠缺，而為國際貿易契約中特有的條款？
    (A) 索賠條款 (B) 準據法條款
    (C) 仲裁條款 (D) 不可抗力條款

21. 交易開發階段有；a. 還價；b. 訂約；c. 報價；d. 接受；e. 詢價，正確順序應為
    (A) abcde (B) ecadb
    (C) eacdb (D) eacbd

22. 有關報價 (Offer) 之敘述，下列何者不適當？
    (A) 買賣雙方均可能發出 (B) 一定要用書面方式為之
    (C) 穩固報價對報價者具有法律約束力 (D) 還價視為新的報價

23. 原報價經還價後，原報價
    (A) 原報價者可以再議 (B) 仍然有效
    (C) 已經失效 (D) 視雙方態度而定

24. 處理貿易索賠與糾紛的方法有幾種，最優先處理方式為

(A) 自行和解 (B) 申請調解
(C) 申請仲裁 (D) 法院訴訟

25. 有關於 Proforma Invoice 之敘述，下列何者錯誤？
    (A) 由賣方簽發
    (B) 對於外匯管理較嚴格國家，可供買方購買外匯用
    (C) 可視同報價單
    (D) 是商業發票的一種

26. 聯合國國際貨物買賣契約公約 (CISG) 上規範，書面報價之生效時間大多採取
    (A) 發信主義 (B) 到達主義
    (C) 雙方自行約定 (D) 不一定

27. 下列何種報價對報價者具有約束力？
    (A) 附條件報價 (B) 還價
    (C) 要約之引誘 (D) 要約

28. 有關我國仲裁判斷之效力，下列敘述何者正確？
    (A) 不服，可以申請重新仲裁 (B) 不能與法院之確定判決效力相比
    (C) 與法院之確定判決具有同等效力 (D) 不可依據仲裁向法院申請強制執行

29. 有關貿易糾紛之仲裁地選擇，若以公平性為最重要考量，則下列何者較適當？
    (A) 離岸地主義 (B) 起岸地主義
    (C) 第三國主義 (D) 被告地主義

30. 買方若因進口貨物在市場行情暴跌，因不堪損失而假藉理由向賣方提出索賠，是屬於
    (A) 市場索賠 (B) 買賣索賠
    (C) 保險索賠 (D) 貿易索賠

31. 下列何者不是契約生效之條件？
    (A) 特定的對象 (B) 當事人有意願
    (C) 當事人有行為能力 (D) 須以書面形式為之

32. 若出口商的報價以郵寄方式預計於 4 月 30 日送達進口商,但出口商於 4 月 28 日緊急以傳真方式告知進口商原報價無效,此行為依大陸法是屬於
    (A) 報價之撤銷　　　　　　　　(B) 報價之撤回
    (C) 還價　　　　　　　　　　　(D) 報價之更改

33. 若出口商的報價以郵寄方式預計於 4 月 30 日送達進口商,報價單有效期限 7 天,進口商於 5 月 2 日仍未接受此報價,出口商當日以傳真方式告知進口商原報價無效,此行為依英美法是屬於
    (A) 報價之撤銷　　　　　　　　(B) 報價之撤回
    (C) 還價　　　　　　　　　　　(D) 報價之更改

34. 下列敘述何者較不適當?
    (A) 報價撤銷通知若與報價同時到達者,該撤銷有效
    (B) 進口商所發出的「訂單」可視為契約的一種
    (C) 廣告信函的價格表可以視為要約之行為
    (D) 我國書面乃採到達主義

35. 下列文件何者一般被視為買賣契約?
    (A) offer　　　　　　　　　　　(B) quotation
    (C) invoice　　　　　　　　　　(D) proforma invoice

36. 下列對商務仲裁之描述何者錯誤?
    (A) 昂貴費時　　　　　　　　　(B) 與法院判決具同等效力
    (C) 具保密性　　　　　　　　　(D) 仲裁人更專業

37. 由賣方製作並以確認書方式簽訂者稱為
    (A) invoice　　　　　　　　　　(B) offer
    (C) purchase order　　　　　　 (D) sales confirmation

38. 由買方製作並以確認書方式簽訂者稱為
    (A) invoice　　　　　　　　　　(B) offer
    (C) purchase order　　　　　　 (D) sales confirmation

39. 若出口商以電話方式報價，則進口商的承諾的方式以何者為佳？
   (A) 口頭　　　　　　　　　　(B) 書面
   (C) 傳真　　　　　　　　　　(D) e-mail

40. 聯合國貨物買賣合約公約簡稱為
   (A) UCP　　　　　　　　　　(B) CISG
   (C) URC　　　　　　　　　　(D) UNCTAD

單元四答案

1. (B)	2. (C)	3. (C)	4. (B)	5. (D)
6. (A)	7. (B)	8. (B)	9. (C)	10. (C)
11. (A)	12. (A)	13. (C)	14. (C)	15. (C)
16. (C)	17. (C)	18. (C)	19. (A)	20. (B)
21. (B)	22. (B)	23. (C)	24. (A)	25. (D)
26. (B)	27. (D)	28. (C)	29. (C)	30. (A)
31. (D)	32. (B)	33. (B)	34. (C)	35. (D)
36. (A)	37. (D)	38. (C)	39. (A)	40. (B)

單元五
國際貿易付款、信用狀分析與付款融資

重點整理

一、信用狀作業規則

1. LC 處理準則係以「跟單信用狀統一慣例與實務」(Uniform Customs and Practice for Documentary Credit, UCP),簡稱「信用狀統一慣例」,由 ICC 多次修訂於 2007 年 7 月推出最新版 UCP600,共 39 條,對 LC 之處理方法、習慣、文字解釋及各當事人之責任範圍作統一規定。

2. 針對 UCP600 對擔保信用狀 (standby LC) 之規範不足,ICC 於 1998 年 4 月推出「國際擔保執行條款」(International Standby Practice, ISP98),1999 年 1 月實施。

3. 為因應 e 化之國際營運模式,ICC 於 2002 年 4 月推出電子信用狀統一慣例,簡稱 eUCP,共有 12 條。

4. 為了解決各銀行與進出口業者對 LC 及 UCP 解讀不同,造成向銀行提示時遭拒,ICC 於 2002 年推出「國際間標準銀行實務－跟單信用狀單據審核」(International standard banking practice for the examination of document under Documentary Credit, ISBP)。

5. 以上準則在 LC 上表明採用後便成為 LC 一部份,其效力除法律上強制規定外,優於其他法源。以下順序應注意:
   (1) LC 之條款優先於適用準則,故準則僅適用於 LC 上未規範的事項。
   (2) UCP 與 ISP98 可獨立使用,eUCP 與 ISBP 則不可,因為此兩者為 UCP 之補充版。
   (3) eUCP 效力優於 UCP。
   (4) UCP 優於 ISBP。

二、信用狀實務

1. 重要名詞:

開狀申請人 (applicant)、受益人 (beneficiary)、開狀銀行 (opening bank 或 issuing bank)、通知銀行 (advising bank 或 notifying bank)、讓購銀行或稱押匯銀行 (negotiating bank)、付款銀行 (paying bank 或 drawee bank)、承兌銀行 (accepting bank)、保兌銀行 (confirming bank)。

2. 信用狀的種類：

   (1) 不可撤銷 LC (irrevocable credit) / 可撤銷 LC：irrevocable credit 指對符合 LC 之單據，開狀及保兌銀行保證付款、及承兌，LC 之修正需經開狀、保兌及受益人三方面皆同意才可為之。

   (2) 無保兌 LC / 保兌 LC (confirmed credit)：對開狀銀行所處國家政情不穩、外匯短缺、商業道德差、或銀行信用不佳，要求信譽卓越銀行為保兌銀行。

   (3) 可轉讓 LC (transferable credit) / 不可轉讓 LC：可轉讓信用狀可由受益人 (第一受益人) 持 LC 正本及 LC 轉讓申請書，向轉讓銀行辦理將全部或部份轉與一個或一個以上的其他受益人 (第二受益人)，但不得經第二受益人之請求轉讓予隨後之任何受益人，故轉讓以一次為限，轉讓費由第一受益人支付。

   (4) 即期 LC (sight credit) / 遠期 LC (usance credit)：

      A. sight credit 受益人向押匯銀行提示符合單據，扣除利息後可立即取款。

      B. usance credit 分為 buyer's usance credit 及 seller's usance credit，前者為開狀銀行提供融資，受益人可立即取款但進口商可先取貨到期再付款 (需支付利息)；後者為受益人給於融資，受益人先押匯但到期方可取款進口商可先取貨到期再付款 (不需支付利息)。

      C. usance credit 亦有分 deferred payment credit 及 acceptance credit，前者受益人無須簽發匯票僅需憑單據提示，開狀銀行於未來確定之日支付貨款 (故無法先於票據市場取得融通)；後者受益人需簽發匯票及單據辦理提示，開狀銀行於匯票上承兌於未來確定之日支付貨款。

   (5) 跟單 LC (documentary credit) / 無跟單 LC (documentary clean credit)：國際貿易多為跟單信用狀。

   (6) 讓購 LC (negotiation credit) / 直接 LC (straight credit)：

      A. negotiation credit 有分未限押 (free LC) 與限押 (又稱特別 LC)，為未指定 / 有指定押匯或付款銀行 ("This credit is available with any/xxx bank by negotiation")。

B. straight credit 與 negotiation credit 的差別在於，前者在受益人押匯取得貨款後不必擔心因開狀銀行拒付而被追回，後者則在開狀銀行拒付會被追回押匯銀行所墊付的本息 ("This credit is available with xxx bank by payment/acceptance")。

(7) 有追索權 LC (with recourse credit) / 無追索權 LC：with recourse credit 受益人在押匯遭拒後，可向前手背書人或出票人索賠求償。

(8) 簡電 (brief cable、short cable、preliminary cable) / 詳電 (full cable)：以電報方式透過 SWIFT 系統傳達受益人，brief cable 僅為 LC 預告通知，需與隨後而來詳電方構成生效之 LC。

(9) Back to back credit：原受益人將所取得的 LC (master credit) 作為擔保，向銀行申請以他人為受益人之 LC (secondary credit)，secondary credit 之金額及有效期限較 master credit 為小 (短)，常用於三角貿易或補償交易。

(10) Local credit：開狀銀行與受益人在同一國內，為避免匯率波動，其幣別與原信用狀相同，此屬 Back to back credit；若是以當地貨幣簽發的 LC，則為 domestic credit。

(11) Standby credit (屬 documentary clean credit；適用 ISP98)：此 LC 係以貸款、履約或投標保證為目的，與一般以清償貨款為目的之 LC 不同，屬於無跟單信用狀。

(12) Revolving credit：受益人在某一定期間及某一額度內得循環回復使用之 LC，分為：

A. automatic Revolving credit：無須待開狀銀行通知即可再使用。

B. semiautomatic Revolving credit：經過若干日開狀銀行未通知不可回復使用，方可再度使用。

C. notified Revolving credit：須待開狀銀行通知回復使用才可再度使用。

三、重要相關法規內容

1. UCP600 第 2 條規定：所謂讓購，意指指定銀行在其補償之銀行營業日之前，以墊付予受益人之方式，買入符合提示下之匯票或單據。
2. UCP600 第 3 條規定 "on or about" 將解釋為特定日之前後 5 日期限 (該特定日不含)。
3. 單據之提示應於裝運日後 21 個曆日內提出押匯，但不得遲於信用狀有效期限，單據日期得早於信用狀開狀日期，但不得遲於提示日。

4. UCP600 第 16 條規定：開狀銀行或保兌銀行在收到單據後，需在五個營業日內決定是否接受，否則不得主張單據不符。
5. UCP600 第 18 條規定：商業發票的貨物品名需與信用狀所示者一致。
6. UCP600 第 20 條規定：提單簽發日將被視為裝運日。
7. UCP600 第 28 條規定：保險單之簽發日期不得遲於裝船日期。
8. UCP600 第 34 條規定：銀行對單據有效性及傳遞延遲或錯誤，不負任何義務或責任；而第 9 條規定：通知銀行選擇不通知時，需將意旨儘速告知開狀銀行。
9. 信用狀之修改，得經通知銀行通知受益人，且受益人應對通知銀行發出接受或拒絕的通知。
10. UCP600 第 38 條規定：
    (1) 可轉讓信用狀不得經第二受益人請求轉讓予隨後之任何受益人。
    (2) 轉讓銀行係指轉讓信用狀之指定銀行。
    (3) 轉讓信用狀之交易金額、單價、有效期限、押匯期限及裝船期限得予以減少或縮短。
11. UCP600 第 44 條規定：信用狀有效期限及提示單據之截止日，若適逢銀行正常休假日則可順延至下一個營業日。但 UCP600 第 17 條規定：信用狀有效期限因不可抗力因素(天災、暴動、叛變、戰爭、恐怖活動、罷工或營業場所關閉)停止營業(非正常休假日)，其有效期限不可順延。

四、信用狀實務

1. 押匯銀行收到瑕疵單據的適當處理方式：修改單據(輕微錯誤)、修改信用狀(嚴重錯誤)、電報押匯(嚴重錯誤)、保結押匯(輕微錯誤)，或改為託收(嚴重錯誤)。
2. 信用狀修改的正式通知方式：郵寄及電傳(CABLE、TELEX、TELEGRAM、SWIFT)。正規修改方式應為出口商通知進口商向開狀銀申請修改，修改後亦應經由通知銀行通知出口商，若時間緊迫則由出口商請通知銀行以電報方式向開狀銀行詢問修改是否可否接受，並以電報答覆之。
3. 開狀銀行對受益人所簽發匯票之承諾付款與承兌。
4. SWIFT 信用狀之特色：一定格式代號、自動核對密碼、省略開狀銀行保證兌付字眼、須明示是否遵循 UCP600 規定。
5. 慣例：

信用狀受益人 (beneficiary) 為匯票發票人 (drawer)。

信用狀之開狀銀行 (issuing bank) 為匯票被發票人 (drawee)。

信用狀之押匯銀行 (negotiating bank) 為匯票受款人 (payee)。

6. LC 若未註明是否可分批裝運及允許轉運，則視為可以分批裝運及允許轉運。若 LC 未註明是否可撤銷或是否可轉讓，則視為不可轉讓及不可撤銷的信用狀。

7. 適用 UCP600 之信用狀均為不可撤銷信用狀，惟是否適用可撤銷信用狀，應於信用狀中載明。

8. 所謂貨運單據是指除匯票以外之單據，依 LC 規定憑以辦理付款、延付、承兌或轉讓之單據，實務可分為主要單據：運送單據、保險單、商業發票，以及輔助單據：包裝單、檢驗證明書、產地證明書 (certificate of origin, CO)。

考題

1. 為了確保信用狀之真實性,信用狀正本最好送達賣方之途徑為何?
   (A) 航空郵寄直接寄給賣方
   (B) 電報直接通知賣方
   (C) 由進口商直接面交賣方
   (D) 透過 SWIFT 系統由通知銀行轉交

2. 可轉讓信用狀,其轉讓次數以幾次為限,但轉回第一受益人不在此限?
   (A) 1 次
   (B) 2 次
   (C) 3 次
   (D) 4 次

3. 信用狀轉讓之銀行,通常指
   (A) 通知銀行
   (B) 開狀銀行
   (C) 指定銀行
   (D) 付款銀行

4. 依 UCP600 之規定,信用狀有效期限及裝船期限因颱風而全國均停止營業,其期限分別為
   (A) 可順延;可順延
   (B) 可順延;不可順延
   (C) 不可順延;可順延
   (D) 不可順延;不可順延　至次一營業日

5. 依據 UCP600 之規定,信用狀有效期限及裝船期限因國定假日皆全國停止營業,其期限分別為
   (A) 可順延;可順延
   (B) 可順延;不可順延
   (C) 不可順延;可順延
   (D) 不可順延;不可順延　至次一營業日

6. 若 LC 規定有效期限為 5 月 25 日,最後裝船日為 5 月 10 日,且 LC 並無規定押匯日期,若提單裝船日期為 5 月 2 日,請問提示單據辦理押匯之最後期限為何?
   (A) 5 月 17 日
   (B) 5 月 22 日
   (C) 5 月 23 日
   (D) 5 月 25 日

7. 若進口商申請開發 60 days buyer's Usance LC,下列敘述何者錯誤?
   (A) 又稱「假遠期信用狀」
   (B) 買方延遲 60 天支付貨款
   (C) 若審單無誤賣方立即拿到貨款
   (D) 這是賣方提供買方的信用展延

8. 若進口商申請開發 60 days Seller's Usance & 60 days Buyer's Usance LC，下列敘述何者正確？
   (A) 賣方負擔 120 天利息
   (B) 賣方延遲 60 天收到貨款；買方延遲 60 天付款
   (C) 賣方延遲 60 天收到貨款；買方延遲 120 天付款
   (D) 賣方延遲 120 天收到貨款；買方延遲 60 天付款

9. 下列何者非跟單信用狀？
   (A) 直接信用狀
   (B) 轉開信用狀
   (C) 延遲付款信用狀
   (D) 擔保信用狀

10. 若不可撤銷之信用狀要修改，不需經過下列何者的同意？
    (A) 開狀銀行
    (B) 通匯銀行
    (C) 保兌銀行
    (D) 受益人

11. 下列何種信用狀，可以使中間商不讓真正的買方及供應商互相知道對方？
    (A) 轉讓信用狀
    (B) 轉開信用狀
    (C) 擔保信用狀
    (D) 特別信用狀

12. 信用狀所載付款期限為 60 days after sight，係指
    (A) 裝船後 60 天付款
    (B) 押匯日後 60 天付款
    (C) 承兌日後 60 天付款
    (D) 開狀日後 60 天付款

13. 廠商因應三角貿易或補償交易，如需以信用狀交易，以下列何種信用狀為適合？
    (A) 紅條信用狀
    (B) 保兌信用狀
    (C) 擔保信用狀
    (D) 背對背信用狀

14. 當押匯銀行發現出口商押匯所附的文件有嚴重瑕疵時，通常不採取下列何種處理方式？
    (A) 請出口商自行修改
    (B) 修改信用狀
    (C) 電報押匯
    (D) 改為託收方式處理

15. 信用狀受益人提示單證請求付款的期限，不受下列何種期限之限制？

(A) 裝船日後 LC 規範日期　　　(B) 裝船日後 21 個曆日
(C) 信用狀有效期限　　　　　　(D) 信用狀開狀日期

16. 下列何種信用狀押匯時不用附上財務單證？
    (A) 紅條信用狀　　　　(B) 承兌信用狀
    (C) 延遲付款信用狀　　(D) 特別信用狀

17. 為了防止開狀銀行延遲審單，依 UCP600 規定開狀銀行在收到寄來單證次日起最遲幾天內需決定提示是否拒付？
    (A) 三個營業日　　(B) 五個營業日
    (C) 七個營業日　　(D) 十個營業日

18. 依據 UCP600 規定，若信用狀中若未提及是否允許「分批裝運」與「轉運」時，則依慣例應解釋為
    (A) 可以分批；可以轉運　　(B) 可以分批；不可以轉運
    (C) 不可以分批；可以轉運　(D) 不可以分批；不可以轉運

19. 若進口商對供應商在履約保證上有疑慮時，可以要求對方提供何種信用狀？
    (A) Irrevocable LC　　(B) Back to Back LC
    (C) Confirmed LC　　　(D) Stand-by LC

20. 有關信用狀作業規則之慣例使用，下列何者正確？
    (A) eUCP 可以獨立使用
    (B) ISBP 亦可獨立使用
    (C) UCP 與 ISBP 有牴觸時，以 ISBP 的規定優先
    (D) eUCP 效力優於 UCP

21. 受開狀銀行委託為其償付「求償銀行」墊付之款項，但不必負審單之責，係指下列何種銀行？
    (A) drawee bank　　　(B) paying bank
    (C) confirming bank　(D) reimbursing bank

22. 進口商以 FOB 付款條件申請開發信用狀時，開狀銀行要求檢附下列哪一種保險文

件？

(A) To be declared policy (B) Open policy

(C) Isurance certificate (D) Cover note

23. 下列有關進口開狀的敘述何者正確？
    (A) 開狀融資期限為 60 天，可申請 90 days buyer's Usance LC
    (B) 以 FAS 條件開狀時，開狀申請人須辦妥保險
    (C) 全額結匯時，銀行為確保債權，運送單據須以開狀銀行為受貨人
    (D) Seller's Usance LC 的貼現息由賣方負擔，故不受銀行融資期限之限制

24. 下列有關信用狀修改之敘述，何者正確？
    (A) 開狀銀行自簽發修改書時起即受不可撤銷之拘束
    (B) 受益人對同一修改書部份接受，將視其為對該修改書接受
    (C) 在未限定押匯信用狀下，修改書應經押匯銀行通知
    (D) 受益人可對修改通知書中的內容有選擇地接受

25. 當 SWIFT 信用狀的金額欄位為 USD 10,000，金額增減百分比 "05/00" 時，此信用狀的押匯金額為
    (A) 最少 USD 10,500
    (B) 介於 USD 9,500～10,000 之間
    (C) 介於 USD 9,500～10,500 之間
    (D) 介於 USD 10,000～10,500 之間

26. 根據 URC522 定義，託收的當事人不包含下列何者？
    (A) 付款人
    (B) 託收銀行
    (C) 提示銀行
    (D) 委託人

27. 請根據下列事項，排列進口商辦理之正確流程？a. 簽訂契約；b. 進口通關；c. 詢價；d. 下訂單；e. 提貨；f. 匯票到期，進口商如數付清票款；g. 承兌匯票領取貨運單據
    (A) cdbagfe
    (B) cdagbef
    (C) cdabgef
    (D) cdabfge

28. 下列有關 D/P 30 days sight 的敘述中何者正確？
    (A) 銀行匯票承兌交單後 30 天付款
    (B) 商業匯票承兌交單後 30 天付款
    (C) 商業匯票承兌後 30 天付款交單
    (D) 銀行匯票承兌後 30 天付款交單

29. 付款條件為 D/A 120 days after sight，則匯票之到期日 120 天如何起算？
    (A) 付款日後起算　　　　　　　　(B) 匯票簽發日後起算
    (C) 承兌日後起算　　　　　　　　(D) 提單裝船日後起算

30. 下列有關 O/A、D/A 和 LC 三種付款方式之敘述，何者正確？
    (A) D/A 的資金流向屬於順匯　　　(B) LC 屬於商業信用
    (C) O/A 的資金流向屬於順匯　　　(D) D/A 屬於銀行信用

31. 下列關於 "Export Credit" 之敘述，何者正確？
    (A) 外銷貸款用以規避匯率風險
    (B) 政府透過輸出入銀行對出口商融資爭取海外訂單
    (C) WTO 成員國的貿易信用保護
    (D) 銀行對出口商的信用提供補貼

32. 下列何者為外匯銀行之授信業務？
    (A) Negotiation　　　　　　　　　(B) Document against Payment
    (C) Document against Acceptance　(D) Open Account

33. 出口商利用何種策略可以規避遠期信用狀的倒帳風險？
    (A) 運輸保險　　　　　　　　　　(B) Red LC
    (C) Forfaiting　　　　　　　　　　(D) Factoring

34. 下列付款方式中，對出口商而言何者的風險最大？
    (A) Buyer's Usance LC 30 days　　(B) D/A 30 days sight
    (C) D/P　　　　　　　　　　　　(D) D/P 30 days sight

35. 約定以 D/P 30 days sight 付款方式，出口商開立匯票的付款人為
    (A) 進口商　　　　　　　　　　　(B) 提示銀行
    (C) 代收銀行　　　　　　　　　　(D) 託收銀行

36. 買方訂購貨物規格的特殊，賣方轉售不易，適用於下列何種付款方式？
    (A) CWO　　　　　　　　　　　　(B) D/A
    (C) D/P　　　　　　　　　　　　(D) O/A

37. 對進口商而言,付款條件風險最小的排列依序為下列何者?
    (A) CWO by T/T > D/P > D/A > O/A by T/T (B) O/A by T/T > CWO by T/T > D/P > D/A
    (C) O/A by T/T > D/A > D/P > CWO by T/T (D) D/A > D/P > CWO by T/T > O/A by T/T

38. 下列何種信用狀為進口商提供貿易融資,受益人得在出口前請求銀行預支部份資金融通?
    (A) acceptance LC   (B) Red Clause Credit
    (C) Confirmed irrevocable credit   (D) Stand-by Credit

39. 有關押匯單據的相關日期,下列敘述何者正確?
    (A) 最終裝船日遇國定假日順延一天
    (B) 商品檢驗簽發日可晚於匯票簽發日
    (C) 匯票簽發日可早於裝運日
    (D) 若無最終裝船日期,則以 LC 有效日期為準

40. 出口商可在自己銀行押匯後,到指定行轉押匯並寄單的信用狀,適用在下列何種信用狀?
    (A) 特別 LC   (B) 可轉讓 LC
    (C) 轉開 LC   (D) 讓購 LC

單元五答案

1. (D)	2. (A)	3. (B)	4. (D)	5. (B)
6. (C)	7. (D)	8. (C)	9. (D)	10. (B)
11. (B)	12. (C)	13. (D)	14. (A)	15. (D)
16. (C)	17. (B)	18. (A)	19. (D)	20. (D)
21. (D)	22. (A)	23. (B)	24. (A)	25. (D)
26. (A)	27. (B)	28. (C)	29. (C)	30. (C)
31. (B)	32. (A)	33. (C)	34. (B)	35. (A)
36. (A)	37. (C)	38. (B)	39. (D)	40. (A)

單元六 國際貨物運輸

重點整理

一、海運/空運業務基本概念

1. 定期船運有固定航線、船期及停靠港口，船公司以公共運送人身份為多數託運人服務，多透過船務代理商 (shipping agent) 或貨運承攬業者 (forwarder) 承攬貨物。通常船方負責理貨、丈量費用及裝載/卸船費用，故貨主應將貨物運至船邊交貨/提貨，稱之為碼頭交貨條件 (berth terms) 或定期船裝卸貨條件 (liner terms)，並分併櫃 (CFS 或 LCL) 及整櫃 (CY 或 FCL) 載運。

2. 不定期船運屬大宗物資，貨量大運費低運費波動大，裝卸費皆由傭船人自理，稱之為不定期船裝卸貨條件 (free in and out terms, FIO)，船公司以私人運送人身份為少數託運人服務，多透過傭船經紀人居間接洽。

3. 20 呎貨櫃 = 1TEU，40 呎貨櫃 = 1FEU，1FEU = 2TEU。

4. 貨櫃裝卸方式可分為併櫃 (CFS 或 LCL) 及整櫃 (CY 或 FCL)，前者併櫃裝卸時船方會加收併拆費 (SFS)；後者船方會加收貨櫃處理費 (THC)。

5. 貨櫃裝卸作業之種類可分為：
   (1) CY/CY 或 FCL/FCL 或 H/H：整裝/整拆。
   (2) CY/CFS 或 FCL/LCL：整裝/併拆。
   (3) CFS/CY 或 LCL/FCL：併裝/整拆。
   (4) CFS/CFS 或 LCL/LCL：併裝/併拆。

6. 運費除了基本費率之外，仍有附加費及增列運費：
   (1) 附加費有燃料附加費 (BAF 或 FAF)、幣值附加費 (CAF)、旺季附加費 (PPS)、離港費 (TA)、文件處理費 (DOC)、SFS/SFS 或 THC/卸櫃處理費 (DDC)。
   (2) 增列運費有超重、超大或超長、待定港口卸貨、更改港口卸貨。
   (3) 所謂 "all in" 是指除了 THC、SFS 及 DOC 之外，所有費用均包含在內。

7. 航空運輸可分定期航次 (較海運多) 及包機，其特性為具時效性，運費採 IATA 運價

之規範。空運運費種類有：
(1) 基本費率分四種：
　　A. 普通貨物運費 (GCR)：分最低運費 (代號為 M)、正常費率 (代號為 N)，及高重量費率 (代號為 Q)。
　　B. 特種貨物運費 (SCR)：費率較低 (代號為 C)。
　　C. 貨櫃運費。
　　D. 包機運費。
(2) 商品分級費率為 CCR，分為貴重物品之加價費率 (代號為 S)，及折扣費率 (代號為 R)。
(3) 其他費用：代墊費、保險費、危險品附加費、到付運費手續費、倉儲費。

二、海運託運流程 / 提單內容

1. 託運人向運送人洽定艙位，託運人確認後填製訂艙單或裝貨單 (S/O) 於結關日 (含) 前裝船取得大副收據 (M/R)，送交運送人 / 船公司換取提單 (B/L)，而 LC 與 B/L 及 S/O 記載內容需相符，freight Collect 之 B/L 須支付運費後方可轉換成提貨單 (D/O) 辦理通關提貨。

2. 出口商於貨物託運後，發出裝船通知 (shipping advice) 給進口商，以方便進口商方便購買保險或準備提貨手續。保險若為買方負責，最遲應為貨物裝船前通知買方。

3. B/L 表單中必要填寫內容：託運人、船舶名稱及國籍、貨物名稱 / 件數 / 重量 / 個數包裝 / 標誌、起運港 / 卸貨港、運費及付費方式、B/L 份數、B/L 簽發年 / 月 / 日。
   (1) 託運人 Shipper：依 LC 規定，LC 之受益人通常為出口商。
   (2) 收貨人 / 抬頭人 Consignee：依 LC 規定，常見為 to order of shipper 或 to order 意指收貨人由託運人指定，押匯時託運人須將 B/L 作成空白背書轉與押匯銀行，B/L 持有人為貨物所有權人。
   (3) 被通知人 Notify Party：依 LC 規定，LC 申請人 (通常為進口商)，海運提單多採流通式之不記名提單 (Notify Party 可為空白)，起運 / 卸貨港 (port of loading 或 dispatch / port of landing 或 discharge)。
   (4) 付費方式 Freight to be："Freight Prepaid" 運費預付、"Freight Collect" 運費已付。

4. B/L 是不記名式、可轉讓之認單不認人的單據。B/L 具有貨物所有權、運送契約及託運收據之功能。B/L 之約定條約印定條款、印戳條款及加註三種，越晚列載或加

註其效力越優先。

5. 船公司交貨時僅要求提貨人出示一份正本，故進口商多半要求出口商押匯時需提示 full set of B/L (正本需經有權簽章者屬名)。

6. 提單簽發日視為裝載日。

7. 依我國民法規定，海運提單不管記名與否，只要非禁止背書均可憑背書方式轉讓。背書轉讓分為無記名空白背書 (blank endorsement) 及記名背書 (special endorsement)，主要差別在於背書簽名後不 / 有記載被背書人的姓名名稱。

三、空運託運流程 / 提單內容

1. 空運相關機構：國際航空運輸協會 (IATA)、航空公司 (簽發 air waybill)、空運代理商 (air cargo agents，賺取佣金)、空運承攬業 (air freight forwarder/consolidator)。

2. 空運提單可分為 [分提單 (house air waybill, HAWB)；及主提單 (master air waybill, MAWB)]。一般 MAWB 及 HAWB 的區別主要在其提單號碼之編列不同，因為 MAWB 的數字起頭是由三位阿拉伯數字之 IATA 賦予航空公司代號。

3. 空運貨物之託運，將於貨物進機場倉庫 12 小時後，方可報關檢驗放行。

4. 空運提單分為一式三聯，第一聯由運送人持有 (會計聯)，第二聯由運送人交付目的地受貨人辦理通關提貨 (提貨聯)，第三聯由託運人持有辦理押匯用 (押匯聯)。

5. 空運提單是記名式且不可以背書轉讓方式轉與他人之認人不認單的單據，故 air waybill 僅具運送契約及託運收據之功能。

6. 空運費用分為運費預付 (charges prepaid；PPD 或 PP) 及運費到付 (charges collect；CCT 或 CC)。若運費到付時，有些費用除了運費之外由航空公司代墊，稱為 D/C (Due carrier) 及貨運代理商代墊稱為 D/A (Due agent)。

四、海運提單種類 (適用海商法)

1. 分為轉讓提單 (negotiable B/L) / 不可轉讓提單 (non-negotiable B/L)：

    (1) 稱不記名或指示 (to order) 提單，代表提單之受貨人 (Consignee) 待指示，並經規定方式背書後轉讓予他人。有 to order、to order of shipper、to order of buyer、to order of negotiating bank、to order of remitting bank、to order of issuing bank、to order of agent of shipping 七種。

    (2) 後者是以 consigned to 加收貨人或直接寫收貨人，此為記名提單或稱直接提單 (straight B/L)，此單只認人不認單 (適用短途或時間較短運輸)。有 unto shipper、

unto buyer、unto issuing bank、unto foreign custom house broker、unto shipper's foreign agent、unto collecting bank (尤採 D/A 或 D/P 時)。

2. 待裝提單或備運提單 (received B/L)：貨物已託運但尚未裝上運輸工具 (多用於複合運送)。
3. 已裝提單 (shipped on board B/L 或 on board B/L)。
4. 清潔提單 (clean B/L)：未附加條款或批註方式聲明貨物本身或包裝上具有瑕疵的運送單據。
5. 不清潔提單 (unclean B/L 或 foul B/L)：提單上聲明貨物本身或包裝上具有瑕疵的運送單據，通常銀行不接受此 B/L，除非 LC 另有規定。
6. 複合運送 (multimodel transport document, MTD)：必須經兩種或兩種以上運送方式裝貨物運至目的地，由第一運送人簽發涵蓋運送全程之提單 (目前多為貨櫃船公司發行)。
7. 簡式提單 (short form B/L)：背面空白之提單，效力與詳式提單同。
8. 貨運承攬人提單 (freight forwarder's B/L 或 house B/L)：僅具託運人與貨物承攬業的收據而已。
9. 備提單船 (charter party B/L；CP B/L)：又稱不定期船運提單，通常銀行不接受此 B/L，除非 LC 另有規定。
10. 貨櫃提單：達到 door to door 的運送服務，通常有 shipper's load and count 等條款，故船公司對內裝貨物是否符合提單內容不負責任。
11. 第三者提單 (third party B/L)：以受益人以外的第三者為託運人之提單，此多用在出口商委由報關行或代理人代為安排裝運或用在三角貿易時。

五、複合運送

1. 複合運送業 (MTO 或 CTO)，係指在複合運送人以自己的名義，負責安排二種以上運送方式，將全部貨物運送至指定地點，並簽發複合運送單據 (combined transport document, CTD)。
2. 其貿易條件有 FCA、CPT、CIP、DAT、DAP、DDP。
3. 複合運送的種類：
   (1) 陸橋運輸 (LBS)：海運－陸運－海運。
   (2) 小型陸橋運輸 (MLB)：海運－陸運或海運－陸運。

(3) 微陸橋運輸 (MBS)：海運－陸運或海運－陸運但陸運未跨整個陸地。

(4) 門至門捷運作業 (door step service)：APL (American President Lines) 在 1987 年開始提供「門至門」複合運送，以一張提單涵蓋：從供應商、至美國各大城市的集散中心，再分送到周圍小城市受貨人的手中。

考題

1. 下列哪一種提單若 LC 沒有特別提及，出口商在押匯時有被拒絕的風險？
   (A) 背面空白提單　　　　　　　(B) 裝船日早於 LC 開狀日期
   (C) 傭船提單　　　　　　　　　(D) 貨櫃提單

2. LC 當中所規定提單上的售貨人，以下列哪一項對出口商最不利？
   (A) To order　　　　　　　　　(B) To order of shipper
   (C) To order of negotiating bank　(D) To order of issuing bank

3. 計算港口吞吐量，一般都以下列何者為計算單位？
   (A) TEU　　　　　　　　　　　(B) FEU
   (C) CBM　　　　　　　　　　　(D) TNE

4. MAWB 及 HAWB 分別由誰簽發？
   (A) 兩者都由航空公司簽發
   (B) 兩者都由貨運承攬人簽發
   (C) 前者由貨運承攬人簽發，後者由航空公司簽發
   (D) 前者由航空公司簽發，後者由貨運承攬人簽發

5. 針對空運提單的敘述，下列何者錯誤？
   (A) 一般空運提單正本為三聯　　(B) 具有物權證明
   (C) 認人不認單　　　　　　　　(D) 可以視為收據

6. 國際貨運承運人對於匯率波動而增列之附加費用稱為
   (A) PPS　　　　　　　　　　　(B) BAF
   (C) CAF　　　　　　　　　　　(D) THC

7. CY/CFS 在起運港之裝櫃作業及目的地港之拆櫃作業分別由誰負責？
   (A) 託運人，船公司　　　　　　(B) 船公司，受貨人
   (C) 託運人，受貨人　　　　　　(D) 託運人，託運人

8. 空運運費以體積重量作為計費重量時，1 公斤等於多少立方公分？

(A) 35.315 (B) 1,728
(C) 366 (D) 6,000

9. 依照 UCP 規範,將以下列何種日期將視為裝載日及裝運日?
   (A) 提單簽發日 (B) 保險生效日
   (C) 出口報關日期 (D) 貨物實際託運日期

10. 若信用狀上規定提單必須 "Blank in Endorsed",意指該份提單出口商如何處理才正確?
    (A) 出口商背書後交由押匯銀行背書,並寄到開狀銀行求償
    (B) 無須背書
    (C) 空白背書
    (D) 記名式背書

11. 海運提單 (Ocean B/L) 上,若運費收費情形加註 Freight Collect 字樣,則其貿易條件不可能為
    (A) FOB (B) FAS
    (C) EXW (D) CFR

12. 海運提單 (Ocean B/L) 上,若運費收費情形加註 Freight Prepaid 字樣,則其貿易條件不可能為
    (A) FOB (B) CFR
    (C) CIF (D) DDP

13. 有關短途運輸可能會發生貨比單證先到的問題,請問下列哪一項方式無法解決上述問題?
    (A) 電報放貨 (B) 擔保提貨
    (C) 副提單背書提貨 (D) 保結押匯

14. 若海運提單的正本發行份數為三份,則提貨人應出示幾份正本方能提貨?
    (A) 一份 (B) 兩份
    (C) 三份 (D) 認人不認單

15. 實務上若見信用狀提單應提示份數為 "full set less one clean on board Bill of Lading" 時，意指出口商應提示
    (A) 正本三份，需提示兩份
    (B) 四份正本，需提示三份
    (C) 全套正本提單數少一份，其他均需提示
    (D) 全套正本提單均需提示

16. 複合運送是指下列何者？
    (A) 至少兩個運送人
    (B) 中間發生轉運的情形
    (C) 至少分批運送的情形
    (D) 至少兩種運輸方式

17. 有關定期船與不定期船的比較，下列何者較適當？
    (A) 不定期船運大多透過廣告招攬生意
    (B) 不定期船運會個別訂定運送契約
    (C) 定期船運大多透過經紀人招攬生意
    (D) 定期船運大都以大宗貨物為主

18. 除非信用狀有特別記載，否則銀行將不接受下列何種性質之運送單據？
    (A) 含有貨物得裝載於甲板上之條款，但未特別敘明貨物裝載或將裝載於甲板上
    (B) 當 LC 禁止轉運時，若出口商所提示涵蓋運送全程之複合運送單據上標示有「貨物將轉運或得轉運」
    (C) 信用狀申請人以外的人為貨物之貨到通知人
    (D) Charter Party B/L

19. 若信用狀要求受益人三份正本提示兩份，另一份正本提單快遞給進口商時，為避免貨物直接被進口商取走而不付款時，此時受貨人應如何處理，對受益人會較有保障？
    (A) To order
    (B) To order of shipper
    (C) To order of negotiating bank
    (D) To order of Issuing Bank

20. 海運提單應載明的事項不包括下列何者？
    (A) shipping mark
    (B) 貨物體積及淨重
    (C) 貨物交易金額
    (D) 貨物體積及裝運數量

21. 船艙隔成好幾層，用以放置各種不同的貨物，其後演進成為貨櫃輪的型態，指的是
    (A) 不定期船
    (B) 散裝船
    (C) 雜貨船
    (D) 傭船

22. 定期船的船公司負責裝卸，裝卸費包含於運費中，稱為
    (A) Berth Terms
    (B) FIO Terms
    (C) FIOST Terms
    (D) Third Party Terms

23. 買賣契約中交貨期限的規定為："Shipment before 15th March."，賣方最遲須在何時裝運？
    (A) 3月16日裝船並取得提單
    (B) 3月15日
    (C) 3月14日
    (D) 3月之內裝船並取得提單

24. 某台商的中國大陸紡織工廠，需要從美國 Galveston New Orleans、南方大港進口為數龐大的棉花，其使用之海上貨物運輸，以下列何者最適宜？
    (A) NVOCC
    (B) voyage charter
    (C) time charter
    (D) liner

25. 某台商通知在蒙特婁的加拿大商 "We are pleased to inform you that the K/D products you ordered on May 5 are ready for dispatch, we arranged with Taiwan Marine Transport Corp. to ship the goods to your warehouse by SS Lincoln, scheduled to sail from Shanghai on May 15 and due to arrive in Montreal on June 15." The ETA is
    (A) May 5
    (B) May 15
    (C) June 15
    (D) the end of June

26. 依 UCP600 之規定提示兩套提單，甲提單：from KAOHSIUNG to BREMEN，船名航次為 EVERGREEN S.S. LINCOLN V.1571，則下列乙提單之敘述，何者不致被銀行視為分批裝運？
    (A) FROM KAOHSIUNG TO HAMBURG，船名航次為 S.S. LINCOLN V.1571
    (B) FROM KAOHSIUNG TO BREMEN，船名航次為 S.S. LINCOLN V.1751
    (C) FROM KEELUNG TO BREMEN，船名航次為 S.S. LINCOLN V.1571
    (D) FROM KEELUNG TO BREMEN，船名航次為 S.S. LINCOLN V. 1751

27. 出口商以 D/P 或 D/A 方式交易，為規避運輸與進口商不去提領貨物的風險，宜採用何種貿易條件簽訂契約？
    (A) FOB
    (B) DAP
    (C) C&I
    (D) CPT

28. 以 D/P 或 D/A 交易並以空運出貨，出口商為了要規避進口商未付款或承兌即提領貨物的風險，空運提單上的 consignee 欄位應填
    (A) 出口商
    (B) 託收銀行
    (C) 代收銀行
    (D) 進口商

29. 國際航空運輸協會 (IATA) 將全世界航空運輸區劃分為
    (A) 南北美洲；歐、非兩洲及中東；亞澳兩洲等三區
    (B) 南北美洲；歐洲；非洲及中東；亞澳兩洲等四區
    (C) 南北美洲；歐洲；非洲及中東；亞洲；澳洲等五區
    (D) 南美洲、北美洲、歐洲、非洲及中東、亞洲、澳洲等六區

30. 關於航空貨物託運，下列敘述何者正確？
    (A) Carrier 對於受貨人的賠償責任並沒有最高限額規定
    (B) 託運人須向 Carrier 或其 Agent 洽簽 S/O
    (C) 航空貨運代理商簽發予貨運承攬業者的提單稱為 MAWB
    (D) 航空貨運並不適用貨櫃運輸

31. 關於特殊貨品航空運輸之規定，下列敘述何者正確？
    (A) 危險物品、物質按危害型態分為七大類
    (B) 木質包裝必須注意輸出國家的檢疫規定
    (C) 危險貨品的包裝必須依照危險品運送之規定
    (D) 空運提單押匯時三份正本皆提示

32. 關於貨櫃運輸實務，用於木材、機械製品及超大貨物運輸之貨櫃，屬下列何者？
    (A) open top container
    (B) flat rack container
    (C) hanger container
    (D) 8'6″高櫃

33. 澳洲內陸某超級市場開給台灣的採購代理一張可轉讓信用狀，行將採購種類繁多計

67

達十八項，可安裝 4 個 TEU 的雜貨，該批貨須由台灣 9 家廠商聯合供貨，請問該採購代理宜採用何種方式裝運？

(A) CFS-CY　　　　　　　　　(B) CY-CY

(C) CY-CFS　　　　　　　　　(D) CFS-CFS

34. 關於 door step service 的運輸方式，下列敘述何者錯誤？

(A) B/L 上記載 shipper's load and count

(B) 此種運輸方式稱為 LASH

(C) 同一 shipper 及同一 consignee

(D) 起運地之裝櫃作業及在目的地之拆櫃作業由買賣雙方負責

35. 運送單據具有船公司收到貨物的書面收據、運送契約、不記名特性、不作為物權證券性質，應為下列何者？

(A) Delivery order　　　　　　(B) Sea waybill

(C) Bill of lading　　　　　　　(D) shipping instruction

36. 在 received for shipment B/L 上加註下列何者，銀行才接受？

(A) on deck　　　　　　　　　(B) on board

(C) clean　　　　　　　　　　(D) on time

37. 提單上的託運人 (Shipper) 不是信用狀之受益人，適用於三角貿易的提單稱為

(A) Short form B/L　　　　　　(B) Third Party B/L

(C) Multimodal transport B/L　　(D) Master B/L

38. 採信用狀付款方式時，應由託運人背書才能轉讓的提單，其受貨人欄應如何填寫？

(A) To order of consignor　　　(B) To order of Negotiating Bank

(C) To Buyer　　　　　　　　(D) To order of Issuing Bank

39. 信用狀標明受益人提示 2/3 套提單，另將 1/3 套提單直接郵寄開狀申請人，則製作提單時，consignee 欄位應如何註明，對受益人比較有保障？

(A) To order　　　　　　　　(B) To order of Applicant

(C) To order of Shipper　　　　(D) To order of Issuing Bank

40. 貨物以 CFS 方式出口，進儲報關之作業事項如下：a. 貨物運送抵達；b. 簽訂裝貨單；c. 點收進倉；d. 貨櫃場裝櫃、海關加封；e. 船公司裝船；f. 海關放行，以下流程何者正確？
   (A) adbcfe
   (B) cbadef
   (C) bacdfe
   (D) cbdaef

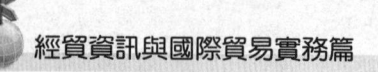

單元六答案

1. (C)	2. (D)	3. (A)	4. (D)	5. (B)
6. (C)	7. (A)	8. (D)	9. (A)	10. (C)
11. (D)	12. (A)	13. (D)	14. (A)	15. (C)
16. (D)	17. (B)	18. (D)	19. (D)	20. (C)
21. (C)	22. (A)	23. (C)	24. (B)	25. (C)
26. (C)	27. (C)	28. (C)	29. (A)	30. (C)
31. (C)	32. (B)	33. (A)	34. (B)	35. (B)
36. (B)	37. (B)	38. (A)	39. (D)	40. (C)

單元七 國際貿易風險管理（運輸／輸出保險）

重點整理

一、保險之概念

1. 貨物運輸保險係指保險人承保被保險人之貨物於兩地間運送過程中，因意外事故所致之毀損或滅失或連帶發生之費用或責任，由保險人負責以財物補償之(多屬航程保險)。

2. 保險契約之相關人：

    (1) 保險人 (insurer；assurer)：依承保責任，負擔賠償義務。

    (2) 要保人 (proposer；applicant)：對保險標的具有保險利益，向保險人申請保險契約並支付保險費之人。

    (3) 被保險人 (insured；assured)：保險事故發生時享有賠償請求權，要保人亦為被保險人。

    (4) 受益人 (beneficiary)：被保險人或要保人所約定享有賠償請求權，被保險人或要保人均得為受益人。

3. 海上保險之範圍：

    (1) 船舶保險：船舶所有人之損失。

    (2) 貨物運輸保險：貨物運送過程因意外事故所致之毀損或滅失之損失(一般國際貿易所指的保險)。

    (3) 運費保險：船舶所有人或出租人之損失。

    (4) 責任保險：船舶運送過程中因疏忽或意外事故發生之相關損失。

4. 海上危險之種類：

    (1) 基本危險：海難、火災、暴力竊盜、投棄、船長船員之惡意行為等。

    (2) 特殊危險：保單上有列，但須特別約定並另加繳保費。

    (3) 除外危險：保單上未列，由要保人特別要求並另加繳保費。

5. 損失的種類

   (1) 全部損失 (簡稱全損)：分為實際全損與推定全損。前者為保險標的已受損至永無法回復的程度；後者為保險標的雖未受損至永無法回復的程度，但修復費用超過該標的物的價值。

   (2) 部份損失 (簡稱分損)：分為共同海損與單獨海損。前者為海難中船長為顧及船舶、貨物和運費共同安全所採取故意且合理的非常措施所引起的直接犧牲損失與費用，由全體利害關係人按比例分攤；後者為對某種單獨之船舶或貨物之保險利益在行海過程中因偶然的意外所導致投保之事故發生，所引起之部份損失。

二、海運貨物運輸保險種類：基本險

1982 年 1 月 1 日推出新的保單及新協會貨物條款，1983 年 3 月 31 日舊保單及舊保險條款完全停止使用。

1. 協會貨物保險條款 (A) [Institute Cargo Clauses A, ICC (A)]：
   (1) 概括式承保。
   (2) 相當於 ICC (AR) 承保範圍最廣，保費最高。
   (3) ICC (A) 有除外責任條款：被保險人之故意惡行、正常性的滲漏失重或自然耗損、包裝不良/配置不當、貨物固有瑕疵或特性、不適航、放射性武器所致、戰爭及罷工 (故不包含 WR 及 SR&CC；但有含 TPND) 等事故。

2. 協會貨物保險條款 (B) [Institute Cargo Clauses B, ICC (B)]：
   (1) 列舉式承保。
   (2) 較舊條約 ICC (WPA)。
   (3) 基本險部份較 ICC (A) 有多一條除外責任條款：任何人員之不法行為所引起被保險標的蓄意性損壞。另外，涵蓋共同海損、海浪沖刷、水進船艙、貨物裝卸落海等損失賠償 (故不含 TPND)。
   (4) 但較舊條約 ICC (WPA) 多了不論損害比例如何，保險人均要按比例賠償 (I.O.P)。

3. 協會貨物保險條款 (C) [Institute Cargo Clauses C, ICC (C)]：
   (1) 相當於 ICC (FPA)，但較舊約少了貨物在裝卸時的滅失賠償。
   (2) 較 ICC (B) 多了更多除外責任條款：不含地震、火山爆發及雷擊、海浪沖刷、水進船艙、貨物裝卸落海等損失賠償 (故不含 TPND)。
   (3) 承保範圍最少保費最低，若買方未要求投保險種，則以此 ICC (C) 為準。

4. 保險承保區間分為：

   (1) 港口到港口：即指海關倉庫 (CY/CFS)。

   (2) 城市到城市：出貨人倉庫到受貨人倉庫，而倉庫係指航程起迄運地點之倉庫。

5. 保險承保時效為；下列任一種情形先發生即保險告終止：

   (1) 到達保單所記載的目的地。

   (2) 到達目的地以前或中途地點違背保險人接管。

   (3) 貨物至最終卸貨港完成卸貨後起算屆滿 60 天 (受貨人可提卻故意拖延以致毀損，雖未滿 60 天而保險人可能不理賠)。

三、海運貨物運輸保險種類：附加險

1. 兵險 (Institute War Clause-cargo 1/1/82；IWC)：

   (1) 與舊條約 WR 相似；因戰爭、內亂、革命、叛亂及其遺棄之武器所致。

   (2) 因戰爭或戰爭武器或扣押拘留所引起的，承保時效為下列任一先發生即保險告終止：至目的地卸下船、未卸下在到達港口當日午夜起屆滿 15 日終止。

   (3) 可單獨承保。

2. 罷工險 (Institute Strikes、Riotsand Civil Commotion Clause-cargo 1/1/82；ISRCCC)：

   (1) 與舊條約 SR&CC 相似；因罷工、工潮、暴動、恐怖份子等引起。

   (2) 承保時效與基本險時效相同。

   (3) 可單獨承保。

3. 偷竊 / 不能送達險 (Institute Thief、Pilferage and Non-Delivery Clause-Cargo 1/12/82；TPND)：因偷竊、短卸、誤卸 / 領、運送過程中遺失，以致於無法送達。

4. 裝運前賣方受益險：適用於買方負責投保的交易條件。

5. 或有損失險：適用於買方負責投保的交易條件且採延後付款，貨物於運送過程毀損買方又不付款而招致損害。

6. 投棄沖刷落海險 (JWOB)。

7. 雨水及淡水損失險 (RFWD)。

四、海運貨物運輸保險注意事項

1. 保險單據簽發日期不得晚於運送單據上所示之貨物裝運或接管日 (不得晚於提單簽發日)。

2. 保險單若為賣買方洽保則最好在離開工廠前，最遲於貨物交運前完成。

3. 保險單若為買方洽保時,賣方最遲於貨物裝運時將貨物裝運事宜以電報告知買方;且我國銀行對買方洽保之貿易條件均要求進口商於開狀申請時辦妥保險事宜。
4. 保險幣別應與 LC 上所列幣別相同且不得低於 CIF 或 CIP 價值加計一成。
5. 投保的險種依 LC 上的規定辦理,若未規定至少應投保 ICC (C)。
6. 賠款地點若 LC 未規定多半以目的地為準。
7. 保險單據的保險單據種類:
    (1) 預約保單 (open policy):由保險人在一段期間自動承保被保險人需負擔保險的貨物。除非故意漏報或遺遲,否則晚報仍然有效。
    (2) 保險單 (insurance policy):公認正式保單。
    (3) 保險證 / 聲明書 (insurance certificate/declaration):俗稱分保單,即在預約保單時對每批貨物保險人簽發於被保險人。一般銀行承認保險證 / 聲明書與保險單具同等效力,但 LC 若規定為保險單,則不應以保險證明書來取代保險單。
    (4) 投保通知書 (cover notes):保險經紀人以自己名義簽發 (收據),銀行通常不接受。
    (5) 船名代通知保險單 (to be declared policy, TBD 保單或預保單):用於買方申請開發信用狀時銀行的要求(即為 FOB 及 CFR 交易條件時適用),未來加上裝載船名、船次即為正式保單。
    (6) 暫保單 (binder):保險人正式未簽發保險單之前為證明保險契約已成立而簽發的臨時文件,其效力通常為 30 天,應於期限內更換。

五、航空貨物保險

主要航空險有三種:
1. 協會貨物航空險條款 (institute cargo clause air cargo excluding sent by post):類似 ICC (A),但其保險單有效期間為到目的地卸貨完畢日起屆滿 30 天終止。
2. 協會貨物航空兵險條款 (institute war cargo clause air cargo excluding sent by post):類似 IWC。
3. 協會貨物航空罷工條款 (institute strikes clause air cargo):類似 ISRCCC。

六、輸出保險與輸出融資保險

1. 國家政策性保險之一,不以營利事業為目的。
2. 1979 年 1 月 11 日中國輸出入銀行開辦,目前輸出保險種類有託收方式 (D/P、D/A)、記帳 (O/A) 方式、中長期延付 (整廠輸出、產品或技術)、普通輸出、海外投資、輸

出融資、海外工程、東南亞專案輸出保險等。
3. 託收方式 (D/P、D/A) 及 O/A 及中長期延付之承保範圍為進口國之政治風險與進口商之信用危險，保險金額不超過保險價額之 90%，出口商需負擔部份風險。
4. 輸出保險要保人或被保險人為出口商，保險標的物為出口之應收帳款；而之輸出融資之要保人或被保險人為融資銀行，其保險標的物為出口商向融資銀行申請融資貸款金額。
5. 輸出融資保險其承保範圍較輸出保險多了出口商之信用危險，保險金額亦不超過保險價額之 90%，融資銀行需負擔部份風險。

考題

1. 有關輸出保險之敘述,下列何者正確?
   (A) 承保單位是一般產險公司
   (B) 金額理賠有限制,為貨物價值 110%
   (C) 承保標的物為貨物運輸保險
   (D) 此為政策性保險

2. 下列何者不屬於輸出保險之承保範圍?
   (A) 貨物運輸風險
   (B) 進口商信用風險
   (C) 進口國國家風險
   (D) 進口國政治風險

3. 輸出保險係以何者為保險標的物?
   (A) 貨物運輸過程之全損或分損
   (B) 出口商之應收帳款
   (C) 消費者使用商品可能的傷害
   (D) 出口商的商譽

4. 下列何者不屬於貨物運輸海上基本危險?
   (A) 火災
   (B) 海盜
   (C) 觸礁
   (D) 地震或火山爆發

5. 有關船長或船員之惡意或故意行為,導致貨物之全損或分損,下列敘述何者正確?
   (A) A 險理賠;B 險也理賠
   (B) A 險理賠;B 險不理賠
   (C) A 險不理賠;B 險也不理賠
   (D) 視保單內容而定

6. 有關 A 險的描述,下列何者有誤?
   (A) 是基本險中保費最貴的
   (B) 對應舊貨物保險條款之 All Risk
   (C) 所有貨物運輸風險均予以承保
   (D) 是屬於概括式的保單

7. 船貨在海上遇到風險時,若經由非船長或船員及貨主之其他人之援助行為而獲救時,其支付援助人之費用,稱為
   (A) 共同海損分擔
   (B) 單獨費用
   (C) 額外費用
   (D) 施救費用

8. 有關共同海損分擔,下列敘述何者正確?
   (A) 所有有投保基本險均可獲得理賠
   (B) A、B 險理賠;C 險不理賠

(C) A 險理賠；B、C 險不理賠　　　(D) 是所有基本險需另外再加保的附加險

9. 以信用狀付款的情況下，銀行接受不接收下列何種保險單據？
   (A) Insurance Policy　　　(B) Insurance certificate
   (C) TBD　　　(D) 保險代理人所簽發的保單

10. 依照 UCP600 的規範，保險單之簽發日期原則不得晚於
    (A) LC 到期日　　　(B) LC 押匯最後期限
    (C) LC 規定最後裝船日　　　(D) 提單簽發日期

11. 下列何者屬於 ICC (A) 除外不保的項目？
    (A) 第三者惡意或故意行為所導致的損失　　　(B) 地震、火山爆發、雷擊等
    (C) 放射性裝置或武器所導致的損失　　　(D) 竊盜或短少

12. 投保 War Risk 時，保險人之責任在貨物遲遲無人來領取時，其將終止於貨物到達最終卸貨港當日午夜起算屆滿
    (A) 15 天　　　(B) 30 天
    (C) 45 天　　　(D) 60 天

13. 投保基本險時，保險人之責任在貨物遲遲無人來領取時，其將終止於貨物到達最終卸貨港當日午夜起算屆滿
    (A) 15 天　　　(B) 30 天
    (C) 45 天　　　(D) 60 天

14. 當貿易條件為 CIF 或 CIP 時，由出口商負責投保貨物運輸保險，除非 LC 有特別載明，否則通常以何者為保單上之被保險人 (Assured)？
    (A) LC 開狀申請人　　　(B) LC 受益人
    (C) 開狀銀行　　　(D) 押匯銀行

15. 當貿易條件為 FOB、FCA 或 CFR、CPT 時，由進口商負責投保貨物運輸保險，在信用狀交易之下，若涉及信用授信，通常以何者為保單上之被保險人 (Assured)？
    (A) LC 開狀申請人　　　(B) LC 受益人
    (C) 開狀銀行　　　(D) 押匯銀行

16. 當貿易條件為 CIF 或 CIP 時，若雙方未約定貨物運輸保險投保內容時，下列敘述何者較適當？

    (A) 保險金額為發票金額或 CIF、CIP

    (B) 至少投保 ICC (B) 險

    (C) 保險幣別由雙方自行約定

    (D) 理賠地點為買方所在地或貨物目的地 (港)

17. 買方在尚未確定賣方裝運細節前先行購買之保險單稱為

    (A) Cover Note   (B) TBD policy

    (C) Open policy   (D) floating policy

18. 下列何種風險不屬於 ICC (A)、ICC (B)、ICC (C) 三種條款所共同承保的範圍？

    (A) 投棄   (B) 共同海損之犧牲

    (C) 擱淺、觸礁   (D) 波浪捲落

19. 海上貨物運輸保險之基本險的保險區間，一般而言採用下列何原則？

    (A) port to port   (B) warehouse to warehouse

    (C) place to place   (D) door to door

20. 下列何種貨物運輸保險條款有承保因恐怖活動或懷有政治或宗教動機者所導致保險標的損失？

    (A) ICC (A)   (B) ICC (B)

    (C) War Risk   (D) SR&CC

21. 有關國際貨物運輸使用的保險單，一般多屬於

    (A) 預約保險單、不定期保險單   (B) 預約保險單、定值保險單

    (C) 航程、不定值保險單   (D) 航程、定值保險

22. 貨物運輸使用的保險單保險區間為 "Warehouse to Warehouse"，下列何種情況保險效力終止？

    (A) ICC (A) (B) (C) 在最終卸貨港完成卸載後起算屆滿 30 天

    (B) ICC (AIR) 在最終卸貨機場完成卸載後起算屆滿 60 天

    (C) ICC (A) (B) (C) 在最終卸貨港完成卸載後起算屆滿 15 天

(D) ICC (A) (B) (C) 在卸貨後至進入指定倉庫的期間

23. 關於信用狀項下，貨物運輸保險之約定下列何者錯誤？
    (A) 在 FAS 條件下，買方購買保險，並負支付保費的責任
    (B) 在 CFR 條件下，買方購買保險，保險利益歸開狀銀行
    (C) 在 CIF 條件下，賣方投保，而發生保險事故時由買方索賠
    (D) 在 DAT 條件下，由賣方購買保險，而保險利益歸買方

24. 對 "The Institute of London Underwriters" 之基本險敘述，下列何者正確？
    (A) ICC (C) 之承保範圍包括地震
    (B) ICC (B) 之承保範圍包括單獨海損賠償
    (C) ICC (A) 指的是任何風險皆賠償之意
    (D) ICC (AR) 類似舊條款之 FPA

25. 出口茶葉並已投保，而保險單據有 Franchise 3% 條款，貨物價值為 100,000 美元，保險金額為 110,000 美元，如果實際發生損害 USD 3,200，則保險公司應賠償金額為少？
    (A) 110,000 美元
    (B) 3,300 美元
    (C) USD 3,200
    (D) 不予賠償

26. 一艘載運汽車駛往台灣的貨輪，途中碰巧遇龍捲風，海水淹沒甲板，以致喪失動力而在海上漂流，船長請拖船將船隻拖往日本港口，請問下列損失何項不屬於共同海損？
    (A) 船身傾斜船長下令投棄 400 輛汽車
    (B) 額外增加燃料費用 12,000 美元
    (C) 海嘯沖刷落海 300 汽輛車
    (D) 施救拖船費用 5,000 美元

27. 信用狀方式辦理出口押匯時，請問出口商應如何提示保險單據？
    (A) 信用狀要求保險單據正本兩份，提示保險單一份正本，一份副本
    (B) 信用狀要求保險單時，僅提示保險證明書
    (C) 信用狀要求保險單 endorsed in blank，受益人在保險單上背書
    (D) 信用狀所示貨幣為歐元，保險單提示以美元計價

28. 在非 LC 付款條件之 FOB、FCA、CFR、CPT 等條件之下，賣方為防止貨物於出倉

後的運輸途中，因意外事故招致毀損，或買方拒付貨款的損失等風險，應投保
(A) Contingency Insurance　　　　　　(B) ICC (A)
(C) ICC (B)　　　　　　　　　　　　　(D) ICC (C)

29. 下列對 ICC (A) 賠償事項之敘述，何者錯誤？
    (A) 裝載違禁品所致之損失不賠償　　(B) 因偷竊所致之損失賠償
    (C) 惡劣氣候所致之單獨海損不賠償　(D) 貨物運送途中外部偶發事件賠償

30. 下列何者非海上貨物運輸保險 ICC (A) 條款之除外不保事項？
    (A) 戰爭、罷工　　　　　　　　　　(B) 船東的財務糾紛
    (C) 被保險人故意行為　　　　　　　(D) 淡水、雨水的損害

31. 下列何者為海上運輸保險之除外不保危險？
    (A) 單獨海損
    (B) 偷竊
    (C) 延遲交貨
    (D) 任何人之不法行為所引起被保險標的損害或毀壞

32. 下列有關投保協會貨物保險兵險之敘述，何者正確？
    (A) 屬 warehouse to warehouse 條款　(B) 投保兵險加保罷工險不須增加保費
    (C) 保險期間為至目的港卸貨後未滿 30 日 (D) 使用原子或核子武器所致毀損賠償

33. 下列何種危險為協會貨物保險條款 ICC (A) 承保，而 ICC (B) 不承保？
    (A) 罷工險所致之單獨海損　　　　　(B) 不適航
    (C) 偷竊　　　　　　　　　　　　　(D) 保險標的物自然耗損

34. 下列何種危險為協會貨物保險條款 ICC (B) 承保，而 ICC (C) 不承保？
    (A) 火災所造成的損失
    (B) 海陸運輸工具之沉沒所造成貨物全損等事故
    (C) 單獨海損
    (D) 陸上運輸工具傾覆或出軌

35. 比較 ICC (A) 條款與 ICC (C) 條款，下列敘述何者錯誤？

(A) SRCC 和 WR，A 條款與 C 條款不賠償

(B) TPND 所致之損失，A 條款賠償，C 條款不賠償

(C) 惡劣氣候造成單獨海損，A 條款賠償與 C 條款皆不賠償

(D) 不適航所致之損失，A 條款與 C 條款皆不賠償

36. 依據協會貨物保險條款，運輸途中颱風招致河川上漲水淹貨櫃場以致貨物損毀時，保險公司之理賠下列何者正確？
    (A) A、B 與 C 三種險都賠償　　　　(B) A、B 與 C 三種險都不賠償
    (C) A 與 B 兩種險賠償、C 種險不賠償　(D) A 種險賠償、B 與 C 兩種險不賠償

37. 若運輸途中遭雨水淋溼而受有損害時，保險公司理賠方面，下列何者正確？
    (A) A、B 與 C 三種險都賠償　　　　(B) A、B 與 C 三種險都不賠償
    (C) A 與 B 兩種險賠償、C 種險不賠償　(D) A 種險賠償、B 與 C 兩種險不賠償

38. 下列何者不是投保輸出保險之目的？
    (A) 不以營利為目的，其承保機構為中國輸出入銀行
    (B) 承保國家發生政治危險導致開狀銀行不付款所生的損失
    (C) 承保信用危險包括開狀銀行、進口商倒閉、宣告破產致無力償債、不承兌匯票風險
    (D) 保險金額為發票金額的 110%

39. 下列有關輸出保險之敘述何者錯誤？
    (A) 輸出保險幫助貿易商不完全轉嫁風險
    (B) 承保信用危險與政治風險
    (C) 輸出保險證明書協助出口商向銀行申請貿易融資
    (D) 輸出保險是以貨物為保險標的

40. 輸出保險不包括下列何者？
    (A) 海外投資保險
    (B) D/P、D/A 方式輸出綜合保險
    (C)「台灣接單、大陸出口」的境外貿易保險
    (D) O/A 方式輸出綜合保險

單元七答案

1. (D)	2. (A)	3. (B)	4. (D)	5. (B)
6. (C)	7. (D)	8. (A)	9. (C)	10. (D)
11. (C)	12. (A)	13. (D)	14. (B)	15. (C)
16. (D)	17. (B)	18. (D)	19. (B)	20. (D)
21. (D)	22. (D)	23. (D)	24. (B)	25. (C)
26. (C)	27. (C)	28. (A)	29. (C)	30. (D)
31. (C)	32. (B)	33. (C)	34. (C)	35. (C)
36. (C)	37. (D)	38. (D)	39. (D)	40. (C)

單元八 進出口結匯/出口託收

重點整理

一、出口結匯注意事項

1. 所謂出口押匯是指出口商交付貨物後,檢附相關單據連同 LC 向押匯 (讓購) 銀行請求辦理付款/延付/承兌/讓購的行為,而受理銀行墊付款項藉以賺取手續費、差額匯率及墊付利息,銀行會要求出口商簽具質押權利總設定書 (general letter of hypothecation, L/H) 以保障自身權利。

2. 押匯銀行可能遭遇風險為國家政經不穩、開狀銀行信用不佳、市況不佳造成進口商拒付、運輸風險且保險不足遭拒付款、匯兌損失、出口商財務惡化無法歸還墊付款。因押匯屬授信融資行為,銀行可能因前述原因而擔心債權不保情況下而拒絕受理押匯。

3. 出口押匯文件有出口押匯申請書、LC 全套 (正本、通知書、修改書正本)、匯票 (二聯)、貨運單據 (依 LC 規定)。

4. 押匯墊付利息採預扣,依不同情況所收墊付天數不同,一般亞洲地區收 7 天,歐美地區收 12 天,有瑕疵再加收 7 天。

5. 押匯提示之有效期限有二:LC 有效期限、運送單據簽發後之特定期間 (沒註明時以簽發後 21 個曆日內),以兩者先到期為準,否則開狀銀行得以拒付。

6. UCP600 第 44 條規定信用狀有效期限及提示單據之截止日,若適逢銀行正常休假日則可順延至下一個營業日。但 UCP600 第 36 條規定信用狀有效期限因不可抗力因素 (天災、暴動、叛變、戰爭、恐怖活動、罷工或營業場所關閉) 非正常休假日之停止營業,其有效期限不可順延。

7. 運送單據之最後裝運日與銀行休假日完全無關,不管屬於例假日或不可抗力因素,均不可依此要求順延。

二、出口結匯單據有瑕疵

1. 可補救的輕微瑕疵：
   (1) 運送單據瑕疵：延遲裝運 (託運人簽認賠書)、繕打錯誤 (請求運送人修改)、不清潔 B/L (託運人簽認賠書)。
   (2) 其他單據瑕疵：出口應提供單據有輕微錯誤或漏記。
2. 無法補救的嚴重瑕疵：與 LC 規定不符又無法更正，補救辦法有：
   (1) 電報押匯：押匯銀行以電報方式向開狀銀行查詢後獲同意通知始受理。
   (2) 保結押匯：又稱瑕疵押匯，由出口商出示認賠或保結書 (letter of indemnity, L/I) 並繳交瑕疵費用。
   (3) 改採託收方式。
3. 遭拒付的處理：
   (1) 瞭解遭拒的原因是否合理：
      A. 押匯/開狀銀行拒絕：單據瑕疵、未至限押銀行辦理或未作轉押匯、未於期限內寄送單據、LC 規定不接受保結押匯。
      B. 進口商拒付：進口地市況不佳、蓄意詐欺、報復行為。
   (2) 向船公司查明貨物是否被提領。
   (3) 依主張拒付的對象分別處理。
4. 信用狀賣斷 (forfaiting)：forfaiting 是指遠期信用狀之買斷，由買斷銀行 (forfaitor) 以固定利率貼現方式在無追索權之前提下，以現金向出口商買入因輸出所產生的票據 (匯票或本票：多經進口國銀行或政府承兌或保證)。forfaiting 亦可用於非 LC 交易，多用於資本財之國際貿易上。

三、出口託收 (collection)

1. 採託收方式交易，進口商不必先付款申請簽發信用狀，出口商須先將貨物裝運出口後，簽發匯票連同貨物單據及託收申請書，至託收銀行辦理託收，透過進口國銀行 (代收銀行) 向進口商提示單據，進口商於付款/承兌後獲得單據以辦理進口通關領取貨物。
2. 託收統一規則乃由 ICC 於 1956 年草擬經多次修改，於 1995 年以 ICC 第 522 號出版物發佈，簡稱 URC522 (the uniform rules for collection) 於 1996 年 1 月 1 日開始實施。使用時須於託收指示中表明適用 URC522。

3. 託收之當事人：

   (1) 委託人 (principal) ＝受款人 (payee) ＝出票人 (drawer) ＝出口商。

   (2) 託收銀行 (remitting bank)。

   (3) 代收銀行 (collecting bank)。

   (4) 提示銀行 (presenting bank)：受代收銀行委託向被出票人提示單據，其對單據的真實性不負責任。

4. 被出票人 (drawee) ＝付款人 (payer) ＝進口商；但在託收中不被視為當事人。

5. 託收所需單據分為財務單據或金融單據 [匯票 (draft)、本票 (promissory notes)、支票]，以及商業單據 (發票、貨運單據)。

6. 託收的種類：

   (1) 分為光票託收 (僅需財務單據或金融單據) 及跟單託收 (財務單據及商業單據)。

   (2) 憑付款交單 D/P (Document against Payment)，分即期 sight D/P 或 D/P at sight 及遠期 D/P after sight 或 long D/P；及憑承兌交單 D/A (Document against Acceptance)，分為 30、60、90、120、150、180、360 天期。

7. 出口託收因無銀行信用介入，故應做好下述工作：

   (1) 出口商資金周轉沒問題。

   (2) 慎簽契約書。

   (3) 進口商信用調查。

   (4) 融資期限不宜過長。

   (5) 掌握市場狀況 (出口貨物市場價格是否下跌)。

   (6) 宜用 CIP 或 CIF 或 C&I (運費進口商負責)。

   (7) 遭拒應索取拒絕證書。

   (8) 投保輸出保險。

8. URC522 規定銀行應就單據外觀查核是否與託收指示書所載相符，於接到拒絕通知時應於相當時間內告知託收人。銀行具有對所收單據、單據有效性、通訊傳達延遲或翻譯錯誤、不可抗力因素及貨物保全等免責。

四、進口結匯

1. 以信用狀付款為付款方式之進口結匯分為全額結匯及融資結匯 (分為開狀結匯及贖單結匯)。即期信用狀為進口商須立即付款贖單，遠期信用狀則為先提供信託單據

(T/R) 取得單據後到期再付款。

2. 出(進)口所得外匯結售(購)為新台幣者,應製發出(進)口結匯證實書,匯出(入)款項以新台幣結購(售)者,應製發賣匯水單(買匯水單)。

3. 開狀銀行及保兌銀行於審單後決定拒絕時,應以電訊方式通知寄單銀行。銀行於收到單據起5個營業日內沒有拒絕,則視為確定付款。

4. 開狀銀行於審單後決定接受即填發單據到達通知書,通知進口商前來贖領單據,進口商檢附結匯證明書及輸入許可證(若需要)至銀行辦理。

5. 進口贖單之利息起算日有兩種:出口商押匯日至進口商贖單日、開狀銀行收到單據至進口商贖單日。

6. 提貨:

   (1) 海運為進口商以 B/L 提交船公司換領 D/O,進口通關後換出倉單提貨。

   (2) 空運為進口商至航空公司領取提單正本,辦理進口結匯後辦理進口通關。

7. 貨物不符時若為破損或品質不良,應停止提貨並通知相關人進行檢驗並公證以便索賠。若為短裝應於報單註明並於出倉後1個月內提出退稅申請,若為短卸運送人應於卸艙後7日內(空運、貨櫃3日)提出報告。

8. 若貨已到但貨運單據未到時(短途航程),進口商為了時效及節省倉儲費,可以下列方式處理:

   (1) 先向銀行填具擔保提貨申請書,檢附商業發票副本及提單副本,向銀行申請擔保提貨書(letter of guarantee),繳付貨款(sight LC)或辦理暫緩付款手續(遠期 LC;需提供本票或定期存單)以取得擔保提貨書,再向船公司換領 D/O,進口通關後換出倉單提貨。

   (2) 進口商申請開狀時要求一份正本提單逕寄進口商,此一提單稱之為副提單(duplicate B/L),開狀銀行為保障債權,在受貨人規定為 to order of opening bank,且副提單需經開狀銀行背書後,方可向船公司換領 D/O,進口通關後換出倉單提貨。

   (3) 託運人將提單正本全套及切結書交船公司,請求船公司得以電報方式通知船公司在當地分公司或船務代理,將貨物交於提單上所指定提貨人,稱為電報放貨。

考題

1. 若以 LC 交易又是短途運輸時，發生貨物比單證先到，進口商又急於辦理提貨事宜，下列哪一種方式不適當？
   (A) 請進口商直接先電匯貨款給出口商
   (B) 電報放貨
   (C) 擔保提貨
   (D) 副提單背書提貨

2. 對於轉押匯之敘述，下列何者錯誤？
   (A) 必定發生在特別信用狀時
   (B) 出口商必須承擔金額較高的押匯費
   (C) 出口商的第一次押匯時間必須提早
   (D) 再押匯銀行須負責審單及寄單求償的動作

3. 若銀行要求進口商簽發本票或信託收據 (T/R) 先向銀行領取單據辦理提貨時，此多半發生於何種方式的進口結匯？
   (A) 全額開狀時
   (B) 承兌交單 (D/A)
   (C) 遠期信用狀
   (D) 分期付款交易時

4. 受益人在首次辦理押匯前，應先取得銀行所給予的押匯額度，此押匯銀行會要求出口商簽具
   (A) LG
   (B) LH
   (C) LI
   (D) 出口結匯申請書

5. 當貨物較單證正本先到達進口地，且進口商已從出口商收到提單副本時，進口商可用何種方式先行辦理提貨事宜？
   (A) 擔保提貨
   (B) 副提單背書提貨
   (C) 電報放貨
   (D) 海運貨單

6. 當貨物較單證正本先到達進口地，且進口商已從出口商收到提單正本時，提單受貨人多以何種方式處理？
   (A) to order
   (B) to order of shipper
   (C) to order of issuing bank
   (D) to order to buyer

7. 有關「擔保提貨」的敘述，下列何者較適當？
   (A) 進口商使用提單正本提貨
   (B) 由開狀銀行提供切結書並予以擔保
   (C) 提單受貨人多為 to order of issuing bank
   (D) 未來出口商押匯所提示單據有瑕疵時，進口商不得依此理由拒付

8. 若進口商以融資開狀方式申請即期開狀時，下列敘述何者正確？
   (A) 只需辦理一次結購外匯
   (B) 適用於所有開狀申請的進口商
   (C) 於出口商辦理出口押匯時，付清信用狀款項
   (D) 於開狀銀行通知贖單時，付清信用狀款項

9. 下列何種付款方式，在出口商辦理請款時無須付上匯票？
   (A) Usance LC   (B) deferred payment LC
   (C) D/P   (D) D/A

10. 當信用狀要求提示 PACKING LIST IN TRIPLICATE 時，則下列何種情況將不被拒付？
    (A) 提示三份正本   (B) 提示兩份正本、一份副本
    (C) 提示一份正本、兩份副本 (D) 提示三份副本

11. 當出口商辦理出口押匯時，除信用狀另有規定外，出示下列何種單證將會被拒付？
    (A) 單據日期早於 LC 開狀日期
    (B) 保險生效日早於提單簽發日
    (C) 提單託運人並非 LC 之受益人
    (D) 商業發票上的抬頭並非 LC 之開狀申請人

12. 當出口商辦理出口押匯時，除信用狀另有規定外，出示下列何種單證將會被拒付？
    (A) 與雙方買賣合約不符
    (B) 所有貨運單證未有受益人簽名
    (C) PSI 檢驗證明書之檢驗日期晚於提單簽發日
    (D) 匯票簽發日不早於提單簽發日

13. 若以信用狀交易方式,出口商辦理押匯所出示的匯票,其 "drawer" 及 "drawee",除信用狀另有規定外通常為
    (A) 出口商及開狀銀行
    (B) 出口商及押匯銀行
    (C) 出口商及進口商
    (D) 開狀銀行及押匯銀行

14. 若以信用狀交易方式,出口商辦理押匯所出示的匯票,其 "drawee" 及 "payee",除信用狀另有規定外通常為
    (A) 出口商及開狀銀行
    (B) 出口商及押匯銀行
    (C) 出口商及進口商
    (D) 開狀銀行及押匯銀行

15. 若國際貿易以託收交易方式,出口商辦理託收時所出示的匯票其 "drawee" 及 "payee",通常為
    (A) 進口商及代收銀行
    (B) 進口商及託收銀行
    (C) 進口商及出口商
    (D) 代收銀行及託收銀行

16. 當出口商發生押匯,所出示單據有瑕疵時,下列何者不是較正確處理方式?
    (A) 請進口商協助修改 LC
    (B) 辦理保結押匯
    (C) 改以託收方式辦理
    (D) 電報放貨

17. 有關 factoring 之敘述,下列何者錯誤?
    (A) 融資期限多為半年以下
    (B) 多為買斷出口商遠期信用狀匯票
    (C) 除了提供出口商貿易融資外,亦能規避買方信用風險
    (D) factor 於買入出口商債權後,大都分兩次付款給出口商

18. 有關 forfaiting 之敘述,下列何者錯誤?
    (A) 融資期限多為中長期半年至 10 年以下
    (B) 多為買斷出口商 O/A 或 D/A 應收帳款債權
    (C) forfaitor 大多以固定利率貼現買進匯票
    (D) 多屬於無追索權

19. 依據 UCP600 的規定,若 LC 提示日之最後期限及貨物的最後裝船日適逢國定假日時,則下列何者正確?

(A) 兩者有效期限皆可順延至次一營業日

(B) 前者有效期限可順延至次一營業日；後者不可以

(C) 前者有效期限不可順延至次一營業日；後者可以

(D) 兩者有效期限皆不可順延

20. 依據UCP600的規定，若LC提示日之最後期限及貨物的最後裝船日適逢颱風日而放假時，則下列何者正確？
   (A) 兩者有效期限皆可順延至次一營業日
   (B) 前者有效期限可順延至次一營業日；後者不可以
   (C) 前者有效期限不可順延至次一營業日；後者可以
   (D) 兩者有效期限皆不可順延

21. 出口押匯所適用之外匯或匯率，下列何者錯誤？
   (A) 銀行牌告買入匯率
   (B) 銀行牌告賣出匯率
   (C) 預先辦妥之預售遠期匯率
   (D) 銀行櫃檯交易賣出匯率

22. 在C&I條件下辦理託收時，則賣方需提供給買方下列單據中的哪些單據？a.匯票；b.保險單；c.提單；d.售貨確認書；e.包裝單；f.商業發票
   (A) abdef
   (B) abcdef
   (C) abcef
   (D) abef

23. 出口商辦理押匯時，其所簽發的匯票是
   (A) 以無追索權方式簽發
   (B) 順匯
   (C) 商業匯票
   (D) 銀行匯票

24. 進口商向開狀銀行申請開發信用狀時，繳保證金所辦理的結匯，稱為
   (A) 保結結匯
   (B) 擔保結匯
   (C) 融資開狀結匯
   (D) 進口贖單結匯

25. 以即期信用狀「全額開狀」之情況下，進口商應於何時向開狀行付清款項？
   (A) 進口贖單時
   (B) 申請信用狀時
   (C) 出口商辦理押匯時
   (D) 提領貨物時

26. 指示式提單，單據的受貨人 (consignee) 欄顯示
    (A) 申請人與地址
    (B) 報關行與地址
    (C) 不列真正受貨人名址
    (D) 開狀行與地址

27. 指示式提單，單據的被通知人欄 (notify party) 所顯示，下列何者錯誤？
    (A) 信用狀未規定，該欄位亦不可以空白
    (B) 應為報關行或買方代理人
    (C) 應為通常就是實際的買方
    (D) 應為進口商姓名與住址

28. 信用狀規定 "1000 sets of TV, partial shipments prohibited"，出口商提示商業發票時，除信用狀另有規定外，銀行將接受下列者？
    (A) 發票日期在信用狀有效期限後
    (B) 發票顯示 "1,000 sets of TV plus 3 sets for sample"
    (C) Shipped per 欄之後填裝運船名、航次
    (D) For account and risk of 欄以信用狀受益人為抬頭

29. 根據 UCP600 之規定，申請開發信用狀時，不可要求匯票之付款人 (Drawee/payer) 為以下何者？
    (A) comfirming bank
    (B) issuing bank
    (C) applicant
    (D) beneficiary

30. 信用狀關係人如下：BENEFICIARY: HAPPY CO. LTD.; APPLICANT: ABC USA INC.; ADVISING BANK: OPENING BANK: HSBC BANK USA, N.A.; INTERNATIONAL COMMERCIAL BANK OF CHINA; NEGOTIATING BANK: MEGA INTERNATIONAL COMMERCIAL BANK，則信用狀的受益人押匯時，提示匯票的受款人 (payee) 通常是
    (A) ABC USA INC.
    (B) HAPPY CO. LTD.
    (C) HSBC BANK USA, N.A.
    (D) MEGA INTERNATIONAL COMMERCIAL BANK

31. 下列何者屬於貨運單據中主要單據之一？
    (A) insurance policy
    (B) bill of exchange

(C) country of origin　　　　　　　　(D) customs invoice

32. 關於信用狀項下匯票簽發日期，下列敘述何者錯誤？
    (A) 宜晚於檢驗日期　　　　　　　(B) 宜早於 B/L date
    (C) 可以等於 B/L date　　　　　　(D) 宜早於 LC expiry date

33. 根據 UCP600 規定，銀行審查提示單據之合理時間為：提示日之
    (A) 次日起最長 5 個銀行曆日內　　(B) 次日起最長 5 個銀行營業日
    (C) 當日起最長 5 個銀行曆日內　　(D) 當日起最長 5 個銀行營業日

34. 進口商辦理結匯時，下列何種情況得利用 T/R 提貨？
    (A) 使用讓購 LC　　　　　　　　　(B) 以 D/P 付款方式
    (C) 使用遠期 LC　　　　　　　　　(D) 使用 O/A 付款方式

35. 依 UCP600 第 14 條 C 項規定，信用狀未規定提示期間，則受益人必須在裝運日後 21 個曆日內為提示，下列何種單據非該日期依循之裝運單據？
    (A) Air transport document　　　　　(B) Road transport document
    (C) Delivery order　　　　　　　　(D) Charter party Bill of Lading

36. 有關進口商以擔保方式提貨，下列敘述何者錯誤？
    (A) 又稱 L/G 提貨
    (B) 日後貨物有瑕疵不可拒絕受貨
    (C) 是以 N/N B/L 向銀行辦理擔保提貨
    (D) 押匯銀行寄來之單據若有瑕疵可以拒付

37. 有關進口商副提單背書提貨，副提單所指為何？
    (A) Delivery order　　　　　　　　(B) Surrendered B/L
    (C) N/N B/L　　　　　　　　　　　(D) Duplicate B/L

38. 有關進口商副提單背書提貨，下列敘述何者錯誤？
    (A) 副提單背書下所提示之副提單，受貨人為開狀銀行者
    (B) 銀行辦理副提單背書時，背書之提單為副本提單
    (C) 空運方式之進口貨物，到貨後由進口商持空運提單至銀行辦理副提單背書提貨

(D) 辦理副提單背書，進口商對日後到達之單據無論有無瑕疵，應無條件接受

39. 有關瑕疵單據之處理方式，下列敘述何者正確？
    (A) 請受益人修改瑕疵
    (B) 出口商出具 L/H 方式保結押匯，自開狀銀行收到款項
    (C) 改託收處理時，將改適用 URC522
    (D) 電詢進口商接受瑕疵

40. 在託收交易下，匯票 (Bill of Exchange) 之付款人通常為
    (A) 代收銀行   (B) 進口商
    (C) 提示銀行   (D) 出口商

單元八答案

1. (A)	2. (D)	3. (C)	4. (B)	5. (A)
6. (C)	7. (D)	8. (D)	9. (B)	10. (D)
11. (D)	12. (C)	13. (A)	14. (D)	15. (B)
16. (D)	17. (B)	18. (B)	19. (B)	20. (D)
21. (B)	22. (C)	23. (C)	24. (C)	25. (B)
26. (C)	27. (A)	28. (C)	29. (C)	30. (D)
31. (A)	32. (B)	33. (B)	34. (C)	35. (C)
36. (D)	37. (D)	38. (B)	39. (A)	40. (B)

單元九 貿易索賠、仲裁與糾紛處理

重點整理

一、貿易索賠 (trade claim)

1. 貿易糾紛發生的原因：
   (1) 買賣當事人不依約行事。
   (2) 認知與觀念不同。
   (3) 運輸危險所致 (介於運送人與保險人之間難以界定及歸屬責任時，或 CIF 投保內容沒有涵蓋損失)。

2. 索賠係指要求損害部份以金錢賠償或准予退貨或拒收。索賠種類常見可歸納為貿易索賠及貨物運輸損害索賠。
   (1) 貿易索賠分為：
      A. 買方索賠 (賣方交運數量或品質或規格不符、包裝不當、未依約裝運)。
      B. 賣方索賠 (未依約開發 LC、付款、不提領貨物)。
      C. 市場索賠 (因商品在當地價格大跌所致)。
   (2) 貨物運輸損害索賠分為：
      A. 運輸索賠 (向船公司索賠)。
      B. 保險索賠 (向保險公司索賠)。

3. 索賠可能採取的行動為：
   (1) 賣方：要求支付價金、扣留貨物、終止交貨、另售他人、要求損害賠償。
   (2) 買方：要求減價、退貨、補送或換貨、要求損害賠償。

4. 發出損害通知期限：依買賣契約規定，或契約為規定依國際慣例處理 [發現不符應於 3 日內 (海運) 或 7 日 (空運) 或 1 個月 (保險公司) 通知對方]。通常勘查人之委聘應先徵得保險人之同意且地點應以港口為佳。

5. 損害賠償的起訴期限：賠償訴訟應於到達目的地之日起 (6 個月內) 國際買賣契約、1 年內 (海運) 或 2 年內 (空運) 提出，否則喪失追訴權。而保險契約所產生之權力

則須於 2 年內提出，否則喪失求償權。
6. 索賠所需文件：
   (1) 貿易索賠：索賠申請書、公證報告書、索賠清單、賠款清單等。
   (2) 運輸索賠：索賠申請書、公證報告書、索賠清單、提單副本、商業發票等。
   (3) 保險索賠：索賠申請書、公證報告書、索賠清單、提單全套、商業發票、保險單正本、裝箱/重量單、海難或破損報告書等。

二、國際商務仲裁 (international commercial arbitration)

1. 貿易雙方約定未來發生爭議事件時，由雙方所選定的仲裁者來判斷並服從結果，作為解決爭議的手段。若有一方不遵守可提出訴訟。
2. 國際貿易糾紛之方法有和解、商務仲裁、調停與訴訟四種，以善意和解及商務仲裁的方式最佳。商務仲裁的優點在快速、經濟、公平、保密及有效 (與法院確定判決具同一效力)。
3. 國際商務仲裁規則主要為多次修正於 1975 年 ICC 制定的「調停與仲裁規則」、聯合國國際貿易法委員會之仲裁規則，我國則為 1998 年的《仲裁法》。
4. 仲裁地大都以被告所在國家 (為方便仲裁執行)、以第三國 (為公證性)、起岸地 (為了就近察看貨物)。
5. 仲裁所檢附文件大約有：公證報告書、索賠清單、往來單據 (提單、商業發票、保險單、裝箱/重量單等)、往來文件及貿易契約，一般而言應於 6 個月內作成判斷書，必要時得延長 3 個月。

考題

1. 若進口商收到的貨物因貨物發霉而無法使用時，此時進口商應該向何者提出索賠？
   (A) 公共運送人　　　　　　　　(B) 保險公司
   (C) 出口商　　　　　　　　　　(D) 自認倒楣

2. 若進口商收到的貨物發現貨物外觀完整但內部都破損而無法使用時，此時進口商應該向何者提出索賠？
   (A) 公共運送人　　　　　　　　(B) 保險公司
   (C) 出口商　　　　　　　　　　(D) 自認倒楣

3. 若進口商收到貨物時提單上並無任何不良記載，但貨物卻發生短卸情形時，此時進口商應該向何者提出索賠？
   (A) 公共運送人　　　　　　　　(B) 保險公司
   (C) 出口商　　　　　　　　　　(D) 自認倒楣

4. 若進口商的貨物在運送過程中，因發生共同海損而被投棄時，因此到貨時貨物短少50箱，此時進口商應該向何者提出索賠？
   (A) 公共運送人　　　　　　　　(B) 保險公司
   (C) 出口商　　　　　　　　　　(D) 自認倒楣

5. 下列何者不是進口商向出口商提出索賠時，應提出之文件？
   (A) 索賠函　　　　　　　　　　(B) 保險單
   (C) 公證報告　　　　　　　　　(D) 進口報單

6. 依我國《海商法》第151條規定：「要保人或被保險人自接到貨物之日起，_____內不將貨物所受損害通知保險人或其代理人時，視為無損害。」
   (A) 1個月　　　　　　　　　　　(B) 6個月
   (C) 1年　　　　　　　　　　　　(D) 2年

7. 貨物若發生保險理賠並推定為全損，被保險貨物日後有可能發生失而復得或仍具有部份殘值，此時若被保險人向保險人求償，保險人要求被保險人將貨物權利讓予保險人方予以全額賠償，此種權利讓予稱為

(A) 單獨海損 (B) 單獨費用
(C) 代位求償 (D) 委付

8. 若是考慮到未來能有效執行仲裁之判決，應以何者作為決定仲裁地點為考量？
   (A) 起岸地主義 (B) 被告地主義
   (C) 第三地主義 (D) 國內主義

9. 若是考慮到未來能快速檢查有問題的貨物或商品時，應以何者作為決定仲裁地點為考量？
   (A) 起岸地主義 (B) 被告地主義
   (C) 第三地主義 (D) 國內主義

10. 若是考慮到未來仲裁判決之公平性，應以何者作為決定仲裁地點為考量？
    (A) 起岸地主義 (B) 被告地主義
    (C) 第三地主義 (D) 國內主義

11. 以仲裁來處理貿易糾紛時，相較法院訴訟不具備下列何種性質？
    (A) 與法院判決具同等效力 (B) 專業性更高
    (C) 時效性強 (D) 理賠較高

12. 下列何者通常不是辦理仲裁的機關？
    (A) 工商團體 (B) 法院
    (C) 國際商會 (D) 商品交易協會

13. 下列何者非買方索賠時，可能採取的行動？
    (A) 拒付貨款 (B) 扣留貨物
    (C) 要求換貨 (D) 要求減價

14. 下列何者不屬於不正當的索賠？
    (A) 誤解索賠 (B) 市場索賠
    (C) 惡意索賠 (D) 保險索賠

15. 下列何者通常屬於運輸索賠的範圍？
    (A) 箱數沒減少，但箱內個數短少 (B) 裝卸或堆積不當

(C) 變更航程 (D) 短卸或不到貨

16. 向公共運送人進行貨物運輸索賠時，下列何者非須具備的索賠文件？
    (A) 商業發票 (B) 包裝單
    (C) 進口報單 (D) 借項清單

17. 若向海運運送人提出索賠，若雙方意見不一致或被拒付時，若貨主想提出訴訟，應於提貨之日起多少時間之內提出，否則喪失賠償請求權？
    (A) 1 個月 (B) 6 個月
    (C) 1 年 (D) 2 年

18. 若向空運運送人提出索賠，若雙方意見不一致或被拒付時，若貨主想提出訴訟，應於航空器到達日起多少時間之內提出，否則喪失賠償請求權？
    (A) 1 個月 (B) 6 個月
    (C) 1 年 (D) 2 年

19. 解決國際貿易的糾紛，最佳的處理方式應為
    (A) 和解 (B) 調解
    (C) 仲裁 (D) 訴訟

20. 在海上貨物運輸保險中，在實務上向船公司索賠金額之採計多為
    (A) FOB 價格計算 (B) CFR 價格計算
    (C) CIF 價格計算 (D) DAT 價格計算

21. 買方發現進口商品的行情變化，進來的貨物將會賠錢，因而藉口其他理由向賣方提出索賠，稱之為
    (A) 匯兌損失索賠 (B) 買方索賠
    (C) 正當索賠 (D) 市場索賠

22. 買方於提貨後外包裝尚稱完好，但收到貨時發現包裝完好但貨品有瑕疵，則可向下列何者提出索賠？
    (A) 賣方 (B) 運送人
    (C) 保險公司 (D) 賣方、保險公司和運送人

23. 貿易糾紛的解決方式有：a. 訴訟；b. 和解；c. 調解；d. 仲裁，其優先順序為
    (A) abcd
    (B) bcda
    (C) bdca
    (D) cbda

24. 以 FOB 貿易條件向泰國進口沙蝦，收到的貨物因硼砂含量超過正常值，以致無法使用時，可向誰提出索賠？
    (A) 船公司
    (B) 保險公司
    (C) 簽約的出口商
    (D) 出口商的供應商

25. 以 FOB 貿易條件向泰國進口紅蟳，收到的貨物因含沙量超過正常值致無法洗清，則該批貨應屬
    (A) fair average quality
    (B) good merchantable quality
    (C) grade B quality
    (D) not good merchantable quality

26. 信用狀付款方式交易，買方於到貨通知、贖單前發現，貨品品質有瑕疵，則可以採取的作法是
    (A) 不去銀行贖單
    (B) 撤銷信用狀
    (C) 終止買賣契約拒絕付款
    (D) 請開狀行嚴審單據，準備索賠

27. 貿易實務上常見、情況最富變化、又少有國際規則或慣例可資依循的索賠，是指
    (A) 匯兌損失索賠保險索賠
    (B) 買賣索賠
    (C) 運輸索賠
    (D) 保險索賠

28. 一般而言，出口商向進口商索賠時，比較可能採取的行動是
    (A) 退貨
    (B) 扣留貨物
    (C) 補送貨物或換貨
    (D) 減價

29. 買方提出索賠時，賣方會要求買方提供
    (A) 進口證明
    (B) 檢驗報告
    (C) 公證報告
    (D) 領事簽證

30. 下列何者通常不屬於運輸索賠的範圍？
    (A) 箱內貨物短少，外包裝完整
    (B) 機車的油箱被勾破

(C) 包裝破裂貨物發霉外露　　　　　(D) 貨物裝置甲板上遭致損壞

31. 買方收到清潔提單後，發現部份貨物包裝破裂而裡面的貨物發霉，請問可向何者索賠？
    (A) 運送人或賣方　　　　　　　　(B) 賣方或保險人
    (C) 運送人或保險人　　　　　　　(D) 賣方或賣方的供應商

32. 賣方交航空公司承運 30 台、60 公斤的電腦，貨到目的地已毀損或滅失，航空公司賠償金額上限如何計算？
    (A) 30 台電腦全賠　　　　　　　　(B) 按公噸計賠償額
    (C) 按 KG 計賠償額　　　　　　　(D) 不必賠

33. 針對貨物毀損或滅失，運送人對下列何種事由必須負擔賠償責任？
    (A) 運送人未經託運人同意將貨物裝載甲板上致受損害
    (B) 貨物外包裝完好但箱內件數短少
    (C) 託運時未告知危險品，運送人逕將其投棄
    (D) 進行人道救援偏離航道，導致貨主受損失

34. 在 CIF 貿易條件下，賣方投保全險並取得清潔提單後發生短損，買方可提出何種索賠？
    (A) 買賣索賠、運輸索賠及保險索賠　(B) 運輸索賠及保險索賠
    (C) 買賣索賠及運輸索賠　　　　　(D) 買賣索賠及保險索賠

35. 依我國《海商法》之規定，要保人或被保險人自接到貨物之日起多久時間必須向保險公司通知損害，否則視為無損害？
    (A) 當天　　　　　　　　　　　　(B) 1 個月
    (C) 3 個月　　　　　　　　　　　(D) 1 年

36. 當進口貨物發生損壞，進口商欲提出保險索賠時，常見的文件為何？
    (A) 產地證明書　　　　　　　　　(B) 公證報告
    (C) 保險證明書　　　　　　　　　(D) 進口報單

37. 買方以 CIF Keelung 購買 200 箱的食品，賣方在裝運後，憑清潔的併櫃提單和 ICC

(A)、與戰爭險的保單，辦理押匯取得款項。買方收到貨後，只實際收取 195 箱，短少了 5 箱，應向誰提出索賠？

(A) 出口商

(B) 運送人

(C) 保險公司

(D) 先向出口商索賠，遭拒絕再向保險公司索賠

38. 下列有關貿易糾紛調處，何者不需第三者介入？
    (A) 和解 (B) 調解
    (C) 仲裁 (D) 訴訟

39. 下列有關貿易糾紛調處，何種方式不但有快速、公平、保密等優點，又具有法律拘束力？
    (A) 和解 (B) 調解
    (C) 仲裁 (D) 訴訟

40. 下列有關貿易糾紛調處，何種方式不但費用高、不具保密性，而且手續最繁雜、曠日費時？
    (A) 和解 (B) 調解
    (C) 仲裁 (D) 訴訟

單元九答案

1. (C)	2. (C)	3. (A)	4. (B)	5. (D)
6. (B)	7. (D)	8. (B)	9. (A)	10. (C)
11. (D)	12. (B)	13. (B)	14. (D)	15. (A)
16. (D)	17. (C)	18. (D)	19. (A)	20. (C)
21. (D)	22. (A)	23. (B)	24. (C)	25. (D)
26. (D)	27. (B)	28. (B)	29. (C)	30. (A)
31. (C)	32. (C)	33. (A)	34. (B)	35. (B)
36. (B)	37. (A)	38. (A)	39. (C)	40. (D)

單元十 出口報價計算

重點整理

一、出口報價計算方法與步驟:海運

1. 單位換算:

    (1) 1 m = 100 cm；1 TEN = 1,000 kg。

    (2) 1 立方公尺 (m^3) = 1 CBM (MTQ) = 1 才積噸 = 10^6 cm^3。

    (3) 1 ft (呎) = 12 inch (吋)；1 吋 = 2.54 cm。

    (4) 1 立方呎 (FTQ) = 1,728 立方吋 (INQ) = 1 才 (12 * 12 * 12 = 1,728)。

    (5) 1 CBM = 35.315 FTQ = 35.315 * 1,728 INQ。

    (6) 1 FEU (40′) = 2 TEU (20′)。

2. 海運運費計算流程:

    (1) 分為併櫃及整櫃計算,並決定採併櫃或整櫃 (若僅取決於運費高低)。

    (2) 若為併櫃 (分 M/T) 時,

    　　A. 先確認是以體積噸 (MTQ) 或重量噸 (TNE) 計算:以基本費率分別計算,採較高運費為準。

    　　B. 再將基本費率及其他附加費 (通常為 SFS/SFS 及 DOC) 全部計入再算一次運費,但 DOC 與 M/T 無關,一張提單收一次費用。

    (3) 若為整櫃 (分 20′、40′、40′ HQ、45′) 時,

    　　A. 計算出所有貨物的總體積與總重量。

    　　B. 決定最適當的貨櫃種類與數目,以下為各種貨櫃的容積與載重量:

    　　　 20′ 為 1,050 FTQ、18 TNE。

    　　　 40′ 為 2,050 FTQ、19 TNE。

    　　C. 再將基本費率及其他附加費 (通常為 DDC/THC 及 DOC) 全部計入再算一次運費,但 DOC 與貨櫃種類與數目無關,一張提單收一次費用。

    (4) 依 (2) 及 (3) 採總運費較低,決定是併櫃或整櫃。

3. 保費 (CIF)、利潤及佣金計入：

   (1) CFR ＝ FOB 價格＋運費 (依前述 2. 計算出)。

   (2) CIF ＝ CFR 價格＋保費 (至少為 CIF 價值之 110% * 保費費率 r；假設投保加計 k 成)。

   (3) 利潤及佣金亦為 CIF 價值 * 利潤率 t 及佣金率 b。

   (4) 加計其他多項費用 (如海關、倉儲、報關、銀行等) 算出出口計算表。

   (5) 出口報價公式 (以 CIF、CIP 為例)：

$$CIF = \frac{生產成本 / 匯率＋每報價單位運費}{(1－業務費率)(1－利潤費率)(1－保險金額加成 * r)(1－佣金費率)}$$

4. 出口價格核算 (依勞委會公告範例計算)：

根據以下資料，對貨號 A 與貨號 B 兩種以體積噸計算海運運費的貨物，分別以併櫃與整櫃運量，核算相關運費與報價。產品資料：

型號	A	B
包裝方式	15 SET / 箱 (CTN)	12 PC / 箱 (CTN)
包裝尺寸	50・45・36 (cm)	12″・15″・20″ (inch)
採購成本	NT$200 / SET	NT$240 / PC

運費	併櫃 (CFS)	20 呎整櫃	40 呎整櫃
	US$100	US$2,500	US$4,500
最低裝運量	1 CBM	25 CBM	50 CBM

匯率：1 USD ＝ 33.5 NTD	利潤率：10%
保險費率：0.13%	業務費率：5%

   (1) 核算要求：計算過程無法整除者，CBM 計算至小數點第 4 位，四捨五入後取 3 位；其餘請計算至小數點第 3 位，四捨五入後取 2 位。

   (2) 佣金計算方式：以所求報價條件本身為佣金計算基礎，如 FOB&C 與 CIF&C 分別為 FOB 與 CIF 為基礎之含佣價。

貨號 A：併櫃方式報價：

題目	本測驗項目請依下列核算方式計算，作答時僅填入答案即可	單位
1. CBM 數 / CTN	0.5 * 0.45 * 0.36 ＝ 0.081	CBM
2. 每盒 (Set) 運費	0.081 * 100 / 15 ＝ 0.54	USD/SET
3. FOB 報價	(200 / 33.5) / (1 － 5%) / (1 － 10%) ＝ 6.98	USD/SET
4. CFR 報價	(200 / 33.5 ＋ 0.54) / (1 － 5%) / (1 － 10%) ＝ 7.61	USD/SET
5. CIFC3 報價	(200 / 33.5 ＋ 0.54) / (1 － 1.1 * 0.13%) / (1 － 5%) / (1 － 10%) / (1 － 3%) ＝ 7.86	USD/SET

貨號 B：40 呎整櫃方式報價：

題目	本測驗項目請依下列核算方式計算，作答時僅填入答案即可	單位
6. 每箱才數	12 * 15 * 20 / 1,728 ＝ 2.08	才 (CFT)
7. 每箱 CBM 數	2.08 / 35.315 ＝ 0.059	CBM
8. 40 呎櫃報價數量	50 / 0.059 ＝ 進位取整數 848 箱 * 12 ＝ 10,176	PC
9. 每 PC 運費	4,500 / 10,176 ＝ 0.44	USD/PC
10. CIF 報價	(240 / 33.5 ＋ 0.44) / (1 － 1.1 * 0.13%) / (1 － 5%) / (1 － 10%) ＝ 8.91	USD/PC

二、空運運費的算法

1. 貨物有毛重 (kg)，體積則轉換為重量計：6,000 立方公分 ＝ 366 立方吋 ＝ 1 kg。
2. 比較毛重與體積換算的重量孰重為計算運費之標準。
3. 不足 (含) 0.5 kg 以 0.5 kg 計，大於 0.5 kg 小於 1 kg 以 1 kg 計。
4. 就正常運價 * 計費重量 vs. 較高一級運價 * 該級最低計費重量孰低計算。

單元十　出口報價計算

考題

1. 若甲公司想獲得 20% 利潤，而向乙客戶報價 CFR HONG KONG USD 8.75 per set，乙還價：CFR HONG KONG USD 8.00 per set，若甲願意接受乙的還價，則甲的利潤率是多少？
   (A) 10.75%　　　　　　　　　　(B) 11.25%
   (C) 12.25%　　　　　　　　　　(D) 12.50%

2. 若甲公司對外報價為 CFR New York 每公噸 500 美元給乙公司，而乙要求改報 CIFC 8% 價格，已知保險費率為 2%，保險加成按照國際慣例，則修改後報價應為
   (A) USD 555.70　　　　　　　　(B) USD 557.80
   (C) USD 558.92　　　　　　　　(D) USD 560.00

3. 若甲公司對外報價為 CIFC5 New York 每公噸 500 美元給乙公司，而乙要求改報 CFR 價格，已知保險費率為 2%，保險加成按照國際慣例，則修改後報價應為
   (A) USD 462.70　　　　　　　　(B) USD 463.80
   (C) USD 464.55　　　　　　　　(D) USD 465.80

4. 若甲公司出口一批貨物共 40 箱，每箱體積 20″×20″×40″，淨重 145 kgs，毛重 150 kgs。如果船公司併櫃之運費報價為 W/M ＝ USD 100.00，則該批貨物運費為多少？
   (A) USD 1025.80　　　　　　　(B) USD 1,048.76
   (C) USD 1066.70　　　　　　　(D) USD 1,084.50

5. 若甲公司出口一批貨物共 40 箱，每箱體積 20″×20″×20″，淨重 145 kgs，毛重 150 kgs。如果船公司併櫃之運費報價為 W/M ＝ USD 100.00，則該批貨物運費為多少？
   (A) USD 524.38　　　　　　　　(B) USD 555.86
   (C) USD 600.00　　　　　　　　(D) USD 680.50

6. 若甲公司出口一批貨物共 100 箱，每箱體積 40″×40″×20″，淨重 145 kgs，毛重 150 kgs。如果船公司整櫃之運費報價為 20′ USD 2,500　40′ USD 4,000，則該批貨物運費為多少？
   (A) USD 2,500　　　　　　　　(B) USD 4,000

(C) USD 5,000 (D) USD 6,500

7. 若甲公司出口一批貨物共 150 箱，每箱體積 75 cm×60 cm×80 cm，淨重 145 kgs，毛重 150 kgs。如果船公司整櫃之運費報價為 20′ USD 2,500 40′ USD 4,000，則該批貨物運費為多少？

(A) USD 2,500 (B) USD 4,000
(C) USD 5,000 (D) USD 6,500

8. 若甲公司以空運方式寄送貨物一批，其長、寬、高分別為 40 cm×40 cm×60 cm，毛重為 10 KGS，假設空運運送人所報運費如下表所示，則該批貨物運費為多少？

每批最低收費	小於 45 KGS	大於等於 45 KGS	大於等於 100 KGS
TWD 2,200	TWD 450/KG	TWD 400/KG	TWD 350/KG

(A) TWD 2,200 (B) TWD 4,500
(C) TWD 7,200 (D) TWD 8,800

9. 若甲公司以空運方式寄送貨物一批，其長、寬、高分別為 20 cm×20 cm×40 cm，毛重為 3 KGS，假設空運運送人所報運費如下表所示，則該批貨物運費為多少？

每批最低收費	小於 45 KGS	大於等於 45 KGS	大於等於 100 KGS
TWD 2,200	TWD 450/KG	TWD 380/KG	TWD 320/KG

(A) TWD 2,200 (B) TWD 1,202
(C) TWD 1,350 (D) TWD 1,500

10. 若甲公司以空運方式寄送貨物一批，其長、寬、高分別為 20 cm×20 cm×40 cm，毛重為 5 KGS，假設空運運送人所報運費如下表所示，則該批貨物運費為多少？

每批最低收費	小於 45 KGS	大於等於 45 KGS	大於等於 100 KGS
TWD 2,200	TWD 450/KG	TWD 380/KG	TWD 320/KG

(A) TWD 2,200 (B) TWD 1,202
(C) TWD 2,250 (D) TWD 2,500

11. 若甲公司以空運方式寄送貨物一批共 20 箱，每箱長、寬、高分別為 20 cm×20 cm×30 cm，毛重為 1.8 KGS，假設空運運送人所報運費如下表所示，則該批貨物

運費為多少？

每批最低收費	小於 45 KGS	大於等於 45 KGS	大於等於 100 KGS
TWD 2,200	TWD 450/KG	TWD 380/KG	TWD 320/KG

(A) TWD 15,000　　　　　　　　　(B) TWD 16,200
(C) TWD 17,100　　　　　　　　　(D) TWD 18,000

12. 若甲公司出口商品欲向客戶報價，其公司內部相關資料如下：

    (1) 包裝方式：2 Set/CTN，40cm×40cm×50cm/CTN，N.W. 15.5KG/CTN、G.W. 16.5 KG/CTN

    (2) 生產／採購成本：NT$1,200/ Set

    (3) 併櫃運費：USD 100 W/M

    (4) 保險金額與費率：CIF 金額加 20%、全險費率 1.8%

    (5) 業務費用率：5 %

    (6) 利潤率：15 %

    (7) 匯率：買進價 30.882，賣出價 31.560

    試問每套商品的 FOB 報價為何？

    (A) USD 48.12　　　　　　　　　(B) USD 50.25
    (C) USD 52.36　　　　　　　　　(D) USD 55.78

13. 承上題，若客戶要求改報 CFRC8 時，此時報價應改為

    (A) USD 55.27　　　　　　　　　(B) USD 57.69
    (C) USD 59.36　　　　　　　　　(D) USD 61.88

14. 承上題，若客戶要求改報 CIF 時，此時報價應改為

    (A) USD 51.45　　　　　　　　　(B) USD 53.29
    (C) USD 54.25　　　　　　　　　(D) USD 55.74

15. 某進口商從日本進口冰箱乙只 20 呎貨櫃，其申報進口價值 FOB USD 78,000.00；運費為 USD 2,200.00；保險費為 USD 256.50；經查關稅局報關當時外幣匯率「買進價」為 USD 1 = TWD 30.85；「賣出價」為 USD 1 = TWD 31.58，進口關稅第一欄為 20%；第二欄為 10%；第三欄為 40%，貨物稅率為 15%。該批貨之進口日期為 104

年4月1日,但進口商於102年4月28日才向海關申報。海關開出稅單時間為4月30日,進口商至5月22日才繳納稅款。試問這批貨物之完稅價格為何?

(A) TWD 2,540,816　　(B) TWD 2,482,083
(C) TWD 2,463,240　　(D) TWD 2,406,300

16. 承上題,該進口商應繳交多少進口關稅?

(A) TWD 508,163　　(B) TWD 254,081
(C) TWD 496,416　　(D) TWD 248,208

17. 承上題,該進口商應繳交多少貨物稅?

(A) TWD 432,190　　(B) TWD 441,231
(C) TWD 457,346　　(D) TWD 482,765

18. 承上題,該進口商應繳交多少營業稅?

(A) TWD 508,163　　(B) TWD 254,081
(C) TWD 496,416　　(D) TWD 175,316

19. 承上題,該進口商應繳交多少滯報費?

(A) TWD 2,200　　(B) TWD 2,400
(C) TWD 2,600　　(D) TWD 2,800

20. 承上題,該進口商應繳交多少滯納金?

(A) TWD 20,757　　(B) TWD 27,084
(C) TWD 25,677　　(D) TWD 23,520

21. 以 CIF 貿易條件交易,賣方的發票金額為 USD 56,000,其中運費為 USD 5,000,保費為 USD 1,000,如果沒有約定保險金額,則保險金額應為

(A) 56,000　　(B) 61,600
(C) 62,000　　(D) 68,200

22. 外銷公司出口貨物一批,體積噸為 13.95 CBM,重量為 4.35 公噸,基本運費率 100 美元 M/W,請問基本運費為

(A) 4.35 美元　　(B) 13.95 美元

(C) 435 美元 (D) 1,395 美元

23. 外銷公司出口貨品一批，體積大而重量輕，共計有 200 箱，每箱體積 14″×30″×40″，則最佳的裝櫃方式如何？
   (A) 1 個 TEU
   (B) 2 個 TEU
   (C) 2 個 FEU
   (D) 3 個 FEU

24. 出口貨品一批，體積大而重量輕，共計 400 箱，每箱體積 40″×20″×20″，則最佳裝櫃方式如何？
   (A) 2 個 FEU
   (B) 2 個 TEU
   (C) 1 個 FEU
   (D) 4 個 TEU

25. 出口包裝尺寸 22″×16″×20″，計 30 箱，船公司報價 US$70/CBM/TON，每箱毛重 40 KGS，則運費應為多少？
   (A) US$84.00
   (B) US$142.34
   (C) US$242.26
   (D) US$284.68

26. 外銷公司報價 CIF Dubai US$700 net per dozen，客人要求改報含佣金 5%。在 FOB 淨收入不減下 CIF C5 Dubai US$ 多少？
   (A) 700
   (B) 735.00
   (C) US$736.84
   (D) US$738.64

27. 外銷公司報價 FOB Keelung US$250 net per carton，客人要求改報 CFR Dubai C5，設運費每箱 20 美元，則每箱應報價
   (A) 250
   (B) 256.50
   (C) US$283.50
   (D) US$284.21

28. 外銷瓷器 600 打，每 2 打裝成 1 箱，每箱才積為 10 才，海運運費為每 CBM USD 44，則每打應負擔之運費為
   (A) USD 5.83
   (B) USD 6.23
   (C) USD 6.72
   (D) USD 8.53

29. 買賣契約依 CFRC2 Dubai 交易條件成交，該批貨物約定的總值 20,000 美元，總運

費 1,600 美元,請問該筆交易的外匯淨收入為多少美元?

(A) 20,000　　　　　　　　　　(B) 18,400

(C) 18,000　　　　　　　　　　(D) 19,600

30. 國外開來信用證,規定:「蠶絲布 500 克,每克 4.5 美元;總金額 ABOUT 2,250 美元,禁止分批裝運」,則出口商向銀行押匯最高金額為多少美元?

(A) 2,000　　　　　　　　　　(B) 2,250

(C) 2,362.50　　　　　　　　　(D) 2,475

31. 台灣某公司從美國進口汽車廢鐵 10 萬噸,美國國內收購價為 0.3 美元/公斤,含採購佣金 FOBC2,另加運、保費及其他費用 10%,國內銷售價每公噸 NT$10,000,試計算該廢鐵進口換匯成本為

(A) 29.94　　　　　　　　　　(B) 30.30

(C) 30.92　　　　　　　　　　(D) 31.47

■ 請根據以下問題,回答 32-34 題:外銷音響組到日本,契約簽訂 1,000 sets,包裝:1 set/Box,2 sets in a carton/34 cm×40 cm×48 cm,毛重 12 公斤,運費費率 CFS 每 KG 為 US$0.108,CFS 每 CBM 為 US$38,20′ CY 每櫃 US$570,40′ CY 每櫃 US$920。

32. 請問每組多少 CBM ?

(A) 0.0237　　　　　　　　　　(B) 0.0273

(C) 0.0327　　　　　　　　　　(D) 0.0372

33. 請問合理裝運如何?

(A) CFS 每 KG 計　　　　　　　(B) CFS 每 CBM 計

(C) 20′ CY 一櫃　　　　　　　　(D) 40′ CY 一櫃

34. 請問每組之運費為何?

(A) USD 0.65　　　　　　　　　(B) USD 0.92

(C) USD 1.14　　　　　　　　　(D) USD 1.24

■ 請根據以下問題，回答 35-37 題：外銷全自動製麵包機到英國，契約簽訂 500 sets，包裝：1 Set/Box，1 Box in a Carton/20″×12″×12″，毛重 3 公斤，運費費率 CFS 每 KG 為 US$0.289，CFS 每 CBM 為 US$102，20′ CY 每櫃 US$1,200，40′ CY 每櫃 US$2,300。

35. 請問每 set 多少 cubic feet 多少？
    (A) 1.57　　　　　　　　　　　(B) 1.67
    (C) 1.77　　　　　　　　　　　(D) 1.87

36. 請問合理裝運為何？
    (A) CFS 每 KG 計　　　　　　　(B) CFS 每 CBM 計
    (C) 20′ CY 一櫃　　　　　　　 (D) 40′ CY 一櫃

37. 請問每組之運費為何？
    (A) USD 0.867　　　　　　　　(B) USD 2.40
    (C) USD 4.80　　　　　　　　 (D) USD 4.82

■ 請根據以下問題，回答 38-40 題：沙烏地阿拉伯向我出口商採購折疊式腳踏車 500 sets，供應價格每 set NT$4,000，報價適用匯率 NT$34.50/UD$，FOB 毛利率 15%，運費 USD 9.00/set，保險費發票面額加 10% 投保 ICC (A) 費率 0.35%。

38. 請問每組 FOB 價錢為多少 USD？
    (A) 115.94　　　　　　　　　　(B) 133.33
    (C) 136.40　　　　　　　　　　(D) 146.30

39. 請問每組保險費為多少 USD？
    (A) 0.48　　　　　　　　　　　(B) 0.51
    (C) 0.53　　　　　　　　　　　(D) 0.54

40. 請問每組 CIF 為多少 USD？
    (A) 133.86　　　　　　　　　　(B) 133.94
    (C) 145.91　　　　　　　　　　(D) 149.51

單元十答案

1. (D)	2. (A)	3. (C)	4. (B)	5. (C)
6. (B)	7. (C)	8. (C)	9. (A)	10. (C)
11. (C)	12. (A)	13. (B)	14. (C)	15. (A)
16. (A)	17. (C)	18. (D)	19. (B)	20. (A)
21. (B)	22. (D)			

23. (B)

計算過程：14″×30″×40″÷1,728 = 9.7222 才，9.7222×200 = 1,944.44 才，2 TEU = 1,040×2 = 2,080 才

24. (A)

計算過程：40″×20″×20″÷1,728×400÷35.315 = 3,703 才 ÷35.315 = 104.88 CBM

25. (C)

計算過程：重量 0.04×30×70 = 84，才積 22″×16″×20″÷1,728×30 = 122.22 才，122.22 才 ÷35.315×70 = USD 242.26

26. (C)

計算過程：CIF Dubai÷(1 − 5%) = US$700÷0.95 = 736.84

27. (D)

計算過程：270÷(1 − 5%) = 284.21

28. (B)

計算過程：600 打 ÷2 打 ×10 才 ÷35.315 = 84.95 CBM，84.95 CBM×USD 44 = USD 3,737.80，USD 3,737.80÷600 打 = 6.23

29. (C)

　　計算過程：20,000×(1 － 2%) ＝ 19,600，19,600 － 1,600 ＝ 18,000

30. (D)

　　計算過程：2,250×1.1 ＝ 2,475

31. (B)

　　計算過程：FOB C2 ＝ 0.3 美元／公斤×1,000 公斤×(1 ＋ 10%) ＝ US$330（其中含 2% 採購佣金），US$1 ＝ NT$10,000÷US$330 ＝人民幣 30.30 元／US$

| 32. (C) | 33. (D) | | |

34. (B)

　　計算過程：F：CFS：W 計：12 KGM÷2×0.108×1,000 sets ＝ US$648
　　M 計：0.34×0.4×0.48÷2 ＝ 0.0327，0.0327×USD 38×1,000 sets ＝ USD 1,242.60 (W/M，船公司取貴的 M)
　　CY：20′ ＝ 29.45 CBM÷0.0327/set ＝ 901 sets，901 sets ＜ 1,000 sets，兩只 20′ 貨櫃才足夠
　　USD 570×2÷1,000 ＝ USD 1.14 ＜ USD 1.2403，CY：40′ ＝ 2,090 cubic feet÷1.1527/set ＝ 1,814 set ＞ 1,000 sets，一只 40′ 貨櫃已足夠
　　USD 920×1÷1,000 ＝ USD 0.92 ＜ USD 1.14，故採 CY 40′ 櫃

| 35. (B) | 36. (C) | | |

37. (B)

　　計算過程：F：CFS：W 計：3 KGM÷1×0.289 ＝ USD 0.867
　　M 計：Cubic feet：20″×12″×12″÷1,728÷1 sets ＝ 1.6667 cubic feet/set
　　1.6667×USD 102÷35.315 ＝ USD 4.8139/set (W/M，船公司取貴的 M)
　　CY：20′ ＝ 1,040 cubic feet÷1.6667 cubic feet/set ＝ 624 sets ＞ 500 sets，1 只 20′ 貨櫃就夠
　　USD 1,200×1÷500 sets ＝ USD 2.4/set ＜ 4.8139，宜採整櫃 CY：40′ ＝ 2,090 cubic feet÷1.6667/set ＝ 1,254 sets ＞ 500 sets，1 只 40′ 貨櫃太多
　　USD 2,300×1÷500 sets ＝ USD 4.60/set，40′ 貨櫃太貴，USD 2.4/set ＜ USD 4.60，故採 CY 20′

38. (C)	39. (B)			

40. (C)

計算過程：FOB：USD 4,000 ÷ 34.5 ÷ 0.85 ＝ USD 136.4024/ set
I：(USD 136.4024 ＋ USD 9)×1.1×0.35%÷(1 － 0.35%×1.1) ＝ 0.559798÷0.99615 ＝ USD 0.5109
CIF ＝ USD 136.4024 ＋ USD 9 ＋ USD 0.5109 ＝ USD 145.91

單元十一 基礎貿易英文

考題

1. "Through the HSBC, Taipei, we have arranged with the DeutcsheBank, Hamburg branch to issue a credit in favor of Orchid Co., Ltd." In the Letter of Credit the beneficiary is _____.

   (A) HSBC
   (B) DeutcsheBank, Hamburg branch
   (C) Orchid Co., Ltd.
   (D) the writer

2. When the rule of "CIP Kaohsiung" is used in contract. Kaohsiung is _____.

   (A) the port of shipment
   (B) the port of destination
   (C) the place of destination
   (D) the place of delivery

3. In a contract which shows "The under-writer is responsible for weight shortage in excess of 2% on the whole shipment." The "2%" is _____.

   (A) Franchise
   (B) Option
   (C) Penalty
   (D) Approximate

4. One trading party intends to sign a contract for the quality term as "Confirming to ASTM No. A-362-953 requirement for white cement", it means by _____.

   (A) GMQ
   (B) FAQ
   (C) Standard
   (D) Sample

5. Both buying and selling parties agreed to pay by irrevocable LC, the relevant terms of payment described in the purchase order is by irrevocable LC _____.

   (A) in our favor
   (B) in your favor
   (C) in bank's favor
   (D) in shipper's favor

6. International Turnkey Project or contract sales of large equipment, agreed quality term is _____.

    (A) maker's quality terms
    (B) shipped quality terms
    (C) shipped quality terms
    (D) buyer's inspection quality terms

7. Cash with order transaction is a sale which the goods are shipped and delivered _____.

    (A) before payment is due
    (B) without credit asurance
    (C) after receipt of payment
    (D) within 30 days after receipt of payment

8. Which of the following phrase refer to "firm offer"?

    (A) We wish to buy...
    (B) We offer firmly...
    (C) We are willing to buy...
    (D) We offer subject to...

9. Because congestion of the departure port and the vessel scarce, we offer subject to _____.

    (A) alternation available
    (B) confirmation available
    (C) quota available
    (D) shipping space available

10. If a shipping mark's content is "Seattle via New York", it displays that _____.

    (A) the destination is Seattle
    (B) the destination is New York
    (C) the port of discharge is Seattle
    (D) the port of loading is New York

11. If a shipping mark displays "Seattle via New York", it is _____.

    (A) Main mark
    (B) Destination mark
    (C) Counter mark
    (D) Country of origin

12. Though we have reminded you for the settlement of the overdue amount of US$5,861.43 in our letter of May 5, now we still have not yet received your _____.

    (A) remittance
    (B) account
    (C) transfer
    (D) pay

13. Which of the following credit availablity, the beneficiaries do not have to issue a bill?

    (A) sight payment LC
    (B) deferred payment LC
    (C) buyer's usance LC
    (D) negotiation LC

14. The stipulations of the _____ would be based on those of the _____.
    (A) LC, contract
    (B) contract, quotation
    (C) contract, LC
    (D) LC, quotation

15. Within Letter Credit terms, "In favor of" behind would usually be connected
    (A) Applicant
    (B) Drawee
    (C) Beneficiary
    (D) Payer

16. We have just requested our bank to _____ the credit by cable to increase the amount there of by US$330.00, please wait for bank to advise you.
    (A) extend
    (B) amend
    (C) collect
    (D) repair

17. A credit must not be issued available by a draft drawn on the
    (A) opening bank
    (B) applicant
    (C) negotiation bank
    (D) beneficiary

18. Ship "on or about Aug. 10" in the letter of credit will be interpreted as between August
    (A) the 5 to the 16
    (B) the 6 to the 15
    (C) the 11 to the 15
    (D) the 5 to the 15

19. Shipment shall be in the middle of Aug. in a letter of credit, construed as: Shipping is between August
    (A) 10th to 20th
    (B) 11th to 21th
    (C) 11th to 20th
    (D) 11th to 19th

20. "We are pleased to confirm that 45 cases of canned goods are ready for dispatch per S.S. Ever Han, the ETD is...", this letter is a
    (A) contract letter
    (B) shipping instruction
    (C) shipping advice
    (D) shipping document

21. Due to the lack of shiping space, we can not deliver the total quantity by one shipment, please amend LC by deleting the special clause of "_____ not allowed".

(A) transit (B) partial shipment
(C) transshipment (D) deposit

22. _____ serves as a receipt of goods, the contract between the shipper and the carrier, but not as a document of title to the goods.

    (A) Bill of lading (B) Delivery order
    (C) Shipping order (D) Sea waybill

23. _____ is a document to prove that the goods are in the place of production, manufacture or export.

    (A) ISF Form (B) consular invoice
    (C) certificate of origin (D) customs invoice

24. Prior to vessel's name determined, the shipper and the under-writer set the insurance contract in advance, which policy is called?

    (A) Open policy (B) To Be Declared Policy
    (C) Floating Policy (D) Cover Policy

25. The buyer must pay the costs of any mandatory _____, except when such _____ is mandated by the authorities of the country of export.

    (A) shipment inspection, inspection (B) pre-shipment inspection, inspection
    (C) shipment examination, examination (D) pre-shipment examination, examination

單元十一答案

1. (C)	2. (C)	3. (A)	4. (C)	5. (B)
6. (D)	7. (C)	8. (B)	9. (D)	10. (A)
11. (B)	12. (A)	13. (B)	14. (A)	15. (C)
16. (B)	17. (B)	18. (D)	19. (C)	20. (C)
21. (B)	22. (D)	23. (C)	24. (B)	25. (B)

單元十二 信用狀實例分析及單證填製

信用狀分析重點整理

一、有關 SWIFT

1. SWIFT 是環球銀行財務電信協會之簡稱，於 1973 年於比利時布魯塞爾成立的非營利性會員合作組織，利用高科技化的傳訊系統傳送會員銀行間國際金融業務之電訊系統。

2. SWIFT 信用狀之特色有：一定格式代號、自動核對密碼、省略開狀銀行確保保證字眼、須明示遵循 UCP600 規定。

3. SWIFT 信用狀取代了傳統電報及航空郵寄的 LC。

二、SWIFT 信用狀內容

1. 通知銀行的通知摘要：

    (1) 通知銀行名稱及地址、通知銀行 SWIFT code。

    (2) 電文日期 (090316 或 March 16,2009)、受益人 (beneficiary) 名稱及地址、LC 頁次/頁數。

    (3) 開狀銀行名稱、開狀銀行 SWIFT code。

2. LC 之文首：

    (1) SWIFT 信用狀之類號 (共有 10 類)：常用有 MT700 為跟單 LC；MT705 為簡電 LC；MT707 為 LC 之修改或撤銷。

    (2) LC 之種類。

3. LC 之本文：

    (1) M/O 代表：若為 M 則該欄位必須要填，O 則該欄位可填可不填。

    (2) 用代號及條列式來表達。

    (3) 必須填寫 (以 MT700 為例)：

    20：LC 號碼 (DOCUMENTARY CREDIT NUMBER)；

27：電文之通次 / 總計數；

31D：LC 到期時間地點 (DATE AND PLACE OF EXPIRY)；

32B：LC 幣別金額 (CURRENCY CODE, AMOUNT)；

40A：MT700 之類別 (FORM OF DOCUMENTARY CREDIT)；

41A、41D：受理銀行 / 方式 (AVAILABLE WITH…BY…)；

49：保兌指示 (CONFIRMATION INSTRUCTIONS)；

50：開狀申請人 (APPLICANT)；

59：受益人 (BENEFICIARY)

(4) 不一定要填寫 (以 MT700 為例)

31C：LC 簽發日期 (DATE OF ISSUE)；

39A：LC 金額容許增減 %；

39B：LC 金額最大額度 (MAX. CREDIT AMOUNT)；

42A、42D：匯票付款銀行 (DRAWEE)；

42C：票期及被出票人 (DRAFTS AT…DRAWN ON…)；

43P：分批裝運 (PARTIAL SHIPMENTS)；

43T：轉運 (TRANSSHIPMENT)；

44B：運送至 (FOR TRANSPORTATION TO)；

44C：最後裝運日期 (LATEST DATE OF SHIP)；

45A：貨物內容 (SHIP OF GOODS)；

46A：應提示單據 (DOCUMENTS REQUIRED)；

47 A：附加條件 (ADDITIONAL CONDITION)；

48：提示單據時間 (PRESENTATION)；

71B：費用詳述 (CHARGES)；

78：付款 / 承兌 / 讓購銀行之指示 (INSTR TO THE PAY/ACC/NEG BANK)

4. 通知銀行的簽署 (LC 適用條文)。

三、信用狀審查要點

1. 調查開狀銀行之信用程度。

2. LC 之效力。

3. LC 種類。

4. 受益人名稱及地址。
5. 開狀申請人名稱及地址。
6. 各有效期限之合理性。
7. 付款條件。
8. 信用狀幣別及金額。
9. 裝運條件。
10. 運費條款。
11. 保險條款。
12. 貨物規定。
13. 遠期 LC 之利息負擔。
14. 各條款間是否牴觸。
15. 各單據取得是否有問題。
16. 特別提示可否遵行。
17. 有無與本國法令牴觸。
18. 有無記載適用 UCP600 條款。

貿易單證製作

一、匯票 (bill of exchange 或 draft)

```
                           DRAFT

                                                      NO. 匯票號碼
FOR 匯票金額 (含幣別) (32B)                    匯票簽發地點及日期
AT 匯票期限 (tenor) (42C) OF THIS FIRST BILL OF EXCHANGE (SECOND UNPAID) PAY
THE ORDER OF 押匯 / 託收銀行
THE SUM OF 匯票金額大寫 (含幣別)
DRAWN UNDER CREDIT NO. 信用狀號碼 (20) DATE 開狀日期 (31C)
ISSUED BY 開狀銀行
TO 付款行 (付款人) (42D)                              出票人簽名 (59)
```

1. 匯票之簽發應符合出票國之法律規定即可。
2. 匯票依付款時間可分為：
   (1) 見票後若干日付款 (at ... days after sight)。
   (2) 出票後若干日付款 (at ... days after date)。
   (3) 提單簽發後若干日付款 (at ... days after date of B/L)。
   (4) 在特定日付款 (May 16, 2009)。
3. 受款人的寫法有三：
   (1) 記名式 (pay to ...)；可背書轉讓。
   (2) 指示式 (pay the order to ...)。
   (3) 無記名式 (pay to the bearer)。
4. 匯票簽發通常為一式兩份：第一份為 first/original/1；第二份為 Second/duplicate/2，第一份支付後第二份便不再付款。
5. 匯票金額大小寫應相同。
6. 匯票簽發人為出口商，匯票付款人若為信用狀時應視開狀銀行是否有指示付款行，若無多半為開狀銀行本身；若為託收則付款人為進口商。

7. 匯票之指示銀行若為信用狀時則為出口商之押匯銀行或再押匯銀行；若託收則為出口地所在的託收銀行。

二、商業發票 (commercial invoice)

INVOICE

NO. 發票號碼   發票簽發日期

INVOICE OF 貨物名稱 (45A)

For account and risk of Messrs 信用狀申請人 (50)

Shipped by 信用狀受益人 (59)

Sailing on or about 裝船日期   Per 運送工具的名稱

From 起運港 (44A)   To 目的地港 (44B)

L/C NO. 信用狀號碼 (20)   Contract No. 契約號碼

MARKS & NOS.	DESCRIPTION OF GOODS	QUANTITY	UNIT PRICE	AMOUNT
嘜頭	產品名稱	數量	單價	總計
	(45A)	(45A)	(45A)	金額 (含幣別) (32B)

　　　　　SAY TOTAL 金額大寫 (含幣別) ONLY

L/C NO. 信用狀號碼 (20)

L/C DATE 開狀日期 (31C)

NAME OF ISSUING BANK 開狀銀行

　　　　　　　　　　　　　　　　　　　　　　　　　　　受益人簽名 (59)

1. 領事發票 (visa/consular invoice)：為了證明出口商所填報之貨物產地、價格及數量無誤，作為進口國課稅及防止傾銷情形，出口商向進口國領事館申請的發票。
2. 海關發票 (Canada customs invoice)：輸往加拿大需取得加拿大海關規定格式 (有此就不必提供領事發票)。
3. 簽證發票 (certified invoice)：又稱證明發票，由出口商向進口國領事館或輸出國外貿管理機構 / 商會 / 同業公會申請取得。
4. 貨物名稱 (應含數量) 應與信用狀上所述相同。
5. 信用狀申請人在此處若為全名，應填上地址。
6. 所有單據上的產品名稱、單價、數量及總價若有不同，以商業發票為準。
7. 其餘資料應與其他單證相互對應。
8. 商業發票最在意的是總價，故於單據下方應有總價之大寫。
9. 大多數信用狀均會要求於發票上打上對應的信用狀號碼、開狀日期及開狀銀行，出口商應確實做到，否則視為瑕疵。

三、包裝單 (packing list)

1. 包裝單最在意的是裝貨箱數，故於單據下方應有箱數數量之大寫。
2. 包裝號碼應填幾箱到幾箱是放何種貨品。
3. 包裝單上之箱數、每箱毛重及體積是重點。
4. 大多數信用狀均會要求於包裝單上打上對應的信用狀號碼、開狀日期及開狀銀行，出口商應確實做到，否則視為瑕疵。

PACKING LIST

NO. 包裝單號碼 包裝單簽發日期

PACKING LIST OF 貨物名稱 (45A)　　　　　　　MARKS & NOS.

For account and risk of Messrs 信用狀申請人 (50)

嘜頭

Shipped by 信用狀受益人 (59)

Per 運送工具的名稱

Sailing on or about 裝船日期

From 起運港 (44A)　　　　　　To 目的地港 (44B)

PACKING NO.	DESCRIPTION OF GOODS	QUANTITY	NET WEIGHT	GROSS WEIGHT	MEASUREMENT
包裝號碼	產品名稱 (45A)	數量 (45A)	淨重	毛重	總體積

L/C NO. 信用狀號碼 (20)

L/C DATE 開狀日期 (31C)

NAME OF ISSUING BANK 開狀銀行

受益人簽名 (59)

四、訂艙單 (shipping order)

Taiwan Marine		SHIPPING ORDER	
Shipper：信用狀受益人 (59)		Please receive for shipment the under mentioned goods subject to your published regulations and conditions	S/O NO.
Consignee：46A 所示		Taiwan Marine Transport Corporation 台灣海運股份有限公司	
Notify Party：(Full name and address) 信用狀申請人 (50)			
Also Notify：		洽訂船位之廠商： 電話 / 聯絡人：	
		報關行：電話 / 聯絡人：	
Ocean Vessel 船名	Voy. 船次	Final destination (On Merchant's Account And Risk)	
Place of Receipt 收貨地點 (海運與裝運港同)	Port of Loading 起運港 (44A)	☐ Freight to be: ☐ Prepaid ☐ Collect (46)	
Port of Discharge 卸貨港 (AAB)	Place of Delivery 交貨地點 (海運與卸貨港)	領提單處：	台北　台中　台中港　高雄
Marks and Numbers/ Container No. and Seal No.	Quantity and Unit	Description of Goods	Gross Weight (KGS)	Measurement (M^3)
嘜頭 / 包裝號碼	數量 / 包裝單位	產品名稱	總毛重	總體積
			櫃型 / 櫃____X20'/____X40' SERVICE REQUIRED 裝卸貨方式 ☐ FCL/FCL　☐ LCL/LCL ☐ FCL/LCL　☐ LCL/FCL	

SPECIAL NOTE： 1. 副本____份；2. 運費證明____份；3. 電報放貨____；4. 危險品____；

　　　　　　　 5. 其他____

經貿資訊與國際貿易實務篇

考題

■ 題組一

LAND BANK OF TAIWAN

Notification of Documentary Credit

Beneficiary 0020052015	Date：	OSN：	Page：(1/1)
ABC TRADING COMPANY 2F., 1680	MAR. 20, 2015		BANK ID：
Zhongxiao E. Rd., SEC. 5 TAIPEI, TAIWAN	列印序號：1	Advising NO.	頁次：1

Dear Sirs,

　　Without any responsibility and/or engagement on our part, we have the pleasure of advising you that we have received an authenticated S.W.I.F.T. message from Wells Fargo Bank Redding as follows：QUOTE

Sequence of Total　*27	：1/ 1
Form of Doc. Credit * 40A	：IRREVOCABLE AND TRANSFERABLE
Doc. Credit Number* 20	：LC0084089
Date of Issue * 31C	：150320
Expiry　* 31D	：Date 150520 IN TAIWAN
Applicant　* 50	：XYZ TRADING COMPANY PO BOX 1968 San Francisco, CA, USA
Beneficiary　* 59	：ABC TRADING COMPANY 2F., 1680 Zhongxiao E. Rd., SEC. 5 TAIPEI, TAIWAN
Amount * 32B	：Currency USD Amount 100,000.00
Available with / by * 41D	：THE ADVISING BANK BY NEGOTIATION
Drawee *42a	：ISSUING BANK
Drafts at　*42C	：AT 60 DAYS AFTER DATE FOR EIGHTY PERCENT OF INVOICE VALUE
Partial Shipments *43P	：PROHIBITED

130

Transhipment	*43T	:	PERMITTED
Latest Date of Ship.	*44C	:	150510
Port of Loading	*44E	:	TAIWAN
Port of Discharge	*44F	:	San Francisco, USA
Shipment of Goods	*45A	:	1,000 SETS OF LED LIGHT USD 125.00 PER SET
			THE DETAILS AS PER PI NBR 0318 DATED 150310

Documents required *46A :

+ COMMERCIAL INVOICE IN QUADRUPLICATE, INDICATING PI NBR AND DATE
+ FULL SET(4) LESS ONE OF CLEAN ON BOARD BILLS OF LADING MADE OUT TO ORDER OF ISSUING BANK AND BLANK ENDORSED MARKED FREIGHT PREPAID SHOWING BENEFICIARY AS HIPPER NOTIFY US AND APPLICANT
+ INSURANCE POLICIES OR CERTIFICATES IN DUPLICATE FOR 120 PERCENT OF THE OMMERCIAL INVOICE VALUE COVERING ICC (B) AND TPND
+ INSPECTION CERTIFICATE IN TRIPLICATE ISSUED BY A QUALIFIED ORGANIZATION BEFORE SHIPMENT
+ PACKING LIST IN DUPLICATE

Additional Cond. *47A :

1) ONE ORIGINAL B/L AND ONE SET OF NON-NEGOTIABLE SHIPPING DOCUMENTS SHOULD BE FORWARDED TO THE APPLICANT BY COURIER SERVICE WITHIN 5 DAYS AFTER THE SHIPMENT EFFECTED
2) EXCLUDING DRAFT, ALL DOCUMENTS FOR PRESENTATION MUST BE INDICATED THE CREDIT NUMBER AND RELATED PI NUMBER AND DATE

Details of Charges	*71B	:	ALL BANKING CHARGES OUTSIDE USA ARE FOR BENEFICIARY'S ACCOUNT
Presentation Period	*48	:	DOCUMENTS TO BE PRESENTED WITHIN 14 DAYS

FROM THE DATE OF TRANSPORT DOCUMENTS BUT

WITHIN THE VALIDITY OF THE CREDIT

Confirmation *49　　　　　：

Applicable Rules　*40E　：

Instructions　　*78　　　：WITHOUT

THIS CREDIT IS SUBJECT TO THE UCP600 REVISION

NEGOTIATING/PAYING BANK MUST FORWARD ALL

DOCUMENTS TO US IN ONE BY REGISTERED AIRMAIL

工廠出貨明細資料：

品名	LED LIGHT
包裝方式	4 SETS/CTN
每箱尺寸	30″．30″．20″
每箱重量	NW：10.25 KG；GW：10.75 KG
出貨數量	1,000 SETS

BILL OF EXCHANGE

NO. XXX

FOR ＿＿＿＿＿＿＿①＿＿＿＿＿＿＿ TAIPEI,TAIWAN 15-MAY-15

AT ＿＿＿＿②＿＿＿＿ SIGHT OF THIS FIRST BILL OF EXCHANGE (SECOND UNPAID)

PAY TO THE ORDER OF ＿＿＿＿＿

THE SUM OF　xxxxxxx

DRAWN UNDER CREDIT NO. ＿XXX＿＿　DATE　20-MAR.-15

ISSUED BY ＿＿＿XXX＿＿＿＿＿

TO ＿＿＿＿③＿＿＿＿＿＿＿＿＿

＿＿＿＿＿④＿＿＿＿＿

XXX

INVOICE

No. XXX   Date: 15-MAY-15

INVOICE of _____⑤_____

For account and risk of Messrs. _____XXX_____

Shipped by _____XXX_____

Sailing on or about 08-MAY-15

Per S.S. LINCOLN .571

From ___XXX___ To ___XXX___

Marks & Nos.	Description of Goods	Quantity	Unit Price	Amount
			⑥	
XXX		1,000 SETS	XXX	
				⑦

SAY TOTAL U.S. DOLLARS ×××× ONLY
_____⑧_____

PACKING LIST

No. XXX   Date: 15-MAY-15

PACKING LIST of ___XXX___   MARKS & NOS.

For account and risk of Messrs. _____XXX_____

Shipped by ___xxx___

Per S.S. LINCOLN V.571

Sailing on or about 08-MAY-15

Shipment From ___xxx___ To ___xxx___

The Credit Number ___XXX___ And PO Number ___XXX___ DATED ___XXX___

Packing No.	Description	Quantity	Net Weight	Gross Weight	Measurement
XXX	XXX	XXX	XXX	XXX	⑨
		SAY TOTAL ___	⑩ CTNS		

1. 本信用狀非屬於下列何種信用狀？
   (A) Noconfirmed and Transferable
   (B) Restricted Negotiable and Noconfirmed
   (C) Irrevocable and Transferable
   (D) Restricted Negotiable and Notransferable

2. 下列何者為付款銀行？
   (A) LAND BANK OF TAIWAN
   (B) Wells Fargo Bank
   (C) TAIWAN Comercial Bank
   (D) Bank of Amercian

3. 下列何者為押匯讓購銀行？
   (A) LAND BANK OF TAIWAN
   (B) Wells Fargo Bank
   (C) TAIWAN Comercial Bank
   (D) Bank of Amercian

4. 下列何者為此次押匯金額？
   (A) USD 100,000
   (B) USD 125,000
   (C) USD 137,500
   (D) USD 150,000

5. 下列何者為此次發票金額？
   (A) USD 100,000
   (B) USD 125,000
   (C) USD 137,500
   (D) USD 150,000

6. 下列何者為此次投保金額？
   (A) USD 100,000
   (B) USD 125,000
   (C) USD 137,500
   (D) USD 150,000

7. 此次押匯的商業單證文件種類有幾種？
   (A) 4 種
   (B) 5 種
   (C) 6 種
   (D) 7 種

8. 此次押匯的提單的正本份數為何？
   (A) 2 份
   (B) 3 份
   (C) 4 份
   (D) 5 份

9. 此次押匯的發票份數為何？
   (A) 2 份
   (B) 3 份

(C) 4 份 (D) 5 份

10. 此次押匯的包裝單份數為何?
    (A) 2 份 (B) 3 份
    (C) 4 份 (D) 5 份

11. 此次押匯的檢驗報告份數為何?
    (A) 2 份 (B) 3 份
    (C) 4 份 (D) 5 份

12. 若裝船時間為 5 月 8 日,則最後押匯日是
    (A) 5 月 29 日 (B) 5 月 22 日
    (C) 5 月 20 日 (D) 5 月 10 日

13. 本交易之貨物不可能自下列哪一個港口裝運?
    (A) Keelung (B) Hong Kong
    (C) Taichung (D) Kaohsiung

14. 空格 ② 應填入下列何種資料?
    (A) xxx (B) 60 days after
    (C) 60 days after date sight (D) 60 days after 08-MAY-15 sight

15. 空格 ③ 應填入下列何種資料?
    (A) LAND BANK OF TAIWAN (B) Wells Fargo Bank
    (C) XYZ TRADING COMPANY (D) ABC TRADING COMPANY

16. 空格 ④ 應填入下列何種資料?
    (A) LAND BANK OF TAIWAN (B) Wells Fargo Bank
    (C) XYZ TRADING COMPANY (D) ABC TRADING COMPANY

17. 空格 ⑥ 應填入下列何種資料?
    (A) FOB KEELUNG (B) CFR KEELUNG
    (C) CFR San Francisco (D) CIF San Francisco

18. 空格 ⑧ 應填入下列何種資料？

    (A) 無

    (B) LC NO. LC0084089

    (C) PI NBR 0318 DATED 10-MAY-15

    (D) LC NO. LC0084089 and PI NBR 0318 DATED 10-MAY-15

19. 空格 ⑨ 的資料，出口商應如何洽定艙位，其運費最為便宜？

    (A) 4 個 20′ container
    (B) 2 個 20′ container 和 1 個 40′ container
    (C) 1 個 20′ container 和 1 個 40′ container
    (D) 2 個 40′ container

20. 空格 ⑩ 應填入下列哪一個數字？

    (A) 250
    (B) 500
    (C) 1000
    (D) 1500

■ 題組二　請依據以下所附信用狀，回答 21-30 題。

附件：信用狀

```
MT700

Received From：*** = Orn：140620 FCBKTWTPBMCA 11660

DSBADEHAXXX = Srn：292315 DSBADEHXXX38018

* DEUTCSHE, *HAMBURG

Sequence of Total *27：1/1

Form of Doc. Credit *40A：     IRREVOCABLE

Doc. Credit Number *20：       JLM-1245

Date of Issue *31C：            140615

Date and place of Expiry *31D： DATE 140910 COUNTER OF NEGOTIATING BANK

Applicant *50：                 MAGIE WOODPIECE GABH
                               P.O.BOX 20224, HAMBURG, GERMANY

Beneficiary *59：               TOP-Q D.I.Y. MFG INC.
                               No. 560, CHUNG-SHIAO E. ROAD, TAIPEI, 10515,
                               TAIWAN
```

Amount *32B：	currency EUR amount 99,000.00
Available with / by *41D：	ANY BANK BY NEGOTIATION
Drafts at ... Drawn on *42：	DRAFTS AT 60 DAYS AFTER SIGHT FOR 100 PERCENT OF INVOICE VALUE DRAWN ON OURSELVES.
Drawee *42D：	OURSELVES
Partial Shipment *43P：	PROHIBITED
Transshipment *43T：	PROHIBITED
Ship / Desp. / Taking *44：	SHIPMENT FROM TAIWAN NOT LATER THAN 140825 FOR TRANSPORTATION TO HAMBURG
Shipment of Goods *45A：	95SETS OF K/D PRODUCTS AS PER ORDER NO. RA-5678 DATED MAY 25, 2014, TRADE TERMS CFR, SHIPPING MARK: M.W. (IN DIA)/HAMBURG /1-UP.

+ COMMERCIAL INVOICE, ORIGINAL AND SIX COPIES, DULY SIGNED, INDICATING ORDER NUMBER RA-5678
+ FULL SET OF ON BOARD OCEAN BILLS OF LADING MADE OUT TO ORDER OF SHIPPER, BLANK ENDORSED, MARK "FREIGHT PREPAID" NOTIFY APPLICANT.
+ SHIPPING RELEASE ISSUED BY EVERGREEN LINE'S OFFICE IN TAIWAN.
+ PACKING AND WEIGHT LISTS IN QUADRUPLICATE.

Additional Conditions *47A：

+ INVOICE TO STATE THAT PACKING CONFORMS TO EVERYGREEN "STANDARD 40 FEET CONTAINERS" SHIPMENT VIA OTHER THAN EVERGREEN LINE NOT PERMITTED.
+ MILL INSPECTION CERTIFICATE STATING PLYWOOD WAS MANUFACTURED IN ACCORDANCE WITH ORDER NO. RA-5678 OF BUYERS.
+ LETTER SIGNED BY BENEFICIARY STATING THAT MILL INSPECTION CERTIFICATE DOES NOT PREVENT BUYERS FROM FILING CLAIM WITH SELLERS IF BUYERS INSPECTION OF MERCHANDISE AT FINAL DESTINATION SO WARRANTS.

	+ ONE SET OF NON-NEGOTIABLE SHIPPING DOCUMENTS SHOULD BE MAILED TO THE APPLICANT WITHIN 3 DAYS AFTER THE SHIPMENT EFFECTED.
	+ INSURANCE TO BE EFFECTED BY BUYER.
Details of Charges *71B：	ANY CHARGES OR COMMISSIONS IN RESPECT TO THE NEGOTIATIONS UNDER THIS CREDIT ARE FOR BENEFICIARY ACCOUNT.
Presentation of Period *48：	DOCUMENTS TO BE PRESENTED WITHIN 12 DAYS AFTER AFTER THE DATE OF TRANSPORTATION DOCUMENTS BUT WITHIN THE VALIDITY OF CREDIT.
Confirmation Instruction *49：	WITHOUT
Trailer：AUT/7A32	

工廠出貨明細資料：

型號	GV-4345, SM-4346
包裝方式	GV-4345, 6 SETS/CTN, SM-4346, 5 SETS/CTN
每箱尺寸	GV-4345, 110 cm×200 cm×250 cm, GV-436, 120 cm×200 cm×250 cm
每箱重	GV-4345, N.W. 100 KGS; G.W. 110 KGS, GV-436, N.W. 110 KGS; G.W. 120 KGS
出貨	GV-4345, 60 SETS, item No. SM-4346, 35 SETS

BILL OF EXCHANGE

NO. X

FOR _____(1)_____   TAIPEI, TAIWAN 20-AUG.-14

AT __(2)__ SIGHT OF THIS FIRST BILL OF EXCHANGE (SECOND UNPAID)

PAY TO THE ORDER OF **THE FIRST COMM. BANK, LTD.**

THE SUM OF _____ x

DRAWN UNDER CREDIT NO. JLM-1245   DATE ___(3)___

ISSUED BY   DEUTCSHE BANK, HAMBURG BRANCK

TO _____(4)_____

                                                                     XXX

TOP-Q D.I.Y. MFG INC.
No. 560, CHUNG-SHIAO E. ROAD, TAIPEI, 10515, TAIWAN
Tel: 2882-2564, Fax: 2882-2565, Cable: PANACEA, Taipei

INVOICE

No. 234   Date: 15-AUG.-14

INVOICE of _____(5)_____

For account and risk of Messrs. _____

Shipped by _____×_____

Sailing on or about 18-AUG.-14   Per S.S.   (6)

From   KAOHSIUNG   To   ×

L/C No. JLM-1245   Contract No. RA-5678

Mark & Nos.	Description of Goods	Quantity	Unit Price	Amount
M.W.(IN DIA) HAMBURG C/No. (7) MADE IN TAIWAN	K/D products (as per Order No. RA-5678) Item No. GV-4345, Item No. SM-4346,	60 SETS, 35 SETS 95 SETS	(8) (9)	EUR 5,700.00 EUR 4,200.00 EUR 9,900.00
SAY TOTAL U.S. DOLLARS ×××ONLY				
				TOP-Q D.I.Y. MFG INC. XXX SALES MANAGER

TOP-Q D.I.Y. MFG INC.

No. 560, CHUNG-SHIAO E. ROAD, TAIPEI, 10515, TAIWAN

Tel: 2882-2564, Fax: 2882-2565, Cable: PANACEA, Taipei

PACKING AND WEIGHT LISTS

No. <u>234</u>   Date: <u>15-AUG.-14</u>

PACKING LIST of _____×_____   <u>MARKS & NOS.</u>

For account and risk of Messrs. _____×_____

Shipped by _____×_____

Per S.S. _____×_____

Sailing on or about _____18-AUG.-14_____

From _____KAOHSIUNG_____   To _____HAMBURG_____

Packing No.	Description	Quantity	Net Weight	Gross Weight	Measurement
(10)	K/D products				
	GV-4345	@6 SETS	@100 Kgs	@110 Kgs	X
	LAUAN	60 SETS	1,000 Kgs	1,100 Kgs	X
	PLYWOOD GV-436, TOP GRADE	@5 SETS	@110 Kgs	@120 Kgs	X
		<u>35 SETS</u>	<u>770 Kgs</u>	<u>840 Kgs</u>	<u>X</u>
	PLYWOOD	95 CTNS	1,770 Kgs	1,940 Kgs	(11)
		VVVVVV	VVVVVV	VVVVVV	VVVVVV

X

L/C NO.: ×

L/C DATE: 15-JUN.-2014

NAME OF ISSUING BANK: DEUTCSHE BANK, HAMBURG BRANCK

TOP-Q D.I.Y. MFG INC.

_____XXX_____

SALES MANAGER

Taiwan Marine		SHIPPING ORDER	
Shipper：X		Please receive for shipment the under mentioned goods subject to your published regulations and conditions	S/O NO.
Consignee： (12)		(13)	
Notify Party： (Full name and address)			
Also Notify：		洽訂船位之廠商： 　　電話/聯絡人：	
		報關行：電話/聯絡人：	
Ocean Vessel	Voy. X	Final destination (On Merchant's Account And Risk)	
Place of Receipt HAMBURG	Port of Loading (14)	Freight to be：☐ Prepaid　☐ Collect	
Port of Discharge 卸貨港 (AAB)	Place of Delivery 交貨地點 (海運與卸貨港)	領提單處：	台北　台中　台中港　高雄
Marks and Numbers/ Container No. and Seal No.	Quantity and Unit	Description of Goods	Gross Weight (KGS)	Measurement (M^3)
			1,940 Kgs KGS	×
			17CTNS K/D products MODEL NO. S-238 櫃型/櫃 (15) ____X20'/____X40' SERVICE REQUIRED ☐ FCL/FCL　☐ LCL/LCL ☐ FCL/LCL　☐ LCL/FCL	
SPECIAL NOTE：1.副本____份；2.運費證明____份；3.電報放貨____；4.危險品____；5.其他____

21. 根據此信用狀的條款，下列何者錯誤？
    (A) 提單應註明「運費付訖」
    (B) 此信用狀非為保兌信用狀
    (C) 保險契約由 TOP-Q D.I.Y. MFG INC. 負責
    (D) 貿易條件為 CFR HAMBURG

22. 此信用狀的種類為
    (A) 即期、限押信用狀
    (B) 不可撤銷、可轉讓信用狀
    (C) 不可轉讓、延期付款信用狀
    (D) 遠期、未限押信用狀

23. 此信用狀提單上之「被通知人」(Notify Party) 指定為
    (A) TOP-Q D.I.Y. MFG INC
    (B) DEUTCSHE BANK, HAMBURG BRANCK
    (C) XYZ FORWARDER COMPANY
    (D) MAGIE WOODPIECE GABH.

24. 此信用狀的匯票付款期限是
    (A) 見票即付
    (B) 承兌日後 60 天付款
    (C) 不開匯票，裝船日後 60 天付款
    (D) 開匯票，提單發行日後 60 天付款

25. 此信用狀使用方式為
    (A) 即期付款信用狀
    (B) 延期付款用狀
    (C) 承兌信用狀
    (D) 讓購信用狀

26. 此信用狀的裝運期限為
    (A) 6 月 15 日
    (B) 8 月 25 日
    (C) 9 月 10 日
    (D) 無規定

27. 根據此信用狀訂船位，Shipped Per S.S. 下列何者正確？
    (A) Ever Racer V.W085
    (B) YM Sun V.88W
    (C) Wah Hai 233 V.N076
    (D) Valencia Bridge V.14

28. 此信用狀的押匯期限是

(A) 運送單據發行後 10 天內且在信用狀有效期限內

(B) 8 月 15 日

(C) 8 月 25 日

(D) 裝運日期後 21 天內且在信用狀有效期限內

29. 此信用狀的交貨品質為

　(A) 出廠品質　　　　　　　　　(B) 離岸品質

　(C) 起岸品質　　　　　　　　　(D) 買方品質

30. 依此信用狀之規定看出，此批貨的品質條件為

　(A) Maker's Quality Term　　　　(B) Shipped Quality Term

　(C) Landed Quality Term　　　　(D) Buyer's Quality Term

■ 承上題題組信用狀與以下工廠出貨明細資料與單據，回答 31-45 題。

31. 下列何者為所附匯票空格 (1) 的正確填載內容？

　(A) 123　　　　　　　　　　　　(B) RA-5678

　(C) JLM-1245　　　　　　　　　(D) EUR 9,900.00

32. 下列何者為所附匯票空格 (2) 的正確填載內容？

　(A) AT SIGHT　　　　　　　　　(B) AT xx SIGHT

　(C) AT 60 DAYS AFTER SIGHT　　(D) AT 60 DAYS AFTER DATE

33. 下列何者為所附匯票空格 (3) 的正確填載內容？

　(A) 2010 年 9 月 14 日　　　　　(B) 2014 年 9 月 10 日

　(C) 2014 年 6 月 15 日　　　　　(D) 2015 年 6 月 14 日

34. 下列何者為所附匯票空格 (4) 的正確填載內容？

　(A) MAGIE WOODPIECE GABH

　　　P.O. BOX 20224, HAMBURG, GERMANY

　(B) TOP-Q D.I.Y. MFG INC.

　　　No. 560, CHUNG-SHIAO E. ROAD, TAIPEI, 10515, TAIWAN

　(C) DEUTCSHE BANK, HAMBURG BRANCK

　　　P. O. BOX 20224, GERMANY

(D) EVERGREEN CORPORATION
   No. 67, SHUNG-GIAN ROAD, TAIPEI, 10515, TAIWAN

35. 下列何者為所附商業發票空格 (5) 的正確填載內容？
    (A) MAGIE WOODPIECE GABH　　(B) TOP-Q D.I.Y. MFG INC.
    (C) K/D PRODUCTS　　(D) NUMBER RA-5678

36. 下列何者為所附商業發票空格 (6) 的正確填載內容？
    (A) EVER GREAT V.68W　　(B) EVE V.68W
    (C) EVEN HAN V.68W　　(D) XIAOYUE V.68W

37. 下列何者為所附商業發票空格 (7) 的正確填載內容？
    (A) 1-17　　(B) 1-4635
    (C) 1-11　　(D) 1- UP

38. 下列何者為所附商業發票空格 (8) 的正確填載內容？
    (A) FOB TAIWAN　　(B) FOB HAMBURG
    (C) CFR HAMBURG　　(D) CIF HAMBURG

39. 下列何者為所附商業發票空格 (9) 的正確填載內容？
    (A) EUR 90 與 EUR110　　(B) EUR 55 與 EUR60
    (C) EUR 50 與 EUR100　　(D) EUR 95 與 EUR120

40. 下列何者為所附裝箱單空格 (10) 的正確填載內容？
    (A) 1-10, 11-17　　(B) GV-4345, SM-4346
    (C) 60 SETS, 35 SETS　　(D) 1-17

41. 下列何者為所附裝箱單空格 (11) 的正確填載內容？
    (A) 1,080 CUFT　　(B) 97 CBM
    (C) 540 CUFT　　(D) 194 CBM

42. 下列何者為所附提單空格 (12) 的正確填載內容？
    (A) TO ORDER OF APPLICANT　　(B) TO ORDER OF ISSUING BANK
    (C) TO ORDER OF SHIPPER　　(D) TO ORDER

43. 下列何者為所附提單空格 (13) 的正確填載內容？
    (A) YONG LONG STEAMSHIP CO., LTD.
    (B) WAN HAI LINES LTD.
    (C) EVERGREEN CORPORATION
    (D) SEVEN OCEAN MARITIME TRANSPORT COMPANY LIMITED.

44. 下列何者為所附提單空格 (14) 的正確填載內容？
    (A) HAMBURG   (B) FRANKFORT
    (C) BERLIN   (D) KAOHSUNG

45. 下列何者為所附提單空格 (15) 的正確填載內容？
    (A) 1 X 20′   (B) 2 X 20′
    (C) 1 X 40′   (D) 2 X 40′

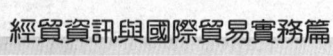

單元十二答案

1. (D)	2. (B)	3. (A)	4. (A)	5. (B)
6. (D)	7. (B)	8. (B)	9. (C)	10. (A)
11. (B)	12. (C)	13. (B)	14. (D)	15. (B)
16. (D)	17. (D)	18. (D)	19. (C)	20. (A)
21. (C)	22. (D)	23. (D)	24. (B)	25. (C)
26. (B)	27. (A)	28. (A)	29. (D)	30. (D)
31. (D)	32. (C)	33. (C)	34. (C)	35. (C)
36. (A)	37. (A)	38. (C)	39. (D)	40. (A)
41. (B)	42. (C)	43. (C)	44. (A)	45. (D)

全球行銷與經營策略篇

單元一　全球化與全球行銷概念

單元二　全球行銷環境：經濟、政治與文化環境

單元三　行銷資訊與行銷資料應用

單元四　全球競爭策略、市場區隔與定位

單元五　全球市場進入策略

單元六　全球產品策略與管理

單元七　全球定價策略

單元八　全球行銷通路管理與運籌系統

單元九　全球廣告與溝通策略

單元十　全球行銷之組織與控制

單元一
全球化與全球行銷概念

考題

1. 在以往全球市場較呈現各自獨立或是分割成不同之全球各個國家市場，現在逐漸整合為一單一全球市場，稱為
   - (A) 市場全球化
   - (B) 市場異質化
   - (C) 生產整合化
   - (D) 市場整合化

2. 在面對全球化時代來臨，除了「市場全球化」之趨勢外，尚有
   - (A) 生產全球化
   - (B) 生產整合化
   - (C) 行銷整合化
   - (D) 行銷世界化

3. 下列何種觀念為國際行銷的定義中所重視的？
   - (A) 市場
   - (B) 交易
   - (C) 談判
   - (D) 交換

4. 以下何種原因，使得跨國銷售進行國際行銷越趨容易？
   - (A) 行銷管道多元化
   - (B) 貿易障礙的廢除
   - (C) 民主政治的抬頭
   - (D) 消費者需求的增加

5. 迪士尼起源於美國，其努力發展一套整合的行銷策略，將全球視為一個潛在的市場，其市場哲學為
   - (A) 區域中心導向
   - (B) 全球中心導向
   - (C) 多元中心導向
   - (D) 市場中心導向

6. 下列何者為非市場全球化的範例？
   - (A) 可口可樂
   - (B) iPhone
   - (C) 波音747
   - (D) 王品牛排

7. 企業生產數量增加，每單位平均分攤固定成本會隨之下滑，進而可帶來平均單位成本降低，稱為
   (A) 規模經濟
   (B) 全球策略
   (C) 生產經濟
   (D) 資源運用

8. 企業以全球各國或地區所提供之最低或最有效率生產因素考量，例如美國波音之777大型客機，其飛機零件、機門和機翼等不同部份由不同的各國廠商提供之生產作法稱為
   (A) 市場全球化
   (B) 生產全球化
   (C) 規模經濟化
   (D) 生產管道多元化

9. 2014年全球商品貿易排名，世界第一大出口國的地區為
   (A) 美國
   (B) 中國大陸
   (C) 日本
   (D) 德國

10. 下列何者為促使市場全球化和生產全球化動力的原因之一？
    (A) 政治面
    (B) 文化面
    (C) 科技面
    (D) 社會面

11. 下列何者不屬於企業面影響全球化的考量因素？
    (A) 經驗移轉
    (B) 規模經濟
    (C) 資源運用
    (D) 變動成本

12. 將企業之經營策略和管理制度等作法，透過全球化可以複製至其他地區，進行開發之計畫，企業此種作法稱為
    (A) 規模經濟
    (B) 邊際效用
    (C) 經驗移轉
    (D) 資源運用

13. 企業在台灣尋找設計人才來設計產品，並在越南或中國大陸成立工廠，以運用其便宜的人工成本來進行生產，企業的此種作法稱為
    (A) 經驗移轉
    (B) 邊際效用
    (C) 資源運用
    (D) 變動成本

14. 最典型或初步之國際行銷階段的主要方式,也是許多跨國公司進入海外市場最單純的作法為
    (A) 出口行銷　　　　　　　　　(B) 多國行銷
    (C) 全球行銷　　　　　　　　　(D) 本土行銷

15. 地主國的行銷活動放手由各國海外地區獨立運作,且發展各自之行銷策略,且總公司並不會進行太多的干預與控制,為國際行銷階段中何種階段的作法是
    (A) 出口行銷　　　　　　　　　(B) 國際行銷
    (C) 多國行銷　　　　　　　　　(D) 全球行銷

16. 可口可樂公司以單一、統一之產品,並藉由發展出一套適合各個國家的標準化行銷策略的行銷作法,為企業國際行銷階段中的
    (A) 出口行銷　　　　　　　　　(B) 國際行銷
    (C) 多國行銷　　　　　　　　　(D) 全球行銷

17. 企業決策者認為母國比其他國家優越,且只注意海外市場的相似性,其所採取之管理哲學為
    (A) 區域中心　　　　　　　　　(B) 出口中心
    (C) 母國中心 (民粹中心)　　　　(D) 全球中心

18. 企業為了因應不同國家的環境特性,在人力資源運用上,會僱用一些當地人事來協助行銷工作的進行,此種行銷管理人員的角色為何?
    (A) 外國進入者的角色　　　　　(B) 母國中心的角色
    (C) 在地行銷的角色　　　　　　(D) 全球行銷的角色

19. 在各個海外市場有其各自執行的行銷策略,完全以地主國中心且是地主國為獨特的,此管理哲學作法為
    (A) 區域中心　　　　　　　　　(B) 民粹中心
    (C) 多元中心　　　　　　　　　(D) 全球中心

20. 任何跨國公司在全球進行擴張時,其最主要的關鍵是在哪一個階段?
    (A) 出口貿易階段　　　　　　　(B) 多國化階段
    (C) 併購階段　　　　　　　　　(D) 全球化階段

21. 在公司進行銷策略時，僅考慮一套經濟、文化、政治與社會等環境因素的是哪一種行銷？
    (A) 本土行銷　　　　　　　　　(B) 多國行銷
    (C) 全球行銷　　　　　　　　　(D) 國際行銷

22. 當跨國公司擬在全球擴張時，行銷為主要關鍵是在哪一個階段？
    (A) 出口行銷　　　　　　　　　(B) 國內行銷
    (C) 國際行銷　　　　　　　　　(D) 全球行銷

23. 在古代，東方中國與西方國家，透過絲路 (Silk Road)，以絲綢貿易來進行貨物與產品的交流是屬於哪一種行銷？
    (A) 全球行銷　　　　　　　　　(B) 出口行銷
    (C) 跨國行銷　　　　　　　　　(D) 國際行銷

24. 「規劃及執行跨越國境的行銷活動，以滿足個人及組織企業目標的程序」，此為何者的定義？
    (A) 出口行銷　　　　　　　　　(B) 全球市場
    (C) 國際行銷　　　　　　　　　(D) 反全球行銷

25. 以下何者不是企業要尋求全球市場的原因？
    (A) 被動地接受國外訂單
    (B) 因為國內市場漸趨成熟，於是赴海外尋求市場機會
    (C) 追隨客戶外移
    (D) 主動加入國際組織後的必然趨勢

26. 世界各地的年輕人有著相同的嗜好，例如吃麥當勞、喝可口可樂、使用 Apple 所生產的 3C 產品、穿耐吉球鞋，此種趨勢為
    (A) 文化全球化　　　　　　　　(B) 政治全球化
    (C) 經濟全球化　　　　　　　　(D) 傳媒全球化

27. 世界各國消費者的偏好及口味越來越相近，形成一個同質的大市場，此為
    (A) 文化全球化　　　　　　　　(B) 政治全球化
    (C) 經濟全球化　　　　　　　　(D) 市場全球化

28. 台灣大同公司至越南設廠，越南消費者可以當地越南盾 (VND) 進行購買，此為
    (A) 市場全球化　　　　　　　　　(B) 生產全球化
    (C) 經濟全球化　　　　　　　　　(D) 政治全球化

29. 以下何者不是全球化動力的原因？
    (A) 經濟面　　　　　　　　　　　(B) 政治面
    (C) 科技面　　　　　　　　　　　(D) 企業面

30. 世界各國消費者的偏好及口味越來越相近，形成一個同質的大市場，所形成之全球化動力為下列何者？
    (A) 經濟面　　　　　　　　　　　(B) 科技面
    (C) 市場面　　　　　　　　　　　(D) 企業面

31. 關貿總協 (GATT) 或世貿組織 (WTO) 所形成之全球化動力為下列何者？
    (A) 經濟面　　　　　　　　　　　(B) 科技面
    (C) 政治面　　　　　　　　　　　(D) 企業面

32. 網際網路的快速發展，帶來人類劃時代的革命，也增進全球之資訊快速的傳遞，下列何者為此全球化之動力？
    (A) 經濟面　　　　　　　　　　　(B) 科技面
    (C) 政治面　　　　　　　　　　　(D) 企業面

33. 網際網路的快速發展，帶來人類劃時代的革命，也增進跨國電子商務 (electronic commerce，或稱為 e-commerce) 的交易。例如企業網站販售商品給一般消費者 (如博客來網路書店)，稱為
    (A) B2C　　　　　　　　　　　　(B) C2C
    (C) C2B　　　　　　　　　　　　(D) B2B
    (E) 以上皆非

34. 網際網路的快速發展，帶來人類劃時代的革命，也增進跨國電子商務 (electronic commerce，或稱為 e-commerce) 的交易。若是網站經營者不負責物流，而是協助市場資訊的匯集，以及建立信用評等制度，例如美國 eBay，稱為
    (A) B2C　　　　　　　　　　　　(B) C2C

(C) C2B (D) B2B

35. 網際網路的快速發展，帶來人類劃時代的革命，也增進跨國電子商務 (electronic commerce，或稱為 e-commerce) 的交易。跨國企業間彼此所進行的網上交易為何種交易行為？
    (A) B2B (B) B2C
    (C) C2B (D) C2C

36. 網際網路的快速發展，帶來人類劃時代的革命，也增進跨國電子商務 (electronic commerce，或稱為 e-commerce) 的交易。若是程式開發的設計師製作出一套程式，針對某特定企業有相當的幫助，而與企業間的買賣維護管理關係，稱為
    (A) B2C (B) C2C
    (C) C2B (D) B2B

37. 一般具有民族或種族優越性，即下列何者之管理哲學來源？
    (A) 母國中心導向 (B) 多元中心導向
    (C) 區域中心導向 (D) 全球中心導向

38. 下列何者是最典型或初步之國際行銷？
    (A) 國內行銷 (B) 出口行銷
    (C) 國際行銷 (D) 全球行銷

39. 企業將產品銷往另一個國家或是地區，例如韓劇引起亞洲國的哈韓風潮，此為
    (A) 國內行銷 (B) 出口行銷
    (C) 國際行銷 (D) 全球行銷

40. 企業只針對一國或一地區進行行銷，亦即企業在行銷中所需考量的是當地市場消費者喜好，即如何因應同業之競爭，例如早年的義美企業，此為
    (A) 國內行銷 (B) 出口行銷
    (C) 國際行銷 (D) 全球行銷

41. 企業出口行銷中，在若干市場獲得不錯效益後，企業擬深入當地市場之運作，例如注重產品的調整等。此企業應為下列哪一階段？

(A) 國內行銷 (B) 出口行銷
(C) 國際行銷 (D) 多國行銷
(E) 以上皆非

42. 以單一、統一之產品，行銷全球各國不同國家與地區，例如：美國麥當勞和可口可樂最具代表性企業，此企業應為下列哪一階段？
    (A) 國內行銷 (B) 出口行銷
    (C) 國際行銷 (D) 多國行銷
    (E) 全球行銷

43. 歐洲企業以歐盟市場為考量，為下列何者之管理哲學來源？
    (A) 母國中心導向 (B) 多元中心導向
    (C) 區域中心導向 (D) 全球中心導向

44. 美國企業自北美自由貿易區 (NAFTA) 形成後，將行銷重點從美國市場擴大至NAFTA 成員國的加拿大和墨西哥，此即下列何者之管理哲學？
    (A) 母國中心導向 (B) 多元中心導向
    (C) 區域中心導向 (D) 全球中心導向

45. 企業進入真正的全球化階段時，下列何者為其企業產品的特徵？
    (A) 差異化 (B) 自動化
    (C) 標準化 (D) 精緻化

46. 促使企業走向全球化的最重要驅力是
    (A) 競爭的驅力 (B) 科技的驅力
    (C) 政治的驅力 (D) 成本的驅力

47. 對於企業進行行銷時，僅面對一套經濟、文化、政治與社會等環境因素的是屬於何種行銷模式？
    (A) 全球行銷 (B) 多國行銷
    (C) 本土行銷 (D) 區域行銷

48. 日本策略大師大前研一所提出的「三極地帶」觀念，即為北美、歐洲和日本三個重

要市場,此種觀念是屬於何種管理哲學導向的市場觀念?
(A) 全球中心 (B) 多國中心
(C) 本土中心 (D) 區域中心

單元一答案

1. (A)	2. (A)	3. (D)	4. (B)	5. (B)
6. (D)	7. (A)	8. (B)	9. (B)	10. (C)
11. (D)	12. (C)	13. (C)	14. (A)	15. (C)
16. (D)	17. (C)	18. (C)	19. (C)	20. (C)
21. (A)	22. (D)	23. (B)	24. (C)	25. (D)
26. (A)	27. (D)	28. (A)	29. (B)	30. (C)
31. (A)	32. (B)	33. (A)	34. (B)	35. (A)
36. (C)	37. (A)	38. (B)	39. (B)	40. (A)
41. (C)	42. (E)	43. (C)	44. (C)	45. (C)
46. (D)	47. (C)	48. (D)		

單元二

全球行銷環境：經濟、政治與文化環境

考題

1. 一個國家或經濟體的貨幣當局持有並可隨時兌換他國貨幣的資產，稱之為：
   (A) 人均所得
   (B) 外匯存底
   (C) 國民生產所得
   (D) 國民平均消費力

2. 下列哪一個現有的國際組織其目的為追求全球貿易穩定，自由發展，以期加速推展貿易自由化？
   (A) GATT
   (B) WTO
   (C) IMF
   (D) World Bank

3. 下列哪一個現有的國際組織其目的為協助全球經濟穩定，已達到匯率的穩定？
   (A) GATT
   (B) WTO
   (C) IMF
   (D) World Bank

4. 對現今世界各國之間的商品、勞務，頻繁交流的貿易行為，所提供初步說明國際貿易的最早理論為
   (A) 絕對利益
   (B) 相對利益
   (C) 比較利益
   (D) 競爭優勢

5. 依照經濟發展，可將全球的國家分為四種，不包括以下何者？
   (A) 低所得國家
   (B) 中所得國家
   (C) 中高所得國家
   (D) 高所得國家

6. 通常哪一種所得國家其服務所佔的 GNP 比重很高，且往往超過 50%？
   (A) 低所得國家
   (B) 中所得國家

(C) 中高所得國家 (D) 高所得國家

7. 貨幣障礙為常見的交易障礙，以下何者非貨幣障礙？
   (A) 外匯管制 (B) 差別匯率
   (C) 杯葛 (D) 政府的輸出入許可

8. 東南亞國協 (Association of South East Asian Nations, ASEAN, Plus Three, APT) 屬於哪一機構？
   (A) 共同市場 (B) 關稅聯盟
   (C) 政治聯盟 (D) 經濟聯盟

9. 下列敘述何者為是？
   (A) 配額是指一個國家對於輸入商品的數量限制
   (B) 歐盟是一個關稅聯盟
   (C) 社會主義制度下，消費者對於資源的分配有很大的權力
   (D) 經濟聯盟亦稱為共同市場聯盟

10. 下列組織何者為 WTO 的前身？
    (A) IMF (B) GATT
    (C) World Bank (D) ASEAN

11. 鴻海對於中國大陸之就業機會大有貢獻，此為因應政治風險之
    (A) 僱用當地員工 (B) 增資
    (C) 合資 (D) 財務操縱

12. 下列敘述何者為是？
    (A) 兩黨政治容易導致企業環境的高度不穩定
    (B) 地主國政府的總經政策會直接影響跨國公司的經營和利潤
    (C) 杯葛是最為激烈的政府管制措施
    (D) 接管特別容易出現在一些貿易赤字的國家

13. 2001 年，美國高盛公司首席經濟師吉姆・奧尼爾 (Jim O'Neil) 提出「金磚四國」一詞，並預測，到 2050 年「金磚四國」將超越包括英國、法國、義大利、德國在內

的西方已開發國家,與美國、日本一起躋身全球新的六大經濟體。下列哪一個國家不是此「金磚四國」?

(A) 印度　　　　　　　　　　(B) 巴西
(C) 俄羅斯　　　　　　　　　(D)南非

14. 所謂「東協加三」,係加上中國、日本和

(A) 馬來西亞　　　　　　　　(B) 台灣
(C) 菲律賓　　　　　　　　　(D) 韓國

15. 將某些跨國公司完全摒除在某一市場之外,也就是一國政府所採取的絕對禁止措施,稱為

(A) 杯葛　　　　　　　　　　(B) 接管
(C) 刁難　　　　　　　　　　(D) 進口管制

16. 廢除會員國間關稅,但各自仍可對非會員國課稅之經濟組織為

(A) 共同市場　　　　　　　　(B) 自由貿易區
(C) 政治聯盟　　　　　　　　(D) 經濟和貨幣聯盟

17. 政府除了保護本國產業所課徵關稅外之任何措施,一般稱為

(A) 額外關稅　　　　　　　　(B) 貨幣稅
(C) 企業所得稅　　　　　　　(D) 非關稅障礙

18. 許多企業常採取與當地相同企業合作,例如台灣裕隆汽車進入中國,此種策略稱為

(A) 合資　　　　　　　　　　(B) 自保
(C) 增資　　　　　　　　　　(D) 獨資

19. 根據 2015 年 4 月的資料顯示,哪一國已經成為全球最大的原油進口國?亦顯示出該國在中東的影響力。

(A) 日本　　　　　　　　　　(B) 中國
(C) 德國　　　　　　　　　　(D) 美國

20. 1960 年 9 月 10 日由伊拉克、伊朗、科威特、沙烏地阿拉伯和委內瑞拉代表在巴格達開會商議成立一個協調機構,成立的目的是協調和統一成員國石油政策和價格,

並給予石油消費國有效、經濟而穩定的供應；並給予石油工業投資者公平的回報，請問此機構為何？
(A) OPEC
(B) GATT
(C) WTO
(D) NAFIA

21. 資本主義制度的基礎主要是仰賴市場經濟的運作，特別是強調私人企業間的自由競爭，主要是屬於哪一型？
(A) 市場分配型
(B) 市場命令型
(C) 命令分配型
(D) 市場分配型和命令分配型之混合型

22. 對企業的經營只有間接影響，且較難控制的環境因素，稱為
(A) 個體環境
(B) 直接環境
(C) 間接環境
(D) 總體環境

23. 世界上大多數的經濟制度是屬於何種制度？
(A) 資本主義制度
(B) 社會主義制度
(C) 資本分配主義制度
(D) 混合型

24. 下列何者不是企業所面對的政治風險？
(A) 政變
(B) 反抗軍暴力
(C) 意識型態改變
(D) 消費者行為改變

25. 社會主義經濟制度是指社會主義經濟關係的總和，以公有制為基礎，勞動者成為生產要素的主人，實行按勞分配，以消除兩極分化，最終實現共同富裕，而在其制度下，市場上大多是屬於哪一種情形？
(A) 需求大於供給
(B) 無須談論供給和需求
(C) 供給大於需求
(D) 以上皆非

26. 全世界貨物貿易進出口總值最大國是
(A) 日本
(B) 中國
(C) 德國
(D) 美國

27. ＿＿＿＿＿＿＿是兩國或多國，以及區域貿易實體間所簽訂的具有法律約束力的契約，目

的在於促進經濟一體化，消除貿易壁壘 (例如關稅、貿易配額和優先順序別)，允許貨品與服務在國家間自由流動。

(A) 自由貿易區 (free trade area)　　(B) 關稅同盟 (customs union)
(C) 共同市場 (common market)　　(D) 經濟同盟 (economic union)

28. 以下哪一個不是歐元取代歐盟各國的貨幣所造成的影響？
    (A) 將終結美元獨霸市場　　(B) 影響基金經理人的投資組合
    (C) 影響各國央行外匯存底的準備　　(D) 解除制定貿易配額

29. _____指是擁有共同對外關稅的自由貿易區。參與國共同設定對外貿易政策，但各國有時仍會各自制定貿易配額。共同的《反托拉斯法》有助避免缺乏競爭。
    (A) 自由貿易區 (free trade area)　　(B) 關稅同盟 (customs union)
    (C) 共同市場 (common market)　　(D) 經濟同盟 (economic union)

30. _____成立於1990年，是由澳洲提議所召開，鑑於世界經濟有走向塊狀經濟之趨勢，目的希望亞太地區的國家應加強彼此的經貿關係。
    (A) OPEC　　(B) APEC
    (C) WTO　　(D) NAFIA

31. _____為一國際性的組織，開始的使命是幫助在第二次世界大戰中被破壞的國家重建。
    (A) 國際貨幣基金 (International Monetary Fund, IMF)
    (B) 關稅暨貿易總協定 (GATT)
    (C) 世界銀行 (World Bank)
    (D) 自由貿易協定 (Free Trade Agreement, FTA)

32. 2014年11月，中國和哪一個國家宣佈完成自由貿易協議 (FTA)「實質談判」，《天下》雜誌預估對台灣產業將造成多達新台幣6,500億元的產值衝擊？
    (A) 日本　　(B) 歐盟
    (C) 韓國　　(D) 美國

33. 繁榮 (prosperity) 通常指一國之經濟水準，可以_____來判定。
    (A) GNP　　(B) GDP

(C) CPI (D) WPI

34. 若一家跨國企業在中國大陸因政治立場而被迫關廠,這是所謂的
    (A) 徵收 (B) 接管
    (C) 所有權限制 (D) 杯葛

35. 2014 年全球清廉指數報告中,哪一個國家為世界最清廉的國家?
    (A) 丹麥 (B) 新加坡
    (C) 日本 (D) 美國

36. ECFA 為中華民國政府於 2009 年所提出,總統馬英九視為加強台灣經濟發展的重要政策,其代表意義為
    (A) 兩岸服務貿易合作框架協議 (B) 兩岸經濟合作框架協議
    (C) 兩岸政治合作框架協議 (D) 兩岸法律合作框架協議

37. 根據 2013 美國「商業環境風險評估公司」(Business Environment Risk Intelligence, BERI) 的報告中,亞洲最適合投資的國家為
    (A) 日本 (B) 新加坡
    (C) 韓國 (D) 台灣

38. 2014 年越南排華暴動,此為台商在進行跨國企業投資的
    (A) 政治風險 (B) 文化風險
    (C) 科技風險 (D) 經濟風險

39. 市場經濟分配資源理論中,社會主義制度下,市場上大多是屬於哪一種情形?
    (A) 需求大於供給 (B) 供給大於需求
    (C) 需求等於供給 (D) 市場無法用需求和供給衡量

40. 下列政府政策中,哪一個與全球行銷最相關?
    (A) 個體經濟 (B) 總體經濟
    (C) 國防外交 (D) 教育制度

41. 下列國家中政治氣候最不穩定的是何者?
    (A) 古巴 (B) 日本

(C) 義大利　　　　　　　　　　(D) 沙烏地阿拉伯

42. 所謂「歐豬五國」是學者和國際經濟界媒體等對歐洲聯盟五個相對較弱的經濟體的貶稱。以下何者不是「歐豬五國」？
    (A) 葡萄牙　　　　　　　　　(B) 義大利
    (C) 愛爾蘭　　　　　　　　　(D) 蘇格蘭

43. ＿＿＿＿＿為世界兩大金融機構之一，職責是監察貨幣匯率和各國貿易情況、提供技術和資金協助，確保全球金融制度運作正常，其總部設在美國華盛頓特區。
    (A) 國際貨幣基金　　　　　　(B) 世界銀行
    (C) 關稅暨貿易總協定　　　　(D) 世界貿易組織

44. ＿＿＿＿＿是負責監督成員經濟體之間各種貿易協議得到執行的一個國際組織，總部位於瑞士日內瓦。
    (A) 國際貨幣基金　　　　　　(B) 世界銀行
    (C) 關稅暨貿易總協定　　　　(D) 世界貿易組織

45. 亞洲基礎設施投資銀行 (Asian Infrastructure Investment Bank, AIIB)，簡稱亞投行，是一個向亞洲國家和地區政府提供資金以支持基礎設施建設之區域多邊開發機構，其倡議籌建為
    (A) 韓國　　　　　　　　　　(B) 日本
    (C) 中國　　　　　　　　　　(D) 台灣

46. 2010 年發生的歐債危機，主要源自希臘急於援用鉅額融資來設法支付大量到期公債，以避免出現債務違約的風險。有鑑於此，歐元區國家與＿＿＿＿＿在 2010 年 5 月 2 日同意向希臘提供總值 1,100 億歐元貸款。
    (A) 國際貨幣基金　　　　　　(B) 世界銀行
    (C) 關稅暨貿易總協定　　　　(D) 世界貿易組織

47. ＿＿＿＿＿是為發展中國家資本項目提供貸款的聯合國系統國際金融機構，目標為消除貧困。
    (A) 國際貨幣基金　　　　　　(B) 世界銀行
    (C) 關稅暨貿易總協定　　　　(D) 世界銀行集團

48. 各國積極推動國際運動賽事,且積極爭取活動主辦國家,例如北京 2008 年的奧運、2015 年義大利米蘭的世界博覽會,主要為何種政治目的?
    (A) 自保
    (B) 繁榮
    (C) 名望
    (D) 意識型態
    (E) 國家安全

49. 以下何者非文化特質?
    (A) 遺傳性
    (B) 學習性
    (C) 累積性
    (D) 準則性

50. 以下何者非文化構成要素?
    (A) 語言
    (B) 價值觀與態度
    (C) 教育水準
    (D) 遺傳

51. 以下何者為是?
    (A) 參考群體是指一群居住在一起並具有血緣、婚姻與認養關係的群體
    (B) 雖有不同的價值與態度,但也不會導致不同的行為產生
    (C) 雖在不同的文化下,但文化的核心價值並不會有很大的差異
    (D) 每個文化對於美感都有自己獨特的詮釋,不同文化對於顏色或是造型各有偏好與意義

52. 以下何者為非?
    (A) 文化所包含層面,其實就是一地區之民眾在思考、言行之總稱
    (B) 北美地區屬於低脈絡文化國家
    (C) 在低脈絡文化中,溝通受溝通的脈絡和非口語的部份影響很大
    (D) 文化涵化是指對於一文化所進行的調整與適應

53. 學者 Hofstede 於 1980 年提出文化分析四構面,下列哪一選項不包括在內?
    (A) 權力距離
    (B) 個人主義 / 集體主義
    (C) 儒家動態
    (D) 陽剛與陰柔

54. 反映某一文化的思考型態,並被稱為「文化之鏡」的是下列何者?
    (A) 語言
    (B) 宗教

(C) 態度和價值觀　　　　　　　　(D) 教育

55. 除了原先的四個文化構面外，Hofstede 還另外增加了哪一構面？
    (A) 權力距離　　　　　　　　　(B) 個人主義／集體主義
    (C) 儒家動態　　　　　　　　　(D) 陽剛與陰柔

56. Hofstede 所提出的構面中，以下哪一個屬於公司上下成員之間的關係沒有那麼正式化，並且不同階層之間維持著密切關係？
    (A) 低權力距離　　　　　　　　(B) 低不確定性規避
    (C) 高儒家動態　　　　　　　　(D) 陰柔

57. 個人對於所屬組織或是國家之依賴度和忠誠度，都呈現相當高之狀況，係何種現象？
    (A) 集體主義　　　　　　　　　(B) 民族主義
    (C) 個人主義　　　　　　　　　(D) 儒家動態

58. 個人對於未來或是社會中的任何模糊不清之狀況，都會嘗試去控制，稱為
    (A) 高陰柔主義　　　　　　　　(B) 高陽剛主義
    (C) 高權力距離　　　　　　　　(D) 高不確定性規避

59. 以下何者並非 Hofstede 所提出的文化構面的缺點？
    (A) 假設每一個國家只存在一種國家文化
    (B) 樣本數太小
    (C) 研究對象為 IBM 的員工，而 IBM 本身的組織就有強勢的企業文化，結論可能存在某些偏誤
    (D) 研究團隊大部份是由歐美人士所組成，或許本身就存在許多主觀的看法及偏見

60. 華德迪士尼於 1986 年在法國巴黎建立全球第四個主題樂園，但主要由於何種障礙，以致於在成立初期虧損連連？
    (A) 政治　　　　　　　　　　　(B) 財務
    (C) 法律　　　　　　　　　　　(D) 文化

61. 以下何者不是企業決定進入具吸引力的海外市場之進入模式？

(A) 授權 　　　　　　　　　　(B) 與當地國組成共同市場
(C) 新設海外獨資子公司 　　　(D) 國際合資

62. 下列何者不是高語境文化人民的描述？
    (A) 在表達感情和傳遞資訊時，方式是隱晦間接的
    (B) 較內向害羞，不擅於自我表現
    (C) 注重個人主義導向
    (D) 追求整體和諧，極力避免對立衝突

63. 下列國家中何者不屬於低語境文化？
    (A) 日本 　　　　　　　　　(B) 美國
    (C) 法國 　　　　　　　　　(D) 澳洲

64. 下列何者不是文化所包含的主要層面？
    (A) 語言 　　　　　　　　　(B) 社會階層
    (C) 禮儀 　　　　　　　　　(D) 企業文化
    (E) 風俗習慣

65. 在尼泊爾用餐時，若沒有擺出刀叉，就表示以手抓食；但切記要用右手，因為左手代表不乾淨，此為
    (A) 語言 　　　　　　　　　(B) 宗教
    (C) 教育 　　　　　　　　　(D) 風俗習慣

66. 世界三大宗教為
    (A) 基督教、回教、佛教 　　(B) 佛教、回教、基督教
    (C) 佛教、印度教、基督教 　(D) 基督教、佛教、回教

67. 中國大陸一向有「反日情結」，2012年更因釣魚台事件開始一系列的反日示威活動，此種情節為下列何者所導致？
    (A) 語言 　　　　　　　　　(B) 風俗習慣
    (C) 教育 　　　　　　　　　(D) 價值觀與態度

68. 下列何者將形成各地特有之人民生活習慣、禮儀和生活方式，且成為社會的一種法

則，會影響社會中一群人的行為？

(A) 風俗習慣 (B) 宗教

(C) 教育 (D) 價值觀與態度

69. 接受權力平均分配在社會每一個人手中的程度，為下列哪一構面所探討的？

(A) 權力距離 (B) 個人或集體主義

(C) 陽剛或陰柔 (D) 不確定性規避

70. 下列何者不是權力距離大的文化描述？

(A) 表示社會的權力及財富集中在少數人手中

(B) 社會普遍存在著不公平及不平等的現象

(C) 政府的管理方式偏向獨裁

(D) 員工多能參與公司決策

71. 下列何者並非高不確定性避免的文化描述？

(A) 人們面對不確定性及風險常會感到恐懼與不安

(B) 社會多有許多禁忌，缺乏冒險精神

(C) 為了降低員工的不確定性，就必須訂定一些明確的薪水及福利規則

(D) 指數越低，代表越無法忍受不確定性

單元二答案

1. (B)	2. (B)	3. (C)	4. (A)	5. (B)
6. (D)	7. (C)	8. (B)	9. (C)	10. (B)
11. (A)	12. (B)	13. (D)	14. (D)	15. (A)
16. (B)	17. (D)	18. (A)	19. (B)	20. (A)
21. (A)	22. (A)	23. (D)	24. (D)	25. (A)
26. (B)	27. (A)	28. (D)	29. (B)	30. (B)
31. (C)	32. (C)	33. (A)	34. (D)	35. (A)
36. (B)	37. (B)	38. (A)	39. (A)	40. (B)
41. (A)	42. (D)	43. (A)	44. (D)	45. (C)
46. (A)	47. (B)	48. (C)	49. (A)	50. (D)
51. (D)	52. (D)	53. (C)	54. (A)	55. (C)
56. (A)	57. (A)	58. (D)	59. (B)	60. (D)
61. (B)	62. (C)	63. (A)	64. (D)	65. (D)
66. (A)	67. (D)	68. (A)	69. (A)	70. (D)
71. (D)				

單元三
行銷資訊與行銷資料應用

考題

1. 企業因特定的需要，委外或是由企業收集之資料，稱為
   (A) 正式調查資料
   (B) 學術研究資料
   (C) 初級資料
   (D) 次級資料

2. 宏碁集團(acer)在1990年代進軍歐洲市場，首先針對此地區，進行政治、經濟與社會文化等宏觀環境收集資料，此屬於國際行銷研究哪一層次？
   (A) 特定產業資料
   (B) 國家地區資料
   (C) 公司銷售預測
   (D) 次級資料收集

3. 台灣電腦業者在分析完中國大陸市場後，各家電腦公司就分別以當年度銷售量為基礎，並推估出下一年度在大陸市場之銷售潛能，其屬於國際行銷研究哪一部份？
   (A) 特定產業資料
   (B) 國家地區資料
   (C) 公司銷售預測
   (D) 次級資料收集

4. 台灣電腦業者針對中國大陸市場消費者之消費型態進行瞭解，係屬於下列何種研究？
   (A) 產品研究
   (B) 價格研究
   (C) 通路研究
   (D) 推廣研究

5. 企業得到來自行政院主計總處所公佈的人口統計與消費相關之資料，係屬於
   (A) 正式調查資料
   (B) 學術研究資料
   (C) 初級資料
   (D) 次級資料

6. 問卷問題為「請問您對於開放陸客自由行，是否對台灣觀光產業有所助益」，係為

瞭解
(A) 事實
(B) 意見
(C) 知識
(D) 行為

7. 「請勾選下列您認為台灣開放美國牛肉的影響有哪些？」這屬於何種問題？
   (A) 半開放
   (B) 開放
   (C) 封閉
   (D) 半封閉

8. 評估進入國外市場後，企業為了深入瞭解競爭對手之實力，以因應當地競爭者之競爭下，企業所能銷售之實際金額或數量預估，此稱為
   (A) 潛在需求
   (B) 銷售潛能
   (C) 感受需求
   (D) 有效需求

9. 由於某些產品並未在此市場進行銷售，因而以相關產品進行替代性估算，例如以某國輪胎銷量，預測該國汽車的銷量，此為何種跨國行銷分析方法？
   (A) 銷售預測
   (B) 類比預測
   (C) 需求分析
   (D) 推論預測

10. 下列何者主要是測試明確因果關係之方法，例如賣場的佈置會影響消費者之購物意願？
    (A) 觀察法
    (B) 實驗法
    (C) 訪談法
    (D) 調查法

11. 手機業者欲瞭解為何消費者會選擇其公司的新產品的理由，宜採取以下何種方法較佳？
    (A) 觀察法
    (B) 實驗法
    (C) 訪談法
    (D) 調查法

12. 下列何者不是隨機抽樣方式？
    (A) 配額抽樣
    (B) 分層抽樣
    (C) 區域抽樣
    (D) 系統抽樣

13. 下列何者不是為定量研究方法？

(A) 深入訪談法 (B) 實驗研究法
(C) 調查研究法 (D) 封閉式問卷

14. 以下何種問卷調查方式的回收率最低？
    (A) 郵寄 (B) 網路
    (C) 電話 (D) 人員訪談

15. 下列何者不是全球行銷研究的範圍？
    (A) 社會研究 (B) 市場研究
    (C) 競爭研究 (D) 環境研究

16. 當企業欲進行國際行銷研究時，企業因特定的需要而委外或是由企業收集之資料，稱為
    (A) 正式調查資料 (B) 學術研究資料
    (C) 初級資料 (D) 次級資料

17. 當企業欲進行國際行銷研究時，企業得到來自當地政府主計處所公佈的人口統計與消費相關之資料，係屬於
    (A) 正式調查資料 (B) 學術研究資料
    (C) 初級資料 (D) 次級資料

18. 當企業欲進行國際行銷研究時，「請勾選下列您認為小米手機對台灣手機市場的影響有哪些？」這屬於何種問題？
    (A) 半開放 (B) 開放
    (C) 封閉 (D) 半封閉

19. 當企業欲進行國際行銷研究時，問卷問題為「您知道未來手機具備雙相機？」係為瞭解消費者的
    (A) 事實 (B) 意見
    (C) 知識 (D) 行為

20. 若一跨國汽車公司欲進行國際行銷研究時，工程師進駐當地市場以觀察消費者的用車習慣，這屬於

(A) 觀察法 (B) 實驗法
(C) 訪談法 (D) 調查法

21. 進行國際行銷研究時，問卷題目之答案，並未設定任何制式答案，填答者可依據其主觀意志和意見，自由發揮填寫，這屬於何種問項？
    (A) 半開放 (B) 開放
    (C) 封閉 (D) 半封閉

22. 進行國際行銷研究時，問卷題目之答案，並未設定任何制式答案，填答者可依據其想法和意見，自由發揮填寫，此種設計欲獲得何種資料？
    (A) 質性資料 (B) 量化資料
    (C) 質和量化資料 (D) 開放式資料

23. 以下何者不是國際行銷研究流程？
    (A) 分析資料與撰寫報告 (B) 確認研究問題
    (C) 決定資料收集方法 (D) 決定訪談內容

24. 以下何者為正確的國際行銷研究過程順序？
    (A) 確認研究問題、決定資料收集方法、執行資料收集、分析資料與撰寫報告
    (B) 決定資料收集方法、分析資料與撰寫報告、執行資料收集、確認研究問題
    (C) 執行資料收集、分析資料與撰寫報告、確認研究問題、決定資料收集方法
    (D) 分析資料與撰寫報告、確認研究問題、決定資料收集方法、執行資料收集

25. ＿＿＿＿＿＿＿是指某一資料蒐集工具能夠一致無誤地衡量相同的事物。
    (A) 信度 (B) 效度
    (C) 效標 (D) 抽樣程序

26. ＿＿＿＿＿＿＿是指資料蒐集工具在衡量上的正確性。
    (A) 信度 (B) 效度
    (C) 效標 (D) 抽樣程序

27. 進行國際行銷研究時，＿＿＿＿＿＿＿是以樣本來代表母體。
    (A) 誤差 (B) 變異量

(C) 效標　　　　　　　　　　　(D) 抽樣

28. 國際行銷研究人員在進行政治、經濟、社會文化等宏觀環境之資料收集,是在進行下列何項調查?
    (A) 國家資料　　　　　　　　(B) 產業市場潛能報告
    (C) 公司銷售潛能報告　　　　(D) 區域抽樣資料蒐集

29. 國際行銷研究人員進行企業可銷售數量、金額之預測,以作為決定進入何國家或何地區之有力參考數據,是在進行下列何項調查?
    (A) 國家資料　　　　　　　　(B) 產業市場潛能報告
    (C) 公司銷售潛能報告　　　　(D) 區域抽樣資料蒐集

30. 國際行銷研究人員欲瞭解當地市場對所欲推出的產品的設定價格水準接受度,為下列何項研究?
    (A) 產品研究　　　　　　　　(B) 價格研究
    (C) 通路研究　　　　　　　　(D) 廣告研究

31. 國際行銷研究人員欲瞭解當地消費者對企業架設的網站及店面的接受度,為下列何項研究?
    (A) 產品研究　　　　　　　　(B) 價格研究
    (C) 通路研究　　　　　　　　(D) 推廣研究

32. 國際行銷研究人員欲瞭解當地消費者媒體偏好之調查,為下列何項研究?
    (A) 產品研究　　　　　　　　(B) 價格研究
    (C) 通路研究　　　　　　　　(D) 推廣研究

33. 下列何者不是國際行銷研究人員所得到的次級資料來源?
    (A) 相關人員的訪談　　　　　(B) 國際性組織
    (C) 服務性組織　　　　　　　(D) 政府機構

34. 國際行銷研究人員上網至世界觀光組織 (World Tourism Organization) 以瞭解各國觀光人數的趨勢,此為下列何種管道?
    (A) 政府機構　　　　　　　　(B) 國際性組織

(C) 服務性組織 (D) 電子資訊服務

35. 下列何者為調查法？
    (A) 郵寄 (B) 人員訪談
    (C) 現場觀察 (D) 電話訪談

36. 以下哪一個方法是透過消費者的行為或意見來瞭解消費者本身對產品或產品的相關的問題？
    (A) 層級分析法 (B) 修正式德菲法
    (C) 資料庫管理 (D) 焦點團體訪談法

37. 下列何者為定性(質化)的研究方法？
    (A) 實驗法 (B) 問卷調查法
    (C) 論述分析 (D) 時間數列分析

38. 下列何者為定量(量化)的研究方法？
    (A) 個案研究 (B) 論述分析
    (C) 問卷調查 (D) 田野調查

39. 國際行銷研究人員在發放書面問卷前，必須先對當地教育水準進行瞭解，主要是因為何種考量？
    (A) 資料取得問題 (B) 識字率問題
    (C) 文化障礙 (D) 政治因素

40. 國際行銷研究人員經常在政府網路上或是向相關單位購買所得到的現成資料即是
    (A) 初級資料 (B) 次級資料
    (C) 描述資料 (D) 觀察資料

41. 一般而言，研究者在進行研究前，會先尋找下列何種資料？
    (A) 初級資料 (B) 次級資料
    (C) 質化資料 (D) 量化資料

單元三答案

1. (C)	2. (B)	3. (C)	4. (C)	5. (C)
6. (B)	7. (C)	8. (B)	9. (D)	10. (B)
11. (C)	12. (A)	13. (A)	14. (B)	15. (A)
16. (C)	17. (C)	18. (C)	19. (C)	20. (A)
21. (B)	22. (A)	23. (D)	24. (A)	25. (A)
26. (B)	27. (D)	28. (A)	29. (C)	30. (B)
31. (C)	32. (D)	33. (A)	34. (B)	35. (A)
36. (D)	37. (C)	38. (C)	39. (B)	40. (B)
41. (A)				

單元四 全球競爭策略、市場區隔與定位

考題

1. 何謂成本領導策略？
   (A) 將有限的資源集中，以滿足某一區隔的獨特需要來取得優勢
   (B) 透過塑造獨特的產品，與競爭者形成差異，以獲競爭優勢
   (C) 以相對於競爭者較低的成本生產產品，並藉低價來獲取競爭優勢
   (D) 以上皆是

2. 何謂差異化策略？
   (A) 將有限的資源集中，以滿足某一區隔的獨特需要來取得優勢
   (B) 透過塑造獨特的產品，與競爭者形成差異，以獲競爭優勢
   (C) 以相對於競爭者較低的成本生產產品，並藉低價來獲取競爭優勢
   (D) 以上皆是

3. 何謂集中策略？
   (A) 將有限的資源集中，以滿足某一區隔的獨特需要來取得優勢
   (B) 透過塑造獨特的產品，與競爭者形成差異，以獲競爭優勢
   (C) 以相對於競爭者較低的成本生產產品，並藉低價來獲取競爭優勢
   (D) 以上皆是

4. 下列何者不是宏觀市場區隔上常選用的區隔變數？
   (A) 經濟發展指標　　　　　　　(B) 所得
   (C) 基礎設施　　　　　　　　　(D) 以上皆是

5. 在區隔之後，企業應能運用其行銷組合來有效服務所選定的市場區隔，此即市場區隔變數的_____。

177

(A) 可接近性 　　　　　　　　(B) 可衡量性
(C) 可回應性 　　　　　　　　(D) 以上皆是

6. 在區隔之後，每個市場區隔的規模大小及其購買力都可以清楚衡量，此即市場區隔變數的_____。
(A) 可接近性 　　　　　　　　(B) 可衡量性
(C) 可回應性 　　　　　　　　(D) 足量性

7. 行為變數是以消費者外顯的行為來進行區隔，下列何者不是行為變數？
(A) 產品使用率 　　　　　　　(B) 生活型態
(C) 產品使用時機 　　　　　　(D) 追求的利益

8. 人口統計變數是指消費者身上一些明顯可見的特性，下列何者不是人口統計變數？
(A) 所得 　　　　　　　　　　(B) 人口密度
(C) 家庭生命週期 　　　　　　(D) 職業

9. 心理變數是以消費者的心理特徵作為區隔的基準，下列何者不是心理變數？
(A) 人格 　　　　　　　　　　(B) 生活型態
(C) 社會地位 　　　　　　　　(D) 動機

10. 「食品」通常會採取何種定位方式？
(A) 產品來源國形象 　　　　　(B) 產品獨特利益
(C) 全球消費者文化 　　　　　(D) 當地消費者文化

11. 大金冷氣在台灣特別強調「日本第一」，是屬於何種定位方式？
(A) 產品品質 　　　　　　　　(B) 產品獨特利益
(C) 當地定位 　　　　　　　　(D) 全球定位

12. 下列何項是集中化全球行銷的主要缺點？
(A) 無法分散風險 　　　　　　(B) 成本會提高
(C) 可滿足所有消費者的需求 　(D) 可降低產品管理的成本

13. 以消費者外顯的行為來進行區隔，下列何者不是常見的行為變數？
(A) 追求的利益 　　　　　　　(B) 生活型態

(C) 產品使用率　　　　　　　　　(D) 使用產品的時機

14. 下列何者不是影響市場區隔吸引力大小的因素？
    (A) 產品生命週期　　　　　　　(B) 組織的資源與優勢
    (C) 該區隔市場未來成長性　　　(D) 接觸該區隔市場所需成本

15. 由於國內許多原物料需仰賴進口供給，這對汽車零組件製造廠商而言，因議價的空間有限，對廠商造成的衝擊也相當大，此為五力分析中的哪一項？
    (A) 潛在競爭者的威脅　　　　　(B) 客戶的議價能力
    (C) 替代品或服務的威脅　　　　(D) 供應商的議價能力

16. 產業的規模經濟、取得資金的難易、移轉成本，往往會造成新進入者之進入障礙，此為五力分析中的哪一項？
    (A) 潛在競爭者的威脅　　　　　(B) 客戶的議價能力
    (C) 替代品或服務的威脅　　　　(D) 供應商的議價能力

17. 對於金屬零組件廠商而言，一旦更高品質或更低價的金屬材料開發出來，將會取代現在部份產品，此為五力分析中的哪一項？
    (A) 潛在競爭者的威脅　　　　　(B) 客戶的議價能力
    (C) 替代品或服務的威脅　　　　(D) 供應商的議價能力

18. 購買者設法降低產品價格，以抗衡產業競爭，並爭取較高品質的產品及更多的服務，此為五力分析中的哪一項？
    (A) 潛在競爭者的威脅　　　　　(B) 客戶的議價能力
    (C) 替代品或服務的威脅　　　　(D) 供應商的議價能力

19. 企業以低於競爭者的成本來生產產品，通常是靠規模化經營來實現，係採下列何種策略？
    (A) 成本領導策略　　　　　　　(B) 產品差異化策略
    (C) 成本焦點策略　　　　　　　(D) 差異化焦點策略

20. 企業透過在產品設計、品牌形象、技術及顧客服務的獨特性，造成與競爭者的有利差異，以獲得競爭優勢，係採下列何種策略？

(A) 成本領導策略 (B) 產品差異化策略
(C) 成本焦點策略 (D) 差異化焦點策略

21. 企業以低於競爭者的成本來生產產品,並將有限的資源集中服務於某一特定的區隔上,係採下列何種策略?
    (A) 成本領導策略 (B) 產品差異化策略
    (C) 成本焦點策略 (D) 差異化焦點策略

22. 藉由解決某顧客群、某區域、某通路目標市場顧客的特定需求,以獨特的產品,服務一個或小部份的區隔市場,係採下列何種策略?
    (A) 成本領導策略 (B) 產品差異化策略
    (C) 成本焦點策略 (D) 差異化焦點策略

23. LV 柏金包以其獨特設計、高品質意象專攻高收入頂級市場,係採下列何種策略?
    (A) 成本領導策略 (B) 產品差異化策略
    (C) 成本焦點策略 (D) 差異化焦點策略

24. 依國家競爭力中各要素類別,例如健全的勞工基礎建設、現代化數位通訊設施及高等教育機構等,是屬於國家競爭優勢的哪一項要素?
    (A) 生產因素 (B) 機會
    (C) 相關與支援產業 (D) 需求條件
    (E) 政府

25. 依國家競爭力中各要素類別,該國家是否具備這項產業的相關支援產業,例如日本汽車工業的競爭優勢離不開鋼鐵、機械、零組件等產業的支持,是屬於國家競爭優勢的哪一項要素?
    (A) 生產因素 (B) 機會
    (C) 相關與支援產業 (D) 需求條件
    (E) 政府

26. 依國家競爭力中各要素類別,臨近中國大陸市場發展快速,內需市場龐大,可為我國汽車零組件廠商帶來商機,是屬於國家競爭優勢的哪一項要素?
    (A) 生產因素 (B) 機會

(C) 相關與支援產業 (D) 需求條件
(E) 政府

27. 依國家競爭力中各要素類別,本土市場對產品的需求是屬於國家競爭優勢的哪一項要素?
    (A) 生產因素 (B) 機會
    (C) 相關與支援產業 (D) 需求條件
    (E) 政府

28. 依國家競爭力中各要素類別,經濟部推動汽車零組件產業發展計畫,希望能打進國際汽車大廠的採購鏈,是屬於國家競爭優勢的哪一項要素?
    (A) 生產因素 (B) 機會
    (C) 相關與支援產業 (D) 需求條件
    (E) 政府

29. 針對地主國市場消費者行為研究及產品通路的調查,此為國家市場特性評估的哪一項目?
    (A) 總體環境分析 (B) 市場機會評估
    (C) 產業競爭評估 (D) 企業內部評估

30. 針對地主國市場國民生產毛額及物價指數等分析,此為國家市場特性評估的哪一項目?
    (A) 總體環境分析 (B) 市場機會評估
    (C) 產業競爭評估 (D) 企業內部評估

單元四答案

1. (C)	2. (B)	3. (A)	4. (D)	5. (C)
6. (B)	7. (B)	8. (B)	9. (C)	10. (D)
11. (C)	12. (A)	13. (B)	14. (A)	15. (D)
16. (A)	17. (C)	18. (B)	19. (A)	20. (B)
21. (C)	22. (D)	23. (D)	24. (A)	25. (C)
26. (B)	27. (D)	28. (E)	29. (B)	30. (A)

單元五
全球市場進入策略

考題

1. 下列何者不是加盟模式的優點？
   (A) 節省成本
   (B) 易於控制市場通路
   (C) 避免進口障礙
   (D) 加速進入市場

2. 下列何者不是合資模式的優點？
   (A) 降低風險
   (B) 加快進入市場
   (C) 容易移轉技術及管理相關知識
   (C) 獲得地主國的市場知識

3. 下列何者不是授權模式的缺點？
   (A) 相對於投資，回收低
   (B) 缺乏控制
   (C) 增加投入的時間與成本
   (D) 接受權利者可能為日後最大競爭者

4. 下列何者不是在地生產的優點？
   (A) 可助新管理風格的建立
   (B) 使當地客戶更具信心
   (C) 維持較緊密的客戶關係
   (D) 控制力高

5. 自有公司模式的優點，下列何者為非？
   (A) 所需承擔的成本與風險有限
   (B) 完全沒有技術外流的問題
   (C) 控制力高
   (D) 比較容易進行策略的整合

6. 下列何者不是策略聯盟的特性？
   (A) 夥伴的願景與努力是全球化的
   (B) 參與者仍然保有獨立與自主
   (C) 參與者可以享受來自於彼此的合作利益
   (D) 參與者對於技術、產品和其他策略領域的貢獻有一定的限制

7. 下列何者不是策略聯盟之目的？
   (A) 追求彼此在製造或行銷等方面的共同利益
   (B) 增加聯盟夥伴彼此知名度
   (C) 經營區域廣泛
   (D) 降低經營風險

8. 在服務業，基於漸進導向，採取下列何種方式為較佳選擇？
   (A) 獨立子公司   (B) 直接出口
   (C) 授權   (D) 合資

9. 基於保護導向下，當市場為新興狀態時，採取下列何種方式為最佳選擇？
   (A) 獨立子公司   (B) 直接出口
   (C) 授權   (D) 合資

10. 基於控制導向下，當市場為成熟狀態時，採取下列何種方式為最佳選擇？
    (A) 自有公司   (B) 直接出口
    (C) 授權   (D) 合資

11. 所欲進入的市場規模越大，較能支持何種策略，下列何者為非？
    (A) 自有公司   (B) 完全整合製造
    (C) 授權   (D) 合資

12. 若地主國存在著很強的競爭者，採用下列何種方式較易進入？
    (A) 直接出口   (B) 合資
    (C) 自有公司   (D) 加盟

13. 耐吉 (Nike) 公司採用何種市場進入策略，達成其進軍海外市場的目的？
    (A) 管理合約   (B) 整廠輸出
    (C) 合約製造   (D) 加盟

14. 速食業的麥當勞採用何種市場進入策略，達成其進軍海外市場的目的？
    (A) 管理合約   (B) 整廠輸出
    (C) 合約製造   (D) 經營特許

15. 下列何者不是出口模式的優點？
    (A) 所需投入的資金較多
    (B) 可透過單純出口獲取市場經驗
    (C) 較具靈活性
    (D) 可實現規模經濟效益

16. 下列何者不是出口模式的缺點？
    (A) 產品到達地主國市場所需時間長
    (B) 可避開關稅及非關稅壁壘
    (C) 較難掌控市場需求變化
    (D) 產品運輸成本高

17. 產品需經由國內經銷商或代理商銷售至目標市場國，而企業所需承擔的風險及投入的資源較少，是屬於何種國際市場進入策略？
    (A) 技術授權
    (B) 經營特許
    (C) 直接出口
    (D) 間接出口

18. 下列何者敘述錯誤？
    (A) 直接出口較間接出口難度高
    (B) 直接出口較間接出口潛在獲利較高
    (C) 直接出口較間接出口風險大
    (D) 直接出口較間接出口風險小

19. 下列何者不是技術授權的優點？
    (A) 投入成本不高
    (B) 為進入主要市場的最佳方案
    (C) 可克服進口限制
    (D) 可快速擴充產品產能

20. 下列何者不是技術授權的優點？
    (A) 可以避開競爭
    (B) 保護產品專利與商標權
    (C) 減少經營風險
    (D) 可快速擴充產品產能

21. 下列何者不是技術授權的缺點？
    (A) 接受權利者有可能成為日後競爭者
    (B) 不能累積產品製造經驗
    (C) 所需承擔的經營風險高
    (D) 有限參與接受權利者行銷活動

22. 下列何者不是技術授權的缺點？
    (A) 可使企業免於被徵收的命運
    (B) 僅收取固定的權利金
    (C) 接受權利者有可能成為日後競爭
    (D) 有限參與接受權利者行銷活動

23. 企業在很短時間內同時進入很多市場，但所需投入的資源及面臨的風險會較大，屬

於下列何種擴散策略？

(A) 灑水車策略　　　　　　　(B) 多角化策略

(C) 瀑布策略　　　　　　　　(D) 專注策略

24. 若產品溝通調適性高，市場成長率高，適合採用下列哪一擴散策略？

(A) 灑水車策略　　　　　　　(B) 多角化策略

(C) 瀑布策略　　　　　　　　(D) 專注策略

25. 下列敘述何者錯誤？

(A) 通常加盟合約會比授權合約更完整

(B) 服務業者之國際化，經常採取加盟方式

(C) 加盟授予者與加盟者具有更長期的承諾

(D) 加盟授予者與加盟者必須協調製造和生產

26. 下列敘述何者錯誤？

(A) 通常加盟合約會比授權合約更完整

(B) 加盟者必須共同承擔市場開發成本及風險

(C) 加盟授予者與加盟者具有更長期的承諾

(D) 加盟授予者可以較低成本開拓市場版圖

27. 跨國公司將一部份的製造程序安排在海外進行，是屬於何種國際市場的進入策略？

(A) 在地組裝　　　　　　　　(B) 直接出口

(C) 合約生產　　　　　　　　(D) 完全整合製造

28. 下列何者不是合資的優點？

(A) 可結合不同供應鏈　　　　(B) 雙方共同承擔財務及政治風險

(C) 不需支付額外溝通及協調成本　(D) 可學習到在新市場經營的經驗

29. 下列何者不是企業海外製造策略？

(A) 合資　　　　　　　　　　(B) 特許經營

(C) 策略聯盟　　　　　　　　(D) 技術授權

30. 下列何者不是企業海外製造策略？

(A) 在地組裝　　　　　　　　(B) 直接出口
(C) 合約生產　　　　　　　　(D) 完全整合製造

31. 下列敘述何者錯誤？
    (A) 合資合夥人必須供共同承擔風險
    (B) 合資適用於缺乏足夠資金的企業
    (C) 地主國政府不可限制外國企業之持股數
    (D) 合資需面對文化差異的員工，導致管理困難

32. 下列何者不是跨國公司擁有所投資事業的百分之百所有權的優點？
    (A) 可免除關稅或配額的障礙　　(B) 風險低
    (C) 控制力高　　　　　　　　　(D) 特殊進入模式

33. 關於策略聯盟特質，下列敘述何者錯誤？
    (A) 雙方為互惠的合作關係，均有學習的機會
    (B) 合夥人的觀點及努力具全球化
    (C) 雙方發展聯合長期策略，以達世界領導地位
    (D) 合作關係為垂直式組織，而非水平式關係

34. 關於策略聯盟特質，下列敘述何者錯誤？
    (A) 以進入單一國家市場或解決特定問題為主
    (B) 合夥人的觀點及努力具全球化
    (C) 雙方發展聯合長期策略，以達世界領導地位
    (D) 聯盟關係提供重要的學習機會

35. 諾基亞藉由與微軟聯盟取得微軟的作業系統應用在手機上，意在幫助兩家公司奪回被搶走的高階手機市場，此為下列何種聯盟方式？
    (A) 製造聯盟　　　　　　　　(B) 技術聯盟
    (C) 配銷聯盟　　　　　　　　(D) 以上皆非

36. 中華電信在推展數位生活的策略上，與微軟在相關產品與技術尋求合作機會，將微軟線上遊戲相關技術，整合到中華電信寬頻及數位家庭服務，此為下列何種聯盟方式？

(A) 製造聯盟 (B) 技術聯盟
(C) 配銷聯盟 (D) 以上皆非

37. 日本羽田汽車公司與法國標緻汽車公司，合作生產汽車，此為下列何種聯盟方式？
    (A) 製造聯盟 (B) 技術聯盟
    (C) 配銷聯盟 (D) 以上皆非

38. 星巴克經由網站 Starbucks.com 和其他專營管道銷售各類咖啡、茶葉製品，此為下列何種聯盟方式？
    (A) 製造聯盟 (B) 技術聯盟
    (C) 配銷聯盟 (D) 以上皆非

單元五答案

1. (B)	2. (C)	3. (C)	4. (D)	5. (A)
6. (D)	7. (B)	8. (C)	9. (D)	10. (A)
11. (C)	12. (B)	13. (C)	14. (D)	15. (A)
16. (B)	17. (D)	18. (D)	19. (B)	20. (A)
21. (C)	22. (A)	23. (A)	24. (D)	25. (D)
26. (B)	27. (A)	28. (C)	29. (C)	30. (B)
31. (C)	32. (B)	33. (D)	34. (A)	35. (B)
36. (B)	37. (A)	38. (C)		

單元六
全球產品策略與管理

考題

1. 在思索產品的概念時,通常區分成五個層次,下列何者不是產品五層次之一?
   (A) 擴大產品　　　　　　　　(B) 核心產品
   (C) 概念產品　　　　　　　　(D) 基本產品

2. 產品能提供消費者的某種需要的效用和利益,或解決問題的服務係指
   (A) 擴大產品　　　　　　　　(B) 核心產品
   (C) 無形產品　　　　　　　　(D) 基本產品

3. 產品的特性、品質水準、品牌名稱、樣式等以實體呈現,能被消費者觸摸到,這屬於何種產品概念?
   (A) 擴大產品　　　　　　　　(B) 核心產品
   (C) 有形產品　　　　　　　　(D) 基本產品

4. 消費者購買產品時所期待的產品屬性、價格、安全性、便利性及產品功能等各個因素,這屬於何種產品概念?
   (A) 擴大產品　　　　　　　　(B) 核心產品
   (C) 有形產品　　　　　　　　(D) 期望產品

5. 公司能提供消費者在實體商品之外更多的服務與利益,例如免費安裝、檢修服務、送貨、產品保證及技術人員培訓等,是為了與競爭者有效競爭,所發展出來的產品屬性屬於何種產品概念?
   (A) 擴大產品　　　　　　　　(B) 核心產品
   (C) 有形產品　　　　　　　　(D) 基本產品

6. 通常較低價,消費者購買頻率高,是指下列何者?
   (A) 特殊品　　　　　　　　　(B) 忽略品
   (C) 選購品　　　　　　　　　(D) 便利品

7. 便利品依照其購買特性又可進一步區分,下列何者為非?
   (A) 日常用品　　　　　　　　(B) 忽略品
   (C) 衝動品　　　　　　　　　(D) 緊急品

8. 消費者在購買時會就產品價格、品質、式樣、外觀設計、顏色等作進一步比較,才會決定購買的產品,是指下列何者?
   (A) 特殊品　　　　　　　　　(B) 忽略品
   (C) 選購品　　　　　　　　　(D) 便利品

9. 產品因具有某些獨特的特色,而使消費對其有特殊的品牌偏好,是指下列何者?
   (A) 特殊品　　　　　　　　　(B) 忽略品
   (C) 選購品　　　　　　　　　(D) 便利品

10. 消費者目前尚不知道,或是知道而尚未有興趣購買的產品,例如墓地、保險產品等,是指下列何者?
    (A) 特殊品　　　　　　　　　(B) 忽略品
    (C) 選購品　　　　　　　　　(D) 便利品

11. 消費者在制定購買決策之前,便可以區分產品品質的好壞,例如衣服、家具等,是指下列何者?
    (A) 搜尋品　　　　　　　　　(B) 經驗品
    (C) 選購品　　　　　　　　　(D) 信賴品

12. 消費者購買並使用商品以後,才會知道產品品質的好壞,例如飲食、美髮美容等,是指下列何者?
    (A) 搜尋品　　　　　　　　　(B) 經驗品
    (C) 選購品　　　　　　　　　(D) 信賴品

13. 消費者在購買並使用該產品後,仍然不知道該產品品質的好壞,例如修車服務、醫

療服務等,是指下列何者?
(A) 搜尋品 (B) 經驗品
(C) 選購品 (D) 信賴品

14. 針對麥當勞強調清潔、服務、品質標準化,肯德基打出了「雞肉烹調專家」的口號,屬於何種定位策略?
(A) 特質或利益 (B) 品質與價格
(C) 產品種類 (D) 競爭者定位

15. 七喜汽水強調它與可樂類飲料不同,不含咖啡因,並以「非可樂」定位,屬於何種定位策略?
(A) 特質或利益 (B) 產品屬性
(C) 產品種類 (D) 競爭者定位

16. 海倫仙度絲洗髮精強調具去頭皮屑的功效,屬於何種定位策略?
(A) 特質或利益 (B) 品質與價格
(C) 產品用途 (D) 競爭者定位

17. 可樂公司推出了一種低熱量的可樂,將其定位為喝了不會發胖的可樂,以迎合喜歡喝可樂又怕胖者的消費者,屬於何種定位策略?
(A) 特質或利益 (B) 品質與價格
(C) 產品種類 (D) 競爭者定位

18. BMW汽車的用戶屬社會高層,是以新興現代的企業家、具有活力的年輕人為其主要訴求對象,屬於何種定位策略?
(A) 特質或利益 (B) 品質與價格
(C) 使用者定位 (D) 競爭者定位

19. 一家印表機製造商在其推出一種產品的廣告宣傳中,強調它列印的解析度,且價格便宜,這屬於何種定位策略?
(A) 特質或利益 (B) 品質與價格
(C) 使用者定位 (D) 競爭者定位

20. 面對蘋果和三星兩大強敵，Sony 智慧型手機和「防水」功能的連結，突破競爭重圍，這屬於何種定位策略？
    (A) 特質或利益
    (B) 品質與價格
    (C) 使用者定位
    (D) 競爭者定位

21. 消費者如何看待來自某個特定國家的產品，例如日本的產品就是品質的保證，而德國的工業技術精湛，稱為
    (A) 產品定位
    (B) 來源國效應
    (C) 總和構念
    (D) 月暈效應

22. 消費者品牌態度之形成，係以該國若干項產品印象與認知，進而影響另一產品，稱為
    (A) 產品定位
    (B) 來源國效應
    (C) 總和構念
    (D) 月暈效果

23. 消費者對某個國家的刻板印象是會以該產品來源國印象來推論產品的品質，稱為
    (A) 產品定位
    (B) 來源國效應
    (C) 總和構念
    (D) 月暈效果

24. 飛利浦 (Philips) 來自荷蘭、Panasonic 來自日本，以及 Asus 來自台灣是受到何種效應影響？
    (A) 生產國
    (B) 來源國
    (C) 設計國
    (D) 製造國

25. 產品調適策略的利益，下列何者為非？
    (A) 可滿足不同區隔顧客的需求
    (B) 促進產品的銷售
    (C) 塑造全球品牌形象
    (D) 增加在地主國市場的競爭力

26. 下列何者不是產品標準化策略的優點？
    (A) 降低成本
    (B) 使企業對全球營銷進行有效的控制
    (C) 強化顧客偏好
    (D) 具有獨特性

27. 下列何者不是產品標準化策略的優點？

(A) 可迎合市場異質化需求 (B) 改善品質
(C) 可產生良好溢散效果 (D) 有助消費者對企業產品的識別

28. 下列何者不是影響跨國公司採用標準化策略與調適性策略抉擇的因素？
    (A) 通路因素 (B) 組織因素
    (C) 市場環境因素 (D) 產品因素

29. 下列何者不是產品調適策略的利益？
    (A) 可滿足不同區隔顧客的需求 (B) 可凸顯產品的獨特性
    (C) 達成規模經濟 (D) 增加在地主國市場的競爭力

30. 影響產品調適的「產品特性」因素，下列何者為非？
    (A) 服務水準 (B) 規模經濟
    (C) 包裝 (D) 產品成份

31. 影響產品調適的「產品特性」因素，下列何者為非？
    (A) 進入市場的時機 (B) 技術規格
    (C) 來源國形象 (D) 產品成份

32. 影響產品調適的「市場環境」因素，下列何者為非？
    (A) 全球性顧客佔比 (B) 政府的規範
    (C) 競爭狀態 (D) 氣候與地理因素

33. 影響產品調適的「組織」因素，下列何者為非？
    (A) 全球性顧客佔比 (B) 規模經濟
    (C) 競爭狀態 (D) 進入市場的時機

34. 影響產品調適的「市場環境」因素，下列何者為非？
    (A) 進入市場的時機 (B) 政府的規範
    (C) 競爭狀態 (D) 經濟發展程度

35. 運用相同的行銷策略來行銷標準化的產品，此為何種行銷策略？
    (A) 產品延伸—溝通延伸策略 (B) 產品延伸—溝通調適策略
    (C) 產品調適—溝通延伸策略 (D) 產品調適—溝通調適策略

36. 箭牌口香糖在全球都維持相同的產品，但訴求點則相異，是採行下列何種行銷策略？
    (A) 產品延伸—溝通延伸策略　　　　(B) 產品延伸—溝通調適策略
    (C) 產品調適—溝通延伸策略　　　　(D) 產品調適—溝通調適策略

37. 中國大陸有很多牙膏品牌強調利用中藥或藥草作為牙膏的原料，但還是沿用原本的「天然」訴求，此為何種行銷策略？
    (A) 產品延伸—溝通延伸策略　　　　(B) 產品延伸—溝通調適策略
    (C) 產品調適—溝通延伸策略　　　　(D) 產品調適—溝通調適策略

38. 艾克森 (Exxon) 石油根據市場氣候差異來調整汽油成份，但沿用原來的廣告訴求，是採行下列何種策略？
    (A) 產品延伸—溝通延伸策略　　　　(B) 產品延伸—溝通調適策略
    (C) 產品調適—溝通延伸策略　　　　(D) 產品調適—溝通調適策略

39. 當不同的國家市場存在極大的差異，且其市場潛力相當大時，適合採行下列何種國際行銷策略？
    (A) 產品延伸—溝通延伸策略　　　　(B) 產品延伸—溝通調適策略
    (C) 產品調適—溝通延伸策略　　　　(D) 產品調適—溝通調適策略

40. 下列何者不是影響產品和溝通策略選擇的因素？
    (A) 潛在顧客的偏好　　　　　　　　(B) 進入市場的規模
    (C) 調適所必須花費的成本　　　　　(D) 顧客購買該產品的能力

41. 當市場出現同質性的需求，且消費者使用產品的情況及購買產品的能力相同時，適合使用下列何者全球產品發展策略？
    (A) 產品延伸—溝通延伸策略　　　　(B) 產品延伸—溝通調適策略
    (C) 產品調適—溝通延伸策略　　　　(D) 產品調適—溝通調適策略

42. 當市場出現非同質性的需求，且消費者使用產品的情況及購買產品的能力相同時，適合使用下列何者全球產品發展策略？
    (A) 產品延伸—溝通延伸策略　　　　(B) 產品延伸—溝通調適策略
    (C) 產品調適—溝通延伸策略　　　　(D) 產品調適—溝通調適策略

43. 產品可滿足不同區隔消費者的需求，但消費者使用產品不同，例如在美國用於園藝的工具，在亞洲有些地方用於農田耕種，是下列何者全球產品發展策略？
    (A) 產品延伸—溝通延伸策略　　　　(B) 產品延伸—溝通調適策略
    (C) 產品調適—溝通延伸策略　　　　(D) 產品調適—溝通調適策略

44. 產品功能或所滿足的需求，產品使用的情況及消費者購買產品的能力相同，適合採行何種策略？
    (A) 產品延伸—溝通延伸策略　　　　(B) 產品延伸—溝通調適策略
    (C) 產品調適—溝通延伸策略　　　　(D) 產品調適—溝通調適策略

45. 影響產品採行調適性策略的因素，下列何者為非？
    (A) 顧客需求非同質化
    (B) 氣候與地理環境相似
    (C) 政府法規與貿易障礙多
    (D) 地主國與母國市場經濟發展程度差異大

46. 影響產品採行調適性策略的因素，下列何者為非？
    (A) 產品調整成本高　　　　　　　　(B) 品牌意象認知差異大
    (C) 地主國市場競爭不激烈　　　　　(D) 產品所需服務水準高

47. 影響產品採行調適性策略的因素，下列何者為非？
    (A) 企業規模大及資源充足　　　　　(B) 氣候與地理環境差異大
    (C) 政府法規與貿易障礙多　　　　　(D) 取得進入市場先機不重要

48. 影響產品採行調適性策略的因素，下列何者為非？
    (A) 全球性顧客佔比高　　　　　　　(B) 品牌意象認知差異大
    (C) 地主國市場競爭激烈　　　　　　(D) 產品所需服務水準高

49. 創新產品同原有產品只有些微差異，企業引用原有的技術對產品做改善，對消費者原有的消費行為影響有限，為何種產品創新的程度？
    (A) 連續性創新　　　　　　　　　　(B) 動態連續性創新
    (C) 非連續性創新　　　　　　　　　(D) 以上皆是

50. 企業引用全新技術、原理開發新產品,進入與原有市場無關領域,也徹底改變消費者原有的消費行為模式,此為何種產品創新程度?
    (A) 連續性創新　　　　　　　　　　(B) 動態連續性創新
    (C) 非連續性創新　　　　　　　　　(D) 以上皆是

51. 在產品的設計或技術上做改變,使產品具備新的功能,也會改變消費者原有的消費模式,為何種產品創新程度?
    (A) 連續性創新　　　　　　　　　　(B) 動態連續性創新
    (C) 非連續性創新　　　　　　　　　(D) 以上皆是

52. 當地品牌所能帶來的利益,下列何者為非?
    (A) 因應地主國市場消費者需求　　　(B) 可產生規模經濟效益
    (C) 能切入不同市場區隔建立競爭優勢　(D) 需求擴散

53. 公司品牌加上個別品牌,如三洋媽媽樂洗衣機,是使用以下何種策略?
    (A) 共同品牌　　　　　　　　　　　(B) 授權品牌
    (C) 混合品牌　　　　　　　　　　　(D) 家族品牌

54. 跨國公司如可口可樂 (Coca Cola)、百事可樂 (Pepsi) 及麥當勞等,產品在全球市場銷售,是使用以下何種策略?
    (A) 共同品牌　　　　　　　　　　　(B) 授權品牌
    (C) 混合品牌　　　　　　　　　　　(D) 家族品牌

55. 品牌的價值表現在_____上,意指品牌的貨幣價值。
    (A) 品牌權益　　　　　　　　　　　(B) 品牌知覺
    (C) 品牌知名度　　　　　　　　　　(D) 品牌忠誠度

56. 「品牌權益」要素,下列何者為非?
    (A) 品牌忠誠度　　　　　　　　　　(B) 品牌知名度
    (C) 品牌聯想　　　　　　　　　　　(D) 品牌知覺

57. 下列敘述何者錯誤?
    (A) 所有的產品都需要掛品牌

(B) 製造商品牌是指產品的品牌屬於生產製造商

(C) 私人品牌是指中間商所發展出來的品牌

(D) 授權品牌是指品牌擁有者是經由授權而使用該品牌

58. 私人品牌成為日漸重要的品牌策略，下列原因何者為非？
    (A) 通路的權力已由製造商轉向零售商　　(B) 一些大型的零售體系逐漸走向全球化
    (C) 私人品牌又稱中間商品牌　　(D) 消費者所得增加

59. 全球性品牌可以獲得的好處，下列何者為非？
    (A) 需求的擴散　　(B) 規模經濟
    (C) 不需根據地主國狀況來改變行銷組合　　(D) 全球性顧客

60. 下列何者不是全球性品牌所滿足的特性？
    (A) 基於同一的策略原則所引導　　(B) 可根據地主國狀況來改變行銷組合
    (C) 基於同一品牌的類似形象　　(D) 品牌已在地主國被他人搶先註冊

61. 將公司名稱加上該產品品項的獨特品牌名稱(例如南僑水晶800)，是何種品牌策略，下列何者為非？
    (A) 共同品牌　　(B) 混合品牌
    (C) 公司品牌　　(D) 保護傘品牌

62. 跨國公司在同一個品牌名稱下銷售所有的產品，是使用以下何種策略？
    (A) 共同品牌　　(B) 授權品牌
    (C) 混合品牌　　(D) 家族品牌

63. 下列何者不是採用當地品牌的原因？
    (A) 地主國法規的要求　　(B) 品牌已在地主國被他人搶先註冊
    (C) 以地主國當地的形象出現較為有利　　(D) 基於同一品牌的類似形象

64. 所有的產品都有產地，顧客會經由對此國家形象的認知對其產品品質的評估，此稱為
    (A) 月暈效果　　(B) 刻板印象
    (C) 產品來源國形象　　(D) 總和結構

65. 下列何項不宜作為企業因應仿冒品對策？
    (A) 改變製造國　　　　　　　　(B) 進行遊說活動
    (C) 採取法律行動　　　　　　　(D) 擬定產品政策

66. 台新銀行與新光三越百貨發行聯名卡是屬於下列何種品牌策略？
    (A) 共同品牌　　　　　　　　　(B) 公司品牌
    (C) 品牌延伸　　　　　　　　　(D) 品牌聯想

67. 在家樂福賣場裡，我們看到品牌為「No. 1」的產品是屬於下列何種品牌策略？
    (A) 混合品牌　　　　　　　　　(B) 製造商品牌
    (C) 私人品牌　　　　　　　　　(D) 共同品牌

68. 美國寶鹼公司 (P&G) 採用何種品牌策略？
    (A) 多重品牌　　　　　　　　　(B) 家族品牌
    (C) 私人品牌　　　　　　　　　(D) 共同品牌

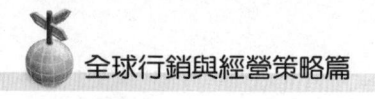

單元六答案

1. (C)	2. (B)	3. (C)	4. (D)	5. (A)
6. (D)	7. (B)	8. (C)	9. (A)	10. (B)
11. (A)	12. (B)	13. (D)	14. (D)	15. (B)
16. (C)	17. (A)	18. (C)	19. (B)	20. (A)
21. (B)	22. (C)	23. (D)	24. (B)	25. (C)
26. (D)	27. (A)	28. (A)	29. (C)	30. (B)
31. (A)	32. (A)	33. (C)	34. (A)	35. (A)
36. (B)	37. (C)	38. (C)	39. (D)	40. (B)
41. (A)	42. (B)	43. (B)	44. (A)	45. (B)
46. (C)	47. (D)	48. (C)	49. (A)	50. (A)
51. (B)	52. (D)	53. (C)	54. (B)	55. (A)
56. (B)	57. (A)	58. (D)	59. (C)	60. (D)
61. (A)	62. (D)	63. (D)	64. (C)	65. (A)
66. (A)	67. (C)	68. (A)		

單元七 全球定價策略

考題

1. 定價基本考量因素,下列何者為非?
   (A) 競爭態勢　　(B) 成本
   (C) 消費者偏好　(D) 需求狀況

2. 通常商品出口會額外地增加運費、關稅、保險及中間商利潤等,所以國外的最終零售價格往往會高於本地的零售價格,此稱為
   (A) 價格攀升　　(B) 刮脂定價
   (C) 通貨膨脹　　(D) 價格彈性

3. 下列何項不是企業避免價格攀升手段?
   (A) 刪減某些產品屬性　(B) 重新安排通路
   (C) 在國外生產或組裝產品　(D) 要求政府補貼

4. 下列何項不是跨國公司為了因應高通貨膨脹,可以採取的措施?
   (A) 修改產品　　(B) 降低產品售價
   (C) 調整原物料供應商　(D) 以相對較為穩定的貨幣來報價

5. 下列何項不是跨國公司為了因應高通貨膨脹,可以採取的措施?
   (A) 降低投資成本　(B) 透過常其合約來避險
   (C) 和政府溝通或談判　(D) 追求快速的存貨周轉率

6. 下列何項不是跨國公司面對價格管制的國家,可以採取的措施?
   (A) 降低投資成本　(B) 調整產品組合
   (C) 和政府溝通或談判　(D) 預先採取因應措施

7. 下列何者不屬於傾銷？
   (A) 無心傾銷
   (B) 掠奪性傾銷
   (C) 零星傾銷
   (D) 強制傾銷

8. 下列何項不是跨國公司因應競爭廠商的傾銷行為，可以採取的行動？
   (A) 採取訴訟
   (B) 降價競爭
   (C) 產品升級
   (D) 強化服務

9. 下列何項不是執行刮脂定價的先決條件？
   (A) 產品本身代表著技術創新
   (B) 消費者認知到高價格代表高品質
   (C) 產品必須對顧客創造出較高的附加價值
   (D) 消費者對價格的敏感度很高

10. 下列何項不是執行滲透定價的先決條件？
    (A) 消費者對價格的敏感度很低
    (B) 可透過經濟規模降低生產成本
    (C) 可對新競爭者產生嚇阻作用
    (D) 消費者對價格的敏感度很高

11. 下列何項不是訂定轉移定價的目標？
    (A) 減少關稅與賦稅
    (B) 管理現金流動
    (C) 可對新競爭者產生嚇阻作用
    (D) 希望在全球市場上更具有競爭力

12. 全球的價格鎖定是指某種商品或服務在全球的價格被固定在某一狹窄的範圍內，下列何者是典型的價格鎖定？
    (A) 卡特爾 (Cartels)
    (B) 轉移定價
    (C) 傾銷
    (D) 滲透定價

13. 為了進入海外市場，不惜虧本，甚至以低價銷售產品的作法是
    (A) 無心傾銷
    (B) 掠奪性傾銷
    (C) 零星傾銷
    (D) 聯合傾銷

14. 企業定價時，必須考量的外在因素除競爭情勢外，另一因素為
    (A) 產品成本
    (B) 通路商邊際利潤

(C) 公司目標　　　　　　　　　　(D) 市場需求

15. 以較低價銷售主產品來吸引顧客，另搭配較高價銷售備選或附屬產品來賺取利潤者為何種定價法？
    (A) 組合產品定價　　　　　　　(B) 市場滲透定價
    (C) 截取市場精華定價　　　　　(D) 追隨競爭定價

16. 吉列 (Gillette) 刮鬍刀，以低價售出刀架，再以刮鬍刀消耗產品賺取利潤為何種定價法？
    (A) 附屬產品定價　　　　　　　(B) 市場滲透定價
    (C) 截取市場精華定價　　　　　(D) 追隨競爭定價

17. 在新產品上市初期，因市場對價格敏感度高，以低價銷售，其目的在於快速提高市場佔有率之定價法為
    (A) 組合產品定價　　　　　　　(B) 市場滲透定價
    (C) 截取市場精華定價　　　　　(D) 追隨競爭定價

18. 企業在推出新產品的初期，先訂定一個高的價格水準，以賺取高額利潤及快速的投資回收之定價法為
    (A) 組合產品定價　　　　　　　(B) 市場滲透定價
    (C) 截取市場精華定價　　　　　(D) 追隨競爭定價

19. 在寡佔的市場結構條件下，企業希望得到一種公平的報酬和不願打亂市場現有秩序的情況下，採行之有效定價法為
    (A) 組合產品定價　　　　　　　(B) 市場滲透定價
    (C) 截取市場精華定價　　　　　(D) 追隨競爭定價

20. 根據世界貿易組織規定，進口商品若一產品自一國出口至另一國的出口價格低於在正常貿易過程中出口國供消費的同類產品的可比價格現象，稱為＿＿＿＿。
    (A) 價格管制　　　　　　　　　(B) 灰色市場
    (C) 支配性定價　　　　　　　　(D) 傾銷

21. 影響定價內在考量因素，下列何者為非？

(A) 成本　　　　　　　　　　　(B) 法令規章
(C) 其他行銷組合變數　　　　　(D) 定價目標

22. 影響定價外在考量因素，下列何者為非？
    (A) 消費者需求　　　　　　　(B) 法令規章
    (C) 其他行銷組合變數　　　　(D) 匯率變化

23. 因應價格攀升的措施，下列何者為非？
    (A) 將產品重新定位　　　　　(B) 重新安排通路
    (C) 選擇在生產成本較低的國度製造產品　(D) 刪減一些產品屬性

24. 平行輸入為無經由正式代理商進口的貨品，又通稱為
    (A) 黑市交易　　　　　　　　(B) 灰色市場
    (C) 走私商品　　　　　　　　(D) 期貨市場

25. 因應高通貨膨脹環境下的定價措施，下列何者為非？
    (A) 拉長對供應商的付款期間　(B) 和政府溝通或談判
    (C) 選擇在生產成本較低的國度製造產品　(D) 修改產品的成分降低一部份的成本

26. 相對貿易發生的主要原因，下列何者為非？
    (A) 因銀行體系無法有足夠貸款能力，提供給進口商
    (B) 缺乏強勢貨幣
    (C) 盛行於已開發國家
    (D) 當地外匯管制嚴格

27. 製造商為保護其在國內的競爭地位，又要避免發起可能傷害國內市場的價格戰，而拋售庫存向海外市場傾銷的作法是
    (A) 無心傾銷　　　　　　　　(B) 掠奪性傾銷
    (C) 零星傾銷　　　　　　　　(D) 聯合傾銷

28. 生產商為了在實現其規模經濟效益，並維持其國內價格的平衡，將其一部份商品持續以低於正常價值的價格，向海外市場傾銷的作法是
    (A) 無心傾銷　　　　　　　　(B) 掠奪性傾銷

(C) 零星傾銷　　　　　　　　　　　(D) 持續傾銷

29. 使產品的價格與其邊際成本相等，又稱為邊際成本定價法的定價方法是
    (A) 總成本定價　　　　　　　　　(B) 固定成本定價
    (C) 變動成本定價　　　　　　　　(D) 需求導向定價

30. 企業根據消費者需求狀況和不同反應以確定產品價格的法的定價方法是
    (A) 企業導向定價　　　　　　　　(B) 競爭導向定價
    (C) 成本導向定價　　　　　　　　(D) 需求導向定價

31. 因應競爭廠商傾銷的作法為下列何者？
    (A) 拉長對供應商的付款期間　　　(B) 產品升級及強化服務
    (C) 和該廠商政府談判　　　　　　(D) 修改產品的成份降低一部份的成本

32. 主張跨國公司應根據各出口市場的購買者需求、競爭狀況和成本，使企業中單一產品可能有多種出口價位，係屬於何種定價？
    (A) 全球標準價格　　　　　　　　(B) 全球調適價格
    (C) 當地調適價格　　　　　　　　(D) 雙重價格

33. 在全球的價格鎖定方式中，_____的主要目的是為了減低價格競爭的衝擊，或是根本去除價格競爭。
    (A) 無心傾銷　　　　　　　　　　(B) 支配性定價
    (C) 卡特爾　　　　　　　　　　　(D) 聯合傾銷

34. 國際企業因應地主國政府的價格管制措施，下列何者為非？
    (A) 逃避可能課徵之進口關稅　　　(B) 改變目標市場與區隔
    (C) 調整或修改現有產品的形式　　(D) 運用有利法規出口至當地

單元七答案

1. (C)	2. (A)	3. (D)	4. (B)	5. (C)
6. (A)	7. (D)	8. (B)	9. (D)	10. (A)
11. (C)	12. (A)	13. (B)	14. (D)	15. (A)
16. (A)	17. (B)	18. (C)	19. (D)	20. (D)
21. (B)	22. (C)	23. (D)	24. (B)	25. (B)
26. (C)	27. (C)	28. (D)	29. (C)	30. (D)
31. (B)	32. (C)	33. (B)	34. (A)	

單元八
全球行銷通路管理與運籌系統

考題

1. 下列何者是行銷通路存在所產生的主要效用？
   (A) 地點效用
   (B) 時間效用
   (C) 形式效用
   (D) 以上皆是

2. 有些零售商強調其產品以低溫宅配的方式送到消費者手中，以保持產品新鮮。請問這些零售商是為了維持何種通路效用？
   (A) 地點效用
   (B) 時間效用
   (C) 形式效用
   (D) 資訊效用

3. 下列有關消費者通路 (consumer channels) 與產業通路 (industrial channels) 的敘述何者正確？
   (A) 消費者通路通常 (包含較多的中間商) 較產業通路來得長
   (B) 產業通路通常 (包含較多的中間商) 較消費者通路來得長
   (C) 兩種通路都很長，包含很多中間商
   (D) 兩者都很短

4. 下列哪一種歐洲零售的概念在美國卻行不通？
   (A) 露天市集 (souks)
   (B) 超級賣場 (hypermarket)
   (C) 便利商店 (convenience stores)
   (D) 折扣商店 (discounting)

5. 以下哪一種商店型態著重在較為集中的產品特性、較為深度的商品組合型態，並強調服務的重要性？
   (A) 百貨公司
   (B) 便利商店
   (C) 專賣店
   (D) 折扣商店

6. 下列有關於對班尼頓 (Benetton)、IKEA 以及 GAP 的敘述,何者正確?
   (A) 產品類別不多,自有品牌
   (B) 產品類別不多,製造商品牌
   (C) 產品類別眾多,自有品牌
   (D) 產品類別眾多,製造商品牌

7. 實體配送與全球運籌系統不包含下列哪一項?
   (A) 訂單處理
   (B) 店內展示設計
   (C) 存貨管理
   (D) 運輸

8. 所謂存貨管理的精神為?
   (A) 決定要管理哪一種倉儲
   (B) 建立存貨通路
   (C) 控制存貨水準
   (D) 管理產品的實體配銷

9. 當一個公司使用聯運 (intermodal) 或多重 (multimodal) 聯運是指
   (A) 利用多重通路
   (B) 利用至少一條鐵路運輸路線
   (C) 使用至少一種以上的方式運載貨物
   (D) 同時使用 UPS 或 FedEx

10. 當貨輪從鹿特丹港運送 40 尺的貨櫃到美國紐約港後,再由鐵路把這些貨櫃運到西岸舊金山。接著部份的貨櫃又從舊金山港口,由貨輪載運往日本,請問應如何描述此情形?
    (A) 存貨管理
    (B) 超級行銷
    (C) 通路合作
    (D) 多重聯運

11. 當一個公司使用所謂的聯運 (intermodal) 模式運送貨物,乃表示其
    (A) 使用多重通路
    (B) 以鐵路運輸
    (C) 使用超過一種運輸模式
    (D) 使用直接通路

12. 沃爾瑪 (WalMart) 第一個美國境外設點的國家為?
    (A) 台灣
    (B) 墨西哥
    (C) 加拿大
    (D) 日本

13. 下列何者不屬於中間商的類型?
    (A) 配銷商
    (B) 經銷商
    (C) 代理商
    (D) 製造商

14. 國際通路之設計可分為下列哪兩類？
    (A) 空運與海運　　　　　　　　(B) 直接和間接
    (C) 國內和國外　　　　　　　　(D) 強制與自由加入

15. 下列何者不屬於國內貿易商？
    (A) EMC　　　　　　　　　　　(B) 出口貿易商
    (C) 出口經銷商　　　　　　　　(D) 貿易公司

16. 有關「實體配送」的議題，下列何者不是其相關問題？
    (A) 倉儲　　　　　　　　　　　(B) 訂單處理
    (C) 維修服務　　　　　　　　　(D) 運輸

17. 下列何者不屬於代表製造商之國內代理商？
    (A) EMC　　　　　　　　　　　(B) 出口掮客
    (C) 官方採購代理商　　　　　　(D) 合作出口商

18. 下列何者不屬於母國通路成員？
    (A) 母國掮客　　　　　　　　　(B) 製造商代理商
    (C) 採購中心　　　　　　　　　(D) 以上皆非

19. 影響國際通路決策因素可分為內部因素與外部因素，下列何項不是影響國際通路決策之「外部因素」？
    (A) 顧客特性　　　　　　　　　(B) 文化
    (C) 溝通　　　　　　　　　　　(D) 競爭

20. 以下何者不是造成灰色行銷或俗稱「水貨」現象的因素？
    (A) 昂貴的實體運配　　　　　　(B) 大量的價差
    (C) 有限的供應量　　　　　　　(D) 以上皆非

21. 下列何項不是企業因應「平行輸入」或「水貨」可採取之作法？
    (A) 供應不同版本產品　　　　　(B) 採取彈性價格政策
    (C) 教育消費者　　　　　　　　(D) 斷絕供應

22. 下列何者不是通路的成本？

(A) 維護成本 (B) 交涉成本
(C) 心理成本 (D) 初始成本

23. 公司或企業進行交易之雙方，其對彼此作業方式之熟識程度，稱為
    (A) 地點距離 (B) 時間距離
    (C) 技術距離 (D) 社會距離

24. 配銷密度包含三種策略選擇，下列何者為非？
    (A) 大量化配銷 (B) 選擇性配銷
    (C) 獨占性配銷 (D) 以上都不包含

25. 以下何者不屬於中間商的類型？
    (A) 配銷商 (B) 經銷商
    (C) 代理商 (D) 以上皆非

26. 以下敘述何者為真？
    (A) 整合配銷是指跨國公司會在外國市場進行投資，以便達成在該市場銷售產品的目的，或是能夠在更廣大的市場中銷售產品
    (B) 直接出口是指跨國公司和其母國的其他廠商接洽，由其擔任該跨國公司的銷售中間商，並負責所有全球的行銷運作
    (C) 間接出口是指跨國公司負責產品的海外行銷工作，通常是由其銷售給外國的顧客，或是尋找地主國當地的代理廠商在該國銷售其產品
    (D) 以上皆非

27. 若全國電子以低於售價的方式銷售 Sony 液晶電視機，此舉造成 Sony 公司的抗議，則此屬於哪一種通路衝突？
    (A) 垂直通路衝突 (B) 水平通路衝突
    (C) 多重通路衝突 (D) 通路間衝突

28. 在決定通路長度時，下列何者是最不需要考量的因素？
    (A) 產品體積數量
    (B) 銷售市場範圍大小
    (C) 產品是否不易儲存，或易損壞腐敗

(D) 產品分類是屬於日常用品、選購品或流行品

29. 以下有關自由貿易區的敘述，何者為非？
    (A) 自由貿易區是位於某一國內的一個區域，但是該區域被視為在該國的關稅領域之外
    (B) 對於在自由貿易區加工所發生的人力成本，仍需要課稅
    (C) 在該區域內的物品轉移是屬於國際商務的範圍
    (D) 以上皆非

30. 下列何種產品適合用密集式行銷？
    (A) 口香糖　　　　　　　　　　(B) BMW 汽車
    (C) Levi's 牛仔褲　　　　　　　(D) 數位相機

31. 下列何者不是全球供應鏈管理所包括的五個主要決策？
    (A) 全球訂單處理決策　　　　　(B) 全球物料處理決策
    (C) 全球定價處理決策　　　　　(D) 以上皆非

32. 全球通路的發展上，促成少數大規模零售商的趨勢，下列原因何者為非？
    (A) 有車人口的減少　　　　　　(B) 擁有冰箱的家庭數目增加
    (C) 職業婦女的增加　　　　　　(D) 以上皆非

33. 下列何者不是「實體配送」相關問題？
    (A) 倉儲　　　　　　　　　　　(B) 訂單處理
    (C) 運輸　　　　　　　　　　　(D) 維修服務

34. 下列何者不是自由貿易區的優點？
    (A) 較低的課稅基準　　　　　　(B) 稅賦的遞延與免除
    (C) 付款較為便利　　　　　　　(D) 以上皆非

35. 若通路決策是考慮銷售和獲利目標，則此為何種因素考量？
    (A) 公司目的　　　　　　　　　(B) 控制
    (C) 競爭　　　　　　　　　　　(D) 資本

36. 當公司成立自己的行銷通路來銷售商產品時，此種作法稱為？公司自行尋找並供應

生產所需的原料時，稱為？

(A) 向前整合 (forward integration)；向後整合 (backward integration)

(B) 向前整合；向前整合

(C) 向後整合；向後整合

(D) 向後整合；向前整合

37. 下列何者不是直效行銷？

(A) 電視購物 　　　　　　　　(B) 電話行銷

(C) 百貨公司 　　　　　　　　(D) 網路購物

單元八答案

1. (D)	2. (C)	3. (D)	4. (B)	5. (C)
6. (A)	7. (B)	8. (C)	9. (C)	10. (D)
11. (C)	12. (B)	13. (D)	14. (B)	15. (A)
16. (C)	17. (B)	18. (C)	19. (C)	20. (A)
21. (B)	22. (C)	23. (D)	24. (A)	25. (B)
26. (A)	27. (A)	28. (B)	29. (C)	30. (A)
31. (C)	32. (A)	33. (D)	34. (C)	35. (A)
36. (A)	37. (C)			

單元九
全球廣告與溝通策略

考題

1. 下列何項不是運用「地主國人員」為銷售人員之優點？
   (A) 成本較低
   (B) 熟悉消費者特性
   (C) 瞭解當地市場
   (D) 溝通較為容易

2. 對於便利品而言，何種促銷組合策略可以有效刺激消費者進行例行性的購買？
   (A) 人員銷售與促銷
   (B) 促銷與廣告
   (C) 人員銷售與廣告
   (D) 廣告與公共關係

3. 促銷策略有時會因為文化差異而失效，你認為沃爾瑪 (Walmart) 百貨在日本市場的「最低價」訊息，會受到日本人的
   (A) 熱愛
   (B) 上門大肆採購
   (C) 排斥
   (D) 重視

4. 若將全球廣告標準化可以獲得許多利益，以下何者不是廣告標準化的好處？
   (A) 捧紅廣告明星
   (B) 製造較佳品質廣告
   (C) 塑造全球品牌形象
   (D) 廣告平均成本

5. 經濟水準較低、消費者收入較低之國家，其一般民生用品最適合採取何種促銷方式？
   (A) 贈品
   (B) 樣品
   (C) 優惠組合
   (D) 競賽

6. 下列何者不是國際廣告預算編列的方法之一？
   (A) 仲裁法
   (B) 專家意見法

214

(C) 目標任務法　　　　　　　　(D) 競爭法

7. 下列何項不是「雜誌」廣告之優點？
   (A) 閱讀流通時間較長　　　　(B) 可以鎖定特定客群
   (C) 刊登時間較報紙有效率　　(D) 印刷較精美

8. 以下敘述何者為非？
   (A) 贊助行銷是指組織透過對於議題、事件或活動的公開支持，來直接或間接達成其行銷上的目的
   (B) 事件行銷是藉由將品牌與一有意義的文化、運動、社會或是社會高度關切的事件相結合，來進行的一種品牌推廣
   (C) 置入性行銷是指組織對於社會所表現出來的一種關懷，它們將消費者的購買行為和組織對於某一理念的金錢貢獻與支持連結在一起
   (D) 以上皆非

9. 下列何者屬於「拉」之策略？
   (A) 人員銷售　　　　　　　　(B) 經銷商激勵
   (C) 銷售激勵　　　　　　　　(D) 廣告

10. 為了維持「顧客知曉度」，則需使用何種行銷溝通方式？
    (A) 提升知名度　　　　　　　(B) 提醒
    (C) 說服　　　　　　　　　　(D) 告知

11. 下列何項產品較不適合採用標準化廣告？
    (A) 高科技產品　　　　　　　(B) 工業產品
    (C) 消費性產品　　　　　　　(D) 農產品

12. 一般而言，下列何種廣告代理商，較為瞭解國外當地情況，所製作的廣告也較能被當地接受？
    (A) 國內代理商　　　　　　　(B) 國際廣告聯盟
    (C) 國外當地代理商　　　　　(D) 國際廣告公司

13. 企業之行銷溝通模式，基本上可以分為哪兩種？

(A) 推與拉　　　　　　　　　(B) 上與下
(C) 前與後　　　　　　　　　(D) 左與右

14. 下列何項不屬於「當地銷售」的工具？
    (A) 贊助　　　　　　　　　(B) 樣本
    (C) 抽獎　　　　　　　　　(D) 折扣券

15. 有關海外合作廣告，下列敘述何者為非？
    (A) 具有在有限的預算下，跨國公司能獲得較多廣告的優點
    (B) 具有各國的廣告品質不一的缺點
    (C) 具有無法激勵地主國當地的配銷商進行更多推廣的缺點
    (D) 以上皆非

16. 有關銷售人員的型態中，下列何者為「支援型銷售人員」？
    (A) 銷售工程師　　　　　　(B) 銷售員
    (C) 內部訂單接受者　　　　(D) 訂單開發者

17. 在考量使用標準化或在地化的廣告訴求時，跨國公司應該考慮的因素中，以下何者為非？
    (A) 顧客消費系統的考量　　(B) 在地性顧客的考量
    (C) 媒體狀態的考量　　　　(D) 以上皆非

18. 有關廣告媒體的優缺點，以下敘述何者為非？
    (A) 戶外廣告成本低　　　　(B) 電視廣告較具彈性
    (C) 網際網路具高選擇性　　(D) 以上皆非

19. 有些店家會在店內張貼海報或其被電視、雜誌專訪之內容，此種宣傳手法屬於
    (A) 免費廣告　　　　　　　(B) 促銷
    (C) 直接行銷溝通　　　　　(D) 公共報導

20. 有關折價券的發放方式，下列何者易於用來瞭解消費者對價格的敏感度？
    (A) 派人沿街發放　　　　　(B) 提供網路下載
    (C) 折價券附有序號，以郵寄發送　(D) 刊登於平面媒體廣告

21. 下列何者不是直銷通路可使用的方式？
    (A) 電話促銷　　　　　　　　　　(B) 網站銷售
    (C) 型錄或目錄　　　　　　　　　(D) 以上皆是直銷通路可使用的方式

22. 公司在捷運站前發放產品試用包，下列關於此促銷方式之說法何者錯誤？
    (A) 稱為免費樣品促銷
    (B) 相對於其他促銷方式，成本較低
    (C) 經常使用於新產品上市或改良產品的推廣上
    (D) 有助於提升顧客的購買意願

23. 近幾年來，企業善因行銷 (cause-related marketing) 的活動越來越多，下列何者可能是善因行銷的主要目的？
    (A) 增加產品銷售　　　　　　　　(B) 建立良好的社會公益形象
    (C) 有力建立與競爭對手差異化的定位　(D) 以上皆是

24. 下列何種廣告的型態是全球公司較喜歡使用的？
    (A) 僅使用地方性廣告　　　　　　(B) 僅使用全球廣告
    (C) 地方性、全球性與地區性廣告均採用　(D) 廣泛的區域性廣告

25. 當公司成功創造出「全球性廣告」時，其可以獲得何種優勢？
    (A) 規模經濟　　　　　　　　　　(B) 更加貼近配銷通路
    (C) 可以獲得未開發市場的「先進優勢」　(D) 以上皆是

26. 當公司決定要選擇一個或多個廣告代理商時，其會將組織結構分權化，並且
    (A) 將此決策權下放給國外子公司的經理人
    (B) 由總部決定
    (C) 由母公司的行銷經理人決定
    (D) 以上皆非

27. 在許多情況下，例如麥當勞利用電視廣告呈現父母與小孩用餐的歡樂氣氛，此種廣告是使用了：
    (A) 理性訴求　　　　　　　　　　(B) 情感訴求
    (C) 恐嚇性訴求　　　　　　　　　(D) 以上皆是

28. 在選擇示範短片、生活片段，直接銷售，以及其他的廣告形式等，乃為一種
    (A) 創意的策略　　　　　　　　(B) 廣告的訴求
    (C) 銷售的主張　　　　　　　　(D) 創意執行

29. 在廣告產業中，下列何者的主要工作為選擇廣告圖片、圖形、廣告型態，以及其他視覺因素，並且需為廣告整體呈現負責？
    (A) 藝術總監　　　　　　　　　(B) 整合行銷經理
    (C) 版權商　　　　　　　　　　(D) 公共關係經理

30. 以下何者不是「銷售促進」(sales promotions) 策略的優勢？
    (A) 提供消費者實質的誘因　　　(B) 為行銷經理之權責
    (C) 使公司得以建立其資料庫　　(D) 建立長期的品牌知名度

31. 廠商使用下列何種銷售促進策略最能使消費者願意嘗試他們的產品？
    (A) 樣品　　　　　　　　　　　(B) 折價券
    (C) 抽獎　　　　　　　　　　　(D) 夾報廣告

32. 下列何者不是策略性銷售模式的步驟之一？
    (A) 制定個人銷售理念　　　　　(B) 發展顧客關係策略
    (C) 發展產品策略　　　　　　　(D) 發展我族中心主義政策

33. 若一多國企業採行我族中心主義導向，則其使用的銷售人員較可能是
    (A) 地主國人員　　　　　　　　(B) 第三國人員
    (C) 不限國籍　　　　　　　　　(D) 外派人員 (expatriate)

34. 多國籍公司使用外派人員為銷售人員，主要想利用哪一種優勢？
    (A) 對公司產品與公司均較為瞭解　(B) 總部可以保有控制力
    (C) 可以使公司瞭解與獲得海外的經驗　(D) 以上皆是

35. 何種情況下，多國籍公司會使用地主國的銷售代理商？
    (A) 已開發國家／高科技產品　　(B) 已開發國家／非高科技產品
    (C) 低開發國家／高科技產品　　(D) 低開發國家／非高科技產品

36. 在何種情況下，一個「區域性導向」的公司會採用第三國籍的銷售代理商？

(A) 已開發國家 / 高科技產品 　　　　(B) 已開發國家 / 非高科技產品
(C) 低開發國家 / 高科技產品 　　　　(D) 低開發國家 / 非高科技產品

37. 若一個公司並非採行「我族中心主義導向」，則其可能的採用的銷售代理商模式為
    (A) 已開發國家 / 高科技產品 　　　　(B) 已開發國家 / 非高科技產品
    (C) 低開發國家 / 高科技產品 　　　　(D) 低開發國家 / 非高科技產品

38. 在哪一個區域中，美國與西歐的公司最喜歡使用銷售代理商？
    (A) 非洲 　　　　　　　　　　　　　(B) 拉丁美洲
    (C) 東南亞 　　　　　　　　　　　　(D) 西歐

39. 下列哪一種環境特徵會影響廠商在歐洲的直接行銷 (direct marketing) ？
    (A) 有關隱私權保護的歐盟委員會　　(B) 部份國家頗高的郵寄費用
    (C) 遞送服務尚未發展齊全　　　　　(D) 以上皆是

40. 一般而言，全球大概有將近三分之二的贊助是配置在
    (A) 藝術方面 　　　　　　　　　　　(B) 善因 (人文、環境保護)
    (C) 運動賽事 　　　　　　　　　　　(D) 節慶、商展、年度事件

41. 知名家具商 IKEA 的總部位於
    (A) 荷蘭 　　　　　　　　　　　　　(B) 德國
    (C) 丹麥 　　　　　　　　　　　　　(D) 瑞典

單元九答案

1. (D)	2. (B)	3. (C)	4. (C)	5. (C)
6. (B)	7. (D)	8. (C)	9. (D)	10. (B)
11. (D)	12. (C)	13. (A)	14. (A)	15. (C)
16. (A)	17. (B)	18. (B)	19. (D)	20. (C)
21. (D)	22. (B)	23. (D)	24. (C)	25. (D)
26. (A)	27. (B)	28. (D)	29. (A)	30. (D)
31. (A)	32. (D)	33. (D)	34. (D)	35. (D)
36. (D)	37. (D)	38. (A)	39. (D)	40. (C)
41. (D)				

單元十 全球行銷之組織與控制

考題

1. 下列何項不是影響國際行銷組織規劃之企業內部因素？
   (A) 當地政府法令　　　　　　(B) 國際銷售重要性
   (C) 國際行銷人才　　　　　　(D) 國際市場差異化

2. 經濟性投入程度，可能影響組織設計，此為
   (A) 企業外部因素　　　　　　(B) 企業內部因素
   (C) 控制因素　　　　　　　　(D) 政府因素

3. 在組織的控制型態中，以明確的規定與準則，明白訂出欲達成的績效水準，此稱為
   (A) 階層／正式控制　　　　　(B) 集權控制
   (C) 文化控制　　　　　　　　(D) 結果控制

4. 台北和倫敦有時差，可能影響組織設計，此為何種因素？
   (A) 企業外部因素　　　　　　(B) 企業內部因素
   (C) 控制因素　　　　　　　　(D) 政府因素

5. 若母公司採追求全球效率策略，各海外子公司主要扮演著執行母公司策略之角色，此為
   (A) 分權聯邦　　　　　　　　(B) 協調聯邦
   (C) 集權中樞　　　　　　　　(D) 跨國組織之整合網路

6. 下列何項不為「全球組織架構」下之組織型態？
   (A) 矩陣式組織　　　　　　　(B) 國際區域組織架構
   (C) 全球產品組織架構　　　　(D) 全球區域組織架構

221

7. 以「全球產品架構」為主之組織型態，主要優點為？
   (A) 瞭解產品特色　　　　　　　　(B) 提升市場競爭力
   (C) 建立整體形象　　　　　　　　(D) 爭取政府補貼

8. 以下何者不是企業採用「矩陣組織」之原因？
   (A) 為了產品專業　　　　　　　　(B) 為了使企業部門分工更明確
   (C) 為了追求地理區位的專業　　　(D) 為了瞭解全球顧客認知

9. 若母公司採有彈性的策略擬定，使各地子公司能回應各國所需，並利用當地的市場機會，維持自給自足的地位，此為
   (A) 分權聯邦　　　　　　　　　　(B) 協調聯邦
   (C) 集權中樞　　　　　　　　　　(D) 跨國組織之整合網路

10. 下列哪一種組織設計可以整合地理區位、產品、功能性競爭力，以及顧客知識？
    (A) 國際部門結構　　　　　　　　(B) 地理區位結構
    (C) 矩陣式結構　　　　　　　　　(D) 世界產品部門結構

11. 下列何項不是實施「矩陣組織」之條件？
    (A) 企業部門分工明確　　　　　　(B) 瞭解全球顧客認知
    (C) 地理專業　　　　　　　　　　(D) 產品專業

12. 以全世界市場為中心，所有員工可以來自於各地區，重要階層則以能力為任用導向，此為
    (A) 本國中心主義　　　　　　　　(B) 我族中心主義
    (C) 多元中心主義　　　　　　　　(D) 全球中心主義

13. 考量「國際控制」時下列何項不是其基本原則？
    (A) 建立標準　　　　　　　　　　(B) 績效評估
    (C) 獎懲　　　　　　　　　　　　(D) 分析差異

14. 以下何者不屬於協調的程序之一？
    (A) 集權化　　　　　　　　　　　(B) 正式化
    (C) 社會化　　　　　　　　　　　(D) 分權化

15. 下列何項不是採行預算制度優點？
    (A) 訓練人員規劃能力　　　　　　(B) 衡量各子公司績效
    (C) 規劃全球產能　　　　　　　　(D) 有效分配資源

16. 某些落後國家其通訊基礎建設不足，國際企業必定要在當地派駐人員以解決各項經營問題，因而可能影響組織設計，請問此為影響組織設計的何種因素？
    (A) 企業外部因素　　　　　　　　(B) 企業內部因素
    (C) 控制因素　　　　　　　　　　(D) 政府因素

17. 行銷企劃思考中，首先需思考？
    (A) what, why, how　　　　　　　(B) when, what, where
    (C) why, where, how　　　　　　 (D) when where, why

18. 全球行銷常用的整合機制中，不包括下列何者？
    (A) 非正式的協調　　　　　　　　(B) 正式的協調
    (C) 協調委員會　　　　　　　　　(D) 以上皆非

19. 下列何項不是行銷企劃書之三種目標？
    (A) 銷售數量　　　　　　　　　　(B) 市場佔有率
    (C) 人員異動率　　　　　　　　　(D) 獲利金額

20. 在評估差距並且採取必要的修正行動時，跨國公司發現差距存在時，首先要先判定差距的來源，而下列何者不是差距的來源？
    (A) 實際績效太差　　　　　　　　(B) 目標訂得不切實際
    (C) 心理認知差異　　　　　　　　(D) 以上皆非

21. 銷售地區差異程度，可影響組織結構設計，此稱為
    (A) 企業外部因素　　　　　　　　(B) 企業內部因素
    (C) 控制因素　　　　　　　　　　(D) 政府因素

22. 在組織的控制型態中，以預算和規劃系統、制定之報告系統與各項功能手冊指引企業各項功能的運作，此為
    (A) 階層/正式控制　　　　　　　 (B) 集權控制

(C) 文化控制 (D) 結果控制

23. 在現今動態的國際競爭環境中，組織必須發展新型態的_____。
    (A) 自我中心主義與視野 (B) 彈性、效率與回應
    (C) 出口部門結構 (D) 自我參考準則

單元十答案

1. (A)	2. (B)	3. (B)	4. (A)	5. (C)
6. (C)	7. (B)	8. (B)	9. (A)	10. (C)
11. (A)	12. (D)	13. (C)	14. (D)	15. (A)
16. (A)	17. (A)	18. (B)	19. (C)	20. (C)
21. (B)	22. (A)	23. (B)		

練習題題庫

第一回

考題

1. 對於便利品而言,何種促銷組合策略可以有效刺激消費者進行例行性的購買?
   (A) 人員銷售與促銷
   (B) 促銷與廣告
   (C) 人員銷售與廣告
   (D) 廣告與公共關係

2. 以下敘述何者為非?
   (A) 贊助行銷是指組織透過對於議題、事件或活動的公開支持,來直接或間接達成其行銷上的目的
   (B) 事件行銷是藉由將品牌與一有意義的文化、運動、社會或是社會高度關切的事件相結合,來進行的一種品牌推廣
   (C) 置入性行銷是指組織對於社會所表現出來的一種關懷,它們將消費者的購買行為和組織對於某一理念的金錢貢獻與支持連結在一起
   (D) 以上皆非

3. 公司在捷運站前發放產品試用包,下列關於此促銷方式之說法何者錯誤?
   (A) 稱為免費樣品促銷
   (B) 相對於其他促銷方式,成本較低
   (C) 經常使用於新產品上市或改良產品的推廣上
   (D) 有助於提升顧客的購買意願

4. 下列哪一種環境特徵會影響廠商在歐洲的直接行銷 (direct marketing)?
   (A) 有關隱私權保護的歐盟委員會
   (B) 部份國家頗高的郵寄費用
   (C) 遞送服務尚未發展齊全
   (D) 以上皆是

5. 若母公司採追求全球效率策略,各海外子公司主要扮演著執行母公司策略之角色,

此為
(A) 分權聯邦
(B) 協調聯邦
(C) 集權中樞
(D) 跨國組織之整合網路

6. 下列何項不是採行預算制度優點？
(A) 訓練人員規劃能力
(B) 衡量各子公司績效
(C) 規劃全球產能
(D) 有效分配資源

7. 某些落後國家其通訊基礎建設不足，國際企業必定要在當地派駐人員以解決各項經營問題，因而可能影響組織設計，請問此為影響組織設計的何種因素？
(A) 企業外部因素
(B) 企業內部因素
(C) 控制因素
(D) 政府因素

8. 在評估差距並且採取必要的修正行動時，跨國公司發現差距存在時，首先要先判定差距的來源，而下列何者不是差距的來源？
(A) 實際績效太差
(B) 目標訂得不切實際
(C) 心理認知差異
(D) 以上皆非

9. 若銀行要求進口商簽發本票或信託收據 (T/R) 先向銀行領取單據辦理提貨時，此多半發生於何種方式的進口結匯？
(A) 全額開狀時
(B) 承兌交單 (D/A)
(C) 遠期信用狀
(D) 分期付款交易時

10. 當出口商辦理出口押匯時，除信用狀另有規定外，出示下列何種單證將會被拒付？
(A) 單據日期早於 LC 開狀日期
(B) 保險生效日早於提單簽發日
(C) 提單託運人並非 LC 之受益人
(D) 商業發票上的抬頭並非 LC 之開狀申請人

11. 出口押匯所適用之外匯或匯率，下列何者錯誤？
(A) 銀行牌告買入匯率
(B) 銀行牌告賣出匯率
(C) 預先辦妥之預售遠期匯率
(D) 銀行櫃檯交易賣出匯率

12. 在託收交易下，匯票 (Bill of Exchange) 之付款人通常為
    (A) 代收銀行　　　　　　　　(B) 進口商
    (C) 提示銀行　　　　　　　　(D) 出口商

13. 依我國《海商法》第151條規定：「要保人或被保險人自接到貨物之日起，_____內不將貨物所受損害通知保險人或其代理人時，視為無損害。」
    (A) 1 個月　　　　　　　　　(B) 6 個月
    (C) 1 年　　　　　　　　　　(D) 2 年

14. 以 FOB 貿易條件向泰國進口沙蝦，收到的貨物因硼砂含量超過正常值，以致無法使用時，可向誰提出索賠？
    (A) 船公司　　　　　　　　　(B) 保險公司
    (C) 簽約的出口商　　　　　　(D) 出口商的供應商

15. 針對貨物毀損或滅失，運送人對下列何種事由必須負擔賠償責任？
    (A) 運送人未經託運人同意將貨物裝載甲板上致受損害
    (B) 貨物外包裝完好但箱內件數短少
    (C) 託運時未告知危險品，運送人逕將其投棄
    (D) 進行人道救援偏離航道，導致貨主受損失

16. 下列何者不是策略聯盟的特性？
    (A) 夥伴的願景與努力是全球化的
    (B) 參與者仍然保有獨立與自主
    (C) 參與者可以享受來自於彼此的合作利益
    (D) 參與者對於技術、產品和其他策略領域的貢獻有一定的限制

17. 基於保護導向下，當市場為新興狀態時，採取下列何種方式為最佳選擇？
    (A) 獨立子公司　　　　　　　(B) 直接出口
    (C) 授權　　　　　　　　　　(D) 合資

18. 下列何者不是出口模式的缺點？
    (A) 產品到達地主國市場所需時間長　　(B) 可避開關稅及非關稅壁壘
    (C) 較難掌控市場需求變化　　　　　　(D) 產品運輸成本高

19. 下列敘述何者錯誤？
    (A) 通常加盟合約會比授權合約更完整
    (B) 加盟者必須共同承擔市場開發成本及風險
    (C) 加盟授予者與加盟者具有更長期的承諾
    (D) 加盟授予者可以較低成本開拓市場版圖

20. 公司能提供消費者在實體商品之外更多的服務與利益，例如免費安裝、檢修服務、送貨、產品保證及技術人員培訓等，是為了與競爭者有效競爭，所發展出來的產品屬性屬於何種產品概念？
    (A) 擴大產品　　　　　　　　　　(B) 核心產品
    (C) 有形產品　　　　　　　　　　(D) 基本產品

21. 消費者在制定購買決策之前，便可以區分產品品質的好壞，例如衣服、家具等，是指下列何者？
    (A) 搜尋品　　　　　　　　　　　(B) 經驗品
    (C) 選購品　　　　　　　　　　　(D) 信賴品

22. 七喜汽水強調它與可樂類飲料不同，不含咖啡因，並以「非可樂」定位，屬於何種定位策略？
    (A) 特質或利益　　　　　　　　　(B) 產品屬性
    (C) 產品種類　　　　　　　　　　(D) 競爭者定位

23. 我國目前已加入下列哪些國際貿易合作組織所標示的成員：a. APEC；b. ASEAN；c. TPP；d. RCEP；e. WTO
    (A) a b e　　　　　　　　　　　 (B) a b e
    (C) a c e　　　　　　　　　　　 (D) a e

24. 東協 (ASEAN) 加「六」係指東協加中、日、韓與其餘哪三國？
    (A) 孟加拉、印度、巴勒斯坦　　　(B) 印度、沙烏地阿拉伯、埃及
    (C) 美國、加拿大、墨西哥　　　　(D) 印度、澳洲、紐西蘭

25. 廠商出口貨品至巴拿馬，如要適用自由貿易協定之優惠關稅待遇，必須在貨品出口前簽署

(A) 匯票 (B) 原產地證明書
(C) 公證報告 (D) 檢驗證明書

26. 台灣的商家為能確保消費者所花的錢有更多的比例進到供應國小農夫的手中，可以向何種類的貿易組織取得認證？
    (A) 自由貿易 (B) 公平貿易
    (C) 配額貿易 (D) 相對貿易

27. 出口商在從事國際貿易時，應辦理事項如下：a. 出口報關；b. 辦理出口押匯；c. 審查信用狀；d. 貨物裝船；e. 製作單證，其正確處理程序為
    (A) abcde (B) deabc
    (C) cadbe (D) cadeb

28. 下列敘述何者正確？
    (A) 自家工廠倉庫可向政府申請為保稅倉庫
    (B) 保稅區加工為成品之貨物進入國內市場，不須補繳關稅
    (C) 不須辦理進口通關作業
    (D) 加工後出售於課稅區之廠商時，仍需課稅

29. 在我國，下列有關貿易流程安排之敘述何者錯誤？
    (A) 所有有形商品均應申請報關
    (B) 出口貨物完成通關裝船後，由大副簽發託運人提單
    (C) 出口商應訂艙單辦理出口報關
    (D) 進口商應持提單向船公司換取小提單，已辦理進口通關提貨

30. 國際行銷研究人員欲瞭解當地市場對所欲推出的產品的設定價格水準接受度，為下列何項研究？
    (A) 產品研究 (B) 價格研究
    (C) 通路研究 (D) 廣告研究

31. 以下哪一個方法是透過消費者的行為或意見來瞭解消費者本身對產品或產品的相關的問題？
    (A) 層級分析法 (B) 修正式德菲法

(C) 資料庫管理 (D) 焦點團體訪談法

32. 國際行銷研究人員在發放書面問卷前，必須先對當地教育水準進行瞭解，主要是因為何種考量？
    (A) 資料取得問題 (B) 識字率問題
    (C) 文化障礙 (D) 政治因素

33. 在區隔之後，每個市場區隔的規模大小及其購買力都可以清楚衡量，此即市場區隔變數的。
    (A) 可接近性 (B) 可衡量性
    (C) 可回應性 (D) 足量性

34. 由於國內許多原物料需仰賴進口供給，這對汽車零組件製造廠商而言，因議價的空間有限，對廠商造成的衝擊也相當大，此為五力分析中的哪一項？
    (A) 潛在競爭者的威脅 (B) 客戶的議價能力
    (C) 替代品或服務的威脅 (D) 供應商的議價能力

35. 企業以低於競爭者的成本來生產產品，通常是靠規模化經營來實現，係採下列何種策略？
    (A) 成本領導策略 (B) 產品差異化策略
    (C) 成本焦點策略 (D) 差異化焦點策略

36. 針對地主國市場國民生產毛額及物價指數等分析，此為國家市場特性評估的哪一項目？
    (A) 總體環境分析 (B) 市場機會評估
    (C) 產業競爭評估 (D) 企業內部評估

37. 制定國際貿易解釋規則之目的在於
    (A) 改善國際關係、增加交易機會 (B) 交易條件標準化、減少貿易糾紛
    (C) 提高經營者信譽、減少惡意索賠 (D) 創造貿易機會、賺取外匯收益

38. 對於從事三角貿易而言，就擔任實際出口商之買方及實際進口商之賣方而言，以何種貿易條件最為理想？

(A) CFR、CIF 條件 　　　　　　　(B) CFR、FOB 條件
(C) FOB、C&I 條件 　　　　　　　(D) CFR、C&I 條件

39. 匯票之到期日若為 60 days after sight 時，則自何日起算 60 天到期？
    (A) 見票後 　　　　　　　　　　(B) 押匯日後
    (C) 提單簽發日後 　　　　　　　(D) 進口商承兌後

40. 依據 UCP600 之規定，貨物投保貨物運輸保險，應以何種幣別投保？
    (A) 出口國的貨幣 　　　　　　　(B) 進口國的貨幣
    (C) LC 相同的貨幣 　　　　　　 (D) 目前較強勢貨幣

41. Panacea 公司擬以 D/A 付款條件與巴西進口商交易，如欲降低對方屆時不付款及運輸途中發生危險的損失，應採行何種交易？
    (A) FCA 　　　　　　　　　　　(B) C&I
    (C) CPT 　　　　　　　　　　　(D) CIP

42. 下列行為何者為 Invitation of offer？
    (A) 電報報價 　　　　　　　　　(B) 聯合報價
    (C) 口頭報價 　　　　　　　　　(D) 向非特定人報價

43. 買方來電：「我們接受貴公司 10 月 10 日的報價，但貿易條件 FOB 請修改為 CIF」，請問該磋商屬於下列哪一項？
    (A) 有條件接受 　　　　　　　　(B) 有條件報價
    (C) 還價 　　　　　　　　　　　(D) 報價

44. Panacea 公司收到由國外從未往來的某商寄發的一封 Proforma Invoice，該信的性質屬於
    (A) 貿易契約 　　　　　　　　　(B) 訂單
    (C) 報價單 　　　　　　　　　　(D) 商業發票

45. 有關定期船與不定期船的比較，下列何者較適當？
    (A) 不定期船運大多透過廣告招攬生意　(B) 不定期船運會個別訂定運送契約
    (C) 定期船運大多透過經紀人招攬生意　(D) 定期船運大都以大宗貨物為主

46. 以 D/P 或 D/A 交易並以空運出貨，出口商為了要規避進口商未付款或承兌即提領貨物的風險，空運提單上的 consignee 欄位應填
    (A) 出口商
    (B) 託收銀行
    (C) 代收銀行
    (D) 進口商

47. 下列何者屬於 ICC (A) 除外不保的項目？
    (A) 第三者惡意或故意行為所導致的損失
    (B) 地震、火山爆發、雷擊等
    (C) 放射性裝置或武器所導致的損失
    (D) 竊盜或短少

48. 當貿易條件為 CIF 或 CIP 時，若雙方未約定貨物運輸保險投保內容時，下列敘述何者較適當？
    (A) 保險金額為發票金額或 CIF、CIP
    (B) 至少投保 ICC (B) 險
    (C) 保險幣別由雙方自行約定
    (D) 理賠地點為買方所在地或貨物目的地 (港)

49. 出口茶葉並已投保，而保險單據有 Franchise 3% 條款，貨物價值為 100,000 美元，保險金額為 110,000 美元，如果實際發生損害 USD 3,200，則保險公司應賠償金額為少？
    (A) 110,000 美元
    (B) 3,300 美元
    (C) USD 3,200
    (D) 不予賠償

50. 下列何者不是投保輸出保險之目的？
    (A) 不以營利為目的，其承保機構為中國輸出入銀行
    (B) 承保國家發生政治危險導致開狀銀行不付款所生的損失
    (C) 承保信用危險包括開狀銀行、進口商倒閉、宣告破產致無力償債、不承兌匯票風險
    (D) 保險金額為發票金額的 110%

51. 若甲公司對外報價為 CFR New York 每公噸 500 美元給乙公司，而乙要求改報 CIFC 8% 價格，已知保險費率為 2%，保險加成按照國際慣例，則修改後報價應為
    (A) USD 555.70
    (B) USD 557.80

(C) USD 558.92   (D) USD 560.00

52. 若甲公司出口一批貨物共 40 箱，每箱體積 20×20×20，淨重 145 kgs，毛重 150 kgs。如果船公司併櫃之運費報價為 W/M = USD 100.00，則該批貨物運費為多少？
    (A) USD 524.38   (B) USD 555.86
    (C) USD 600.00   (D) USD 680.50

53. 以 CIF 貿易條件交易，賣方的發票金額為 USD 56,000，其中運費為 USD 5,000，保費為 USD 1,000，如果沒有約定保險金額，則保險金額應為
    (A) 56,000   (B) 61,600
    (C) 62,000   (D) 68,200

54. Though we have reminded you for the settlement of the overdue amount of US$5,861.43 in our letter of May 5, now we still have not yet received your _____.
    (A) remittance   (B) account
    (C) transfer   (D) pay

55. "We are pleased to confirm that 45 cases of canned goods are ready for dispatch per S.S. Ever Han, the ETD is...", this letter is a
    (A) contract letter   (B) shipping instruction
    (C) shipping advice   (D) shipping document

56. 迪士尼起源於美國，其努力發展一套整合的行銷策略，將全球視為一個潛在的市場，其市場哲學為
    (A) 區域中心導向   (B) 全球中心導向
    (C) 多元中心導向   (D) 市場中心導向

57. 企業以全球各國或地區所提供之最低或最有效率生產因素考量，例如美國波音之 777 大型客機，其飛機零件、機門和機翼等不同部份由不同的各國廠商提供之生產作法稱為
    (A) 市場全球化   (B) 生產全球化
    (C) 規模經濟化   (D) 生產管道多元化

58. 有關報價 (Offer) 之敘述，下列何者不適當？
   (A) 買賣雙方均可能發出
   (B) 一定要用書面方式為之
   (C) 穩固報價對報價者具有法律約束力
   (D) 還價視為新的報價

59. 若 LC 規定有效期限為 5 月 25 日，最後裝船日為 5 月 10 日，且 LC 並無規定押匯日期，若提單裝船日期為 5 月 2 日，請問提示單據辦理押匯之最後期限為何？
   (A) 5 月 17 日
   (B) 5 月 22 日
   (C) 5 月 23 日
   (D) 5 月 25 日

60. 下列何者非跟單信用狀？
   (A) 直接信用狀
   (B) 轉開信用狀
   (C) 延遲付款信用狀
   (D) 擔保信用狀

61. 當押匯銀行發現出口商押匯所附的文件有嚴重瑕疵時，通常不採取下列何種處理方式？
   (A) 請出口商自行修改
   (B) 修改信用狀
   (C) 電報押匯
   (D) 改為託收方式處理

62. 下列有關信用狀修改之敘述，何者正確？
   (A) 開狀銀行自簽發修改書時起即受不可撤銷之拘束
   (B) 受益人對同一修改書部份接受，將視其為對該修改書接受
   (C) 在未限定押匯信用狀下，修改書應經押匯銀行通知
   (D) 受益人可對修改通知書中的內容有選擇地接受

63. 下列哪一種提單若 LC 沒有特別提及，出口商在押匯時有被拒絕的風險？
   (A) 背面空白提單
   (B) 裝船日早於 LC 開狀日期
   (C) 傭船提單
   (D) 貨櫃提單

64. 若信用狀上規定提單必須 "Blank in Endorsed"，意指該份提單出口商如何處理才正確？
   (A) 出口商背書後交由押匯銀行背書，並寄到開狀銀行求償
   (B) 無須背書
   (C) 空白背書

(D) 記名式背書

65. 以下敘述何者為真？
    (A) 整合配銷是指跨國公司會在外國市場進行投資，以便達成在該市場銷售產品的目的，或是能夠在更廣大的市場中銷售產品
    (B) 直接出口是指跨國公司和其母國的其他廠商接洽，由其擔任該跨國公司的銷售中間商，並負責所有全球的行銷運作
    (C) 間接出口是指跨國公司負責產品的海外行銷工作，通常是由其銷售給外國的顧客，或是尋找地主國當地的代理廠商在該國銷售其產品
    (D) 以上皆非

66. 下列何者不是直效行銷？
    (A) 電視購物   (B) 電話行銷
    (C) 百貨公司   (D) 網路購物

67. 以下何者不是企業要尋求全球市場的原因？
    (A) 被動地接受國外訂單
    (B) 因為國內市場漸趨成熟，於是赴海外尋求市場機會
    (C) 追隨客戶外移
    (D) 主動加入國際組織後的必然趨勢

68. 網際網路的快速發展，帶來人類劃時代的革命，也增進跨國電子商務 (electronic commerce，或稱為 e-commerce) 的交易。若是網站經營者不負責物流，而是協助市場資訊的匯集，以及建立信用評等制度，例如美國 eBay，稱為
    (A) B2C   (B) C2C
    (C) C2B   (D) B2B

69. 下列敘述何者為是？
    (A) 配額是指一個國家對於輸入商品的數量限制
    (B) 歐盟是一個關稅聯盟
    (C) 社會主義制度下，消費者對於資源的分配有很大的權力
    (D) 經濟聯盟亦稱為共同市場聯盟

70. 以下哪一個不是歐元取代歐盟各國的貨幣所造成的影響？
    (A) 將終結美元獨霸市場
    (B) 影響基金經理人的投資組合
    (C) 影響各國央行外匯存底的準備
    (D) 解除制定貿易配額

71. ECFA 為中華民國政府於 2009 年所提出，總統馬英九視為加強台灣經濟發展的重要政策，其代表意義為
    (A) 兩岸服務貿易合作框架協議
    (B) 兩岸經濟合作框架協議
    (C) 兩岸政治合作框架協議
    (D) 兩岸法律合作框架協議

72. 2010 年發生的歐債危機，主要源自希臘急於援用鉅額融資來設法支付大量到期公債，以避免出現債務違約的風險。有鑑於此，歐元區國家與在 2010 年 5 月 2 日同意向希臘提供總值 1,100 億歐元貸款。
    (A) 國際貨幣基金
    (B) 世界銀行
    (C) 關稅暨貿易總協定
    (D) 世界貿易組織

73. 台灣電腦業者針對中國大陸市場消費者之消費型態進行瞭解，係屬於下列何種研究？
    (A) 產品研究
    (B) 價格研究
    (C) 通路研究
    (D) 推廣研究

74. 當不同的國家市場存在極大的差異，且其市場潛力相當大時，適合採行下列何種國際行銷策略？
    (A) 產品延伸—溝通延伸策略
    (B) 產品延伸—溝通調適策略
    (C) 產品調適—溝通延伸策略
    (D) 產品調適—溝通調適策略

75. 下列何項不是企業避免價格攀升手段？
    (A) 刪減某些產品屬性
    (B) 重新安排通路
    (C) 在國外生產或組裝產品
    (D) 要求政府補貼

76. 下列何項不是執行滲透定價的先決條件？
    (A) 消費者對價格的敏感度很低
    (B) 可透過經濟規模降低生產成本
    (C) 可對新競爭者產生嚇阻作用
    (D) 消費者對價格的敏感度很高

77. 在新產品上市初期,因市場對價格敏感度高,以低價銷售,其目的在於快速提高市場佔有率之定價法為
    (A) 組合產品定價　　　　　　　　(B) 市場滲透定價
    (C) 截取市場精華定價　　　　　　(D) 追隨競爭定價

78. 主張跨國公司應根據各出口市場的購買者需求、競爭狀況和成本,使企業中單一產品可能有多種出口價位,係屬於何種定價?
    (A) 全球標準價格　　　　　　　　(B) 全球調適價格
    (C) 當地調適價格　　　　　　　　(D) 雙重價格

79. 下列有關消費者通路 (consumer channels) 與產業通路 (industrial channels) 的敘述何者正確?
    (A) 消費者通路通常 (包含較多的中間商) 較產業通路來得長
    (B) 產業通路通常 (包含較多的中間商) 較消費者通路來得長
    (C) 兩種通路都很長,包含很多中間商
    (D) 兩者都很短

80. 當貨輪從鹿特丹港運送 40 尺的貨櫃到美國紐約港後,再由鐵路把這些貨櫃運到西岸舊金山。接著部份的貨櫃又從舊金山港口,由貨輪載運往日本,請問應如何描述此情形?
    (A) 存貨管理　　　　　　　　　　(B) 超級行銷
    (C) 通路合作　　　　　　　　　　(D) 多重聯運

第一回答案

1. (B)	2. (C)	3. (B)	4. (D)	5. (C)
6. (A)	7. (A)	8. (C)	9. (C)	10. (D)
11. (B)	12. (B)	13. (B)	14. (C)	15. (A)
16. (D)	17. (D)	18. (B)	19. (B)	20. (A)
21. (A)	22. (B)	23. (D)	24. (D)	25. (B)
26. (B)	27. (D)	28. (D)	29. (B)	30. (B)
31. (D)	32. (B)	33. (B)	34. (D)	35. (A)
36. (A)	37. (B)	38. (D)	39. (A)	40. (C)
41. (B)	42. (D)	43. (C)	44. (C)	45. (B)
46. (C)	47. (C)	48. (D)	49. (C)	50. (D)
51. (A)	52. (C)	53. (B)	54. (A)	55. (C)
56. (B)	57. (B)	58. (B)	59. (C)	60. (D)
61. (A)	62. (A)	63. (C)	64. (C)	65. (A)
66. (C)	67. (D)	68. (B)	69. (C)	70. (D)
71. (B)	72. (A)	73. (C)	74. (D)	75. (D)
76. (A)	77. (B)	78. (C)	79. (D)	80. (D)

第二回

考題

1. 自有公司模式的優點,下列何者為非?
   (A) 所需承擔的成本與風險有限
   (B) 完全沒有技術外流的問題
   (C) 控制力高
   (D) 比較容易進行策略的整合

2. 若產品溝通調適性高,市場成長率高,適合採用下列哪一擴散策略?
   (A) 灑水車策略
   (B) 多角化策略
   (C) 瀑布策略
   (D) 專注策略

3. 日本羽田汽車公司與法國標緻汽車公司,合作生產汽車,此為下列何種聯盟方式?
   (A) 製造聯盟
   (B) 技術聯盟
   (C) 配銷聯盟
   (D) 以上皆非

4. 下列何者不是技術授權的優點?
   (A) 投入成本不高
   (B) 為進入主要市場的最佳方案
   (C) 可克服進口限制
   (D) 可快速擴充產品產能

5. 歐盟總部所在地位於歐洲哪一個國家?
   (A) 法國
   (B) 比利時
   (C) 德國
   (D) 希臘

6. 聯合國自 1994 年起,150 個國家在紐約聯合國總部通過了《聯合國氣候變化綱要公約》(UNFCCC),其後每年開一次締約國大會。第三次締約國大會成為國際法是扭轉全球氣候變化的第一步,稱為
   (A) Montreal Protocol
   (B) Kyoto Protocol
   (C) Washington Convention
   (D) Rio Declaration

7. 根據《貿易法》第 17 條規定，出進口人有違反執業禁止之行為時，經濟部國際貿易局得予以
   (A) 處新台幣 5 萬元以上，50 萬元以下罰鍰
   (B) 停止其 1 個月以上，1 年以下輸出入貨品
   (C) 撤銷其出進口廠商登記
   (D) 以上皆是

8. 下列何者非我國《貿易法》之立法宗旨？
   (A) 健全貿易秩序，增進國家之經濟利益
   (B) 公平及互惠原則
   (C) 《貿易法》未規定者，不適用其他法律之規定
   (D) 資本自由化、國際化精神

9. 下列有關於對班尼頓 (Benetton)、IKEA 以及 GAP 的敘述，何者正確？
   (A) 產品類別不多，自有品牌　　　(B) 產品類別不多，製造商品牌
   (C) 產品類別眾多，自有品牌　　　(D) 產品類別眾多，製造商品牌

10. 實體配送與全球運籌系統不包含下列哪一項？
    (A) 訂單處理　　　　　　　　　(B) 店內展示設計
    (C) 存貨管理　　　　　　　　　(D) 運輸

11. 所謂存貨管理的精神為？
    (A) 決定要管理哪一種倉儲　　　(B) 建立存貨通路
    (C) 控制存貨水準　　　　　　　(D) 管理產品的實體配銷

12. 當一個公司使用聯運 (intermodal) 或多重 (multimodal) 聯運是指
    (A) 利用多重通路　　　　　　　(B) 利用至少一條鐵路運輸路線
    (C) 使用至少一種以上的方式運載貨物　(D) 同時使用 UPS 或 FedEx

13. 下列何項不是影響國際行銷組織規劃之企業內部因素？
    (A) 當地政府法令　　　　　　　(B) 國際銷售重要性
    (C) 國際行銷人才　　　　　　　(D) 國際市場差異化

14. 經濟性投入程度,可能影響組織設計,此為
    (A) 企業外部因素 (B) 企業內部因素
    (C) 控制因素 (D) 政府因素

15. 在組織的控制型態中,以明確的規定與準則,明白訂出欲達成的績效水準,此稱為
    (A) 階層／正式控制 (B) 集權控制
    (C) 文化控制 (D) 結果控制

16. 台北和倫敦有時差,可能影響組織設計,此為何種因素?
    (A) 企業外部因素 (B) 企業內部因素
    (C) 控制因素 (D) 政府因素

17. 根據 URC522 定義,託收的當事人不包含下列何者?
    (A) 付款人 (B) 託收銀行
    (C) 提示銀行 (D) 委託人

18. 請根據下列事項,排列進口商辦理之正確流程? a. 簽訂契約;b. 進口通關;c. 詢價;d. 下訂單;e. 提貨;f. 匯票到期,進口商如數付清票款;g. 承兌匯票領取貨運單據
    (A) cdbagfe (B) cdagbef
    (C) cdabgef (D) cdabfge

19. 下列有關 D/P 30 days sight 的敘述中何者正確?
    (A) 銀行匯票承兌交單後 30 天付款 (B) 商業匯票承兌交單後 30 天付款
    (C) 商業匯票承兌後 30 天付款交單 (D) 銀行匯票承兌後 30 天付款交單

20. 付款條件為 D/A 120 days after sight,則匯票之到期日 120 天如何起算?
    (A) 付款日後起算 (B) 匯票簽發日後起算
    (C) 承兌日後起算 (D) 提單裝船日後起算

21. 產品功能或所滿足的需求,產品使用的情況及消費者購買產品的能力相同,適合採行何種策略?
    (A) 產品延伸—溝通延伸策略 (B) 產品延伸—溝通調適策略
    (C) 產品調適—溝通延伸策略 (D) 產品調適—溝通調適策略

22. 影響產品採行調適性策略的因素，下列何者為非？
    (A) 顧客需求非同質化
    (B) 氣候與地理環境相似
    (C) 政府法規與貿易障礙多
    (D) 地主國與母國市場經濟發展程度差異大

23. 影響產品採行調適性策略的因素，下列何者為非？
    (A) 產品調整成本高　　　　　　(B) 品牌意象認知差異大
    (C) 地主國市場競爭不激烈　　　(D) 產品所需服務水準高

24. 影響產品採行調適性策略的因素，下列何者為非？
    (A) 企業規模大及資源充足　　　(B) 氣候與地理環境差異大
    (C) 政府法規與貿易障礙多　　　(D) 取得進入市場先機不重要

25. 政府採購以招標方式為之，應視為
    (A) 要約的引誘　　　　　　　　(B) 要約
    (C) 反要約　　　　　　　　　　(D) 承諾

26. 刊登懸賞性廣告，視為
    (A) 要約的引誘　　　　　　　　(B) 要約
    (C) 反要約　　　　　　　　　　(D) 承諾

27. 在 QUOTATION 上載有 This offer subjects to goods unsold 是屬於
    (A) firm offer　　　　　　　　(B) conditional offer
    (C) combined offer　　　　　　(D) continuous offer

28. 要約經反要約，原要約如何？
    (A) 可以再議　　　　　　　　　(B) 仍然有效
    (C) 失去效力　　　　　　　　　(D) 等要約接受，契約成立

29. 企業根據消費者需求狀況和不同反應以確定產品價格的法的定價方法是
    (A) 企業導向定價　　　　　　　(B) 競爭導向定價
    (C) 成本導向定價　　　　　　　(D) 需求導向定價

30. 因應競爭廠商傾銷的作法為下列何者？
    (A) 拉長對供應商的付款期間　　　(B) 產品升級及強化服務
    (C) 和該廠商政府談判　　　　　　(D) 修改產品的成份降低一部份的成本

31. 在全球的價格鎖定方式中，_____的主要目的是為了減低價格競爭的衝擊，或是根本去除價格競爭。
    (A) 無心傾銷　　　　　　　　　　(B) 支配性定價
    (C) 卡特爾　　　　　　　　　　　(D) 聯合傾銷

32. 國際企業因應地主國政府的價格管制措施，下列何者為非？
    (A) 逃避可能課徵之進口關稅　　　(B) 改變目標市場與區隔
    (C) 調整或修改現有產品的形式　　(D) 運用有利法規出口至當地

33. 若甲公司出口商品欲向客戶報價，其公司內部相關資料如下：
    (1) 包裝方式：2 Set/CTN，40cm×40cm×50cm/CTN，N.W. 15.5KG/CTN、G.W.16.5 KG/CTN
    (2) 生產 / 採購成本：NT$1,200/Set
    (3) 併櫃運費：USD 100 W/M
    (4) 保險金額與費率：CIF 金額加 20%、全險費率 1.8%
    (5) 業務費用率：5 %
    (6) 利潤率：15 %
    (7) 匯率：買進價 30.882，賣出價 31.560

    試問每套商品的 FOB 報價為何？
    (A) USD 48.12　　　　　　　　　　(B) USD 50.25
    (C) USD 52.36　　　　　　　　　　(D) USD 55.78

34. 承上題，若客戶要求改報 CFRC8 時，此時報價應改為
    (A) USD 55.27　　　　　　　　　　(B) USD 57.69
    (C) USD 59.36　　　　　　　　　　(D) USD 61.88

35. 承上題，若客戶要求改報 CIF 時，此時報價應改為
    (A) USD 51.45　　　　　　　　　　(B) USD 53.29

(C) USD 54.25 (D) USD 55.74

36. 「請勾選下列您認為台灣開放美國牛肉的影響有哪些？」這屬於何種問題？
    (A) 半開放
    (B) 開放
    (C) 封閉
    (D) 半封閉

37. 評估進入國外市場後，企業為了深入瞭解競爭對手之實力，以因應當地競爭者之競爭下，企業所能銷售之實際金額或數量預估，此稱為
    (A) 潛在需求
    (B) 銷售潛能
    (C) 感受需求
    (D) 有效需求

38. 由於某些產品並未在此市場進行銷售，因而以相關產品進行替代性估算，例如以某國輪胎銷量，預測該國汽車的銷量，此為何種跨國行銷分析方法？
    (A) 銷售預測
    (B) 類比預測
    (C) 需求分析
    (D) 推論預測

39. 下列何者主要是測試明確因果關係之方法，例如賣場的佈置會影響消費者之購物意願？
    (A) 觀察法
    (B) 實驗法
    (C) 訪談法
    (D) 調查法

40. 報關行 (Customs Broker) 協助進出口廠商進出口，代辦業務不包括
    (A) 估算貨物成本
    (B) 代理貨物訂船艙位
    (C) 退稅的辦理與沖退稅申請事宜
    (D) 安排進出口貨物提貨事宜

41. 根據 Incoterms 2010 貿易條件的意涵，買方的共同義務為
    (A) 支付價金
    (B) 保證運送人安全送達
    (C) 進口通關
    (D) 辦理提貨

42. 根據 Incoterms 2010 之規定，CIP 之風險負擔與通關之規定與下列何者相同？
    (A) FAS
    (B) FCA
    (C) CIF
    (D) IN BOND

43. 我出口商由基隆出口一批電腦至 Djibouti，正確的貿易條件應為

(A) CIF Keelung (B) FOB Keelung
(C) FOB Djibouti (D) DAT Keelung

44. 下列何者屬於「拉」之策略？
    (A) 人員銷售 (B) 經銷商激勵
    (C) 銷售激勵 (D) 廣告

45. 為了維持「顧客知曉度」，則需使用何種行銷溝通方式？
    (A) 提升知名度 (B) 提醒
    (C) 說服 (D) 告知

46. 下列何項產品較不適合採用標準化廣告？
    (A) 高科技產品 (B) 工業產品
    (C) 消費性產品 (D) 農產品

47. 一般而言，下列何種廣告代理商，較為瞭解國外當地情況，所製作的廣告也較能被當地接受？
    (A) 國內代理商 (B) 國際廣告聯盟
    (C) 國外當地代理商 (D) 國際廣告公司

48. 關於信用狀項下，貨物運輸保險之約定下列何者錯誤？
    (A) 在 FAS 條件下，買方購買保險，並負支付保費的責任
    (B) 在 CFR 條件下，買方購買保險，保險利益歸開狀銀行
    (C) 在 CIF 條件下，賣方投保，而發生保險事故時由買方索賠
    (D) 在 DAT 條件下，由賣方購買保險，而保險利益歸買方

49. 對 "The Institute of London Underwriters" 之基本險敘述，下列何者正確？
    (A) ICC (C) 之承保範圍包括地震
    (B) ICC (B) 之承保範圍包括單獨海損賠償
    (C) ICC (A) 指的是任何風險皆賠償之意
    (D) ICC (AR) 類似舊條款之 FPA

50. 一艘載運汽車駛往台灣的貨輪，途中碰巧遇龍捲風，海水淹沒甲板，以致喪失動力

而在海上漂流，船長請拖船將船隻拖往日本港口，請問下列損失何項不屬於共同海損？

(A) 船身傾斜船長下令投棄 400 輛汽車　　(B) 額外增加燃料費用 12,000 元

(C) 海嘯沖刷落海 300 汽輛車　　(D) 施救拖船費用 5,000 美元

51. 信用狀方式辦理出口押匯時，請問出口商應如何提示保險單據？

    (A) 信用狀要求保險單據正本兩份，提示保險單一份正本，一份副本

    (B) 信用狀要求保險單時，僅提示保險證明書

    (C) 信用狀要求保險單 endorsed in blank，受益人在保險單上背書

    (D) 信用狀所示貨幣為歐元，保險單提示以美元計價

52. 在以往全球市場較呈現各自獨立或是分割成不同之全球各個國家市場，現在逐漸整合為一單一全球市場，稱為

    (A) 市場全球化　　(B) 市場異質化

    (C) 生產整合化　　(D) 市場整合化

53. 在面對全球化時代來臨，除了「市場全球化」之趨勢外，尚有

    (A) 生產全球化　　(B) 生產整合化

    (C) 行銷整合化　　(D) 行銷世界化

54. 下列何種觀念為國際行銷的定義中所重視的？

    (A) 市場　　(B) 交易

    (C) 談判　　(D) 交換

55. 以下何種原因，使得跨國銷售進行國際行銷越趨容易？

    (A) 行銷管道多元化　　(B) 貿易障礙的廢除

    (C) 民主政治的抬頭　　(D) 消費者需求的增加

56. 賣方交航空公司承運 30 台、60 公斤的電腦，貨到目的地已毀損或滅失，航空公司賠償金額上限如何計算？

    (A) 30 台電腦全賠　　(B) 按公噸計賠償額

    (C) 按 KG 計賠償額　　(D) 不必賠

57. 在 CIF 貿易條件下，賣方投保全險並取得清潔提單後發生短損，買方可提出何種索賠？
   (A) 買賣索賠、運輸索賠及保險索賠
   (B) 運輸索賠及保險索賠
   (C) 買賣索賠及運輸索賠
   (D) 買賣索賠及保險索賠

58. 依我國《海商法》之規定，要保人或被保險人自接到貨物之日起多久時間必須向保險公司通知損害，否則視為無損害？
   (A) 當天
   (B) 1 個月
   (C) 3 個月
   (D) 1 年

59. 當進口貨物發生損壞，進口商欲提出保險索賠時，常見的文件為何？
   (A) 產地證明書
   (B) 公證報告
   (C) 保險證明書
   (D) 進口報單

60. 企業以低於競爭者的成本來生產產品，並將有限的資源集中服務於某一特定的區隔上，係採下列何種策略？
   (A) 成本領導策略
   (B) 產品差異化策略
   (C) 成本焦點策略
   (D) 差異化焦點策略

61. 藉由解決某顧客群、某區域、某通路目標市場顧客的特定需求，以獨特的產品，服務一個或小部份的區隔市場，係採下列何種策略？
   (A) 成本領導策略
   (B) 產品差異化策略
   (C) 成本焦點策略
   (D) 差異化焦點策略

62. LV 柏金包以其獨特設計、高品質意象專攻高收入頂級市場，係採下列何種策略？
   (A) 成本領導策略
   (B) 產品差異化策略
   (C) 成本焦點策略
   (D) 差異化焦點策略

63. 依國家競爭力中各要素類別，例如健全的勞工基礎建設、現代化數位通訊設施及高等教育機構等，是屬於國家競爭優勢的哪一項要素？
   (A) 生產因素
   (B) 機會
   (C) 相關與支援產業
   (D) 需求條件
   (E) 政府

64. When the rule of "CIP Kaohsiung" is used in contract. Kaohsiung is
    (A) the port of shipment
    (B) the port of destination
    (C) the place of destination
    (D) the place of delivery

65. Both buying and selling parties agreed to pay by irrevocable LC, the relevant terms of payment described in the purchase order is by irrevocable LC.
    (A) in our favor
    (B) in your favor
    (C) in bank's favor
    (D) in shipper's favor

66. 下列哪一個現有的國際組織其目的為追求全球貿易穩定，自由發展，以期加速推展貿易自由化？
    (A) GATT
    (B) WTO
    (C) IMF
    (D) World Bank

67. 下列哪一個現有的國際組織其目的為協助全球經濟穩定，已達到匯率的穩定？
    (A) GATT
    (B) WTO
    (C) IMF
    (D) World Bank

68. 對現今世界各國之間的商品、勞務，頻繁交流的貿易行為，所提供初步說明國際貿易的最早理論為
    (A) 絕對利益
    (B) 相對利益
    (C) 比較利益
    (D) 競爭優勢

69. 依照經濟發展，可將全球的國家分為四種，不包括以下何者？
    (A) 低所得國家
    (B) 中所得國家
    (C) 中高所得國家
    (D) 高所得國家

70. 依 Incoterms 2010 之貿易條件分類，可以判斷買賣雙方約定的
    (A) 交貨地點
    (B) 交貨時間
    (C) 收貨地點
    (D) 付款地點

71. 下列「遲延交貨」之敘述，何者是錯誤的？
    (A) 缺乏船艙位，則由賣方負責

(B) 買方延遲派船，則由買方負責

(C) 台商在中國大陸遇到雪災無法出貨，則買賣雙方均可不必負責

(D) 已簽訂船艙位，卻因本航次已滿船，只得裝載下一班船，則買賣雙方亦均可不負責

72. 下列出口包裝之原則何者符合最適包裝為何？

(A) 應具備牢固性　　　　　　　(B) 額外增加費用可接受

(C) 儘量使用便宜材料以節省費用　(D) 一定要使用最好的包裝材料

73. 貨物外箱的裝運標誌：HARER VIA DJIBOUTI C/NO：37/125 MADE IN CHINA，下列敘述何者錯誤？

(A) C/N. 37/125 表示整批貨物共計 125 箱

(B) MADE IN TAIWAN 為 COUNTRY OF ORIGIN

(C) HARER 為 PORT OF LOADING

(D) DJIBOUTI 為 PORT OF DISCHARGE

74. 消費者對某個國家的刻板印象是會以該產品來源國印象來推論產品的品質，稱為

(A) 產品定位　　　　　　　　　(B) 來源國效應

(C) 總和構念　　　　　　　　　(D) 月暈效果

75. 飛利浦 (Philips) 來自荷蘭、Panasonic 來自日本，以及 Asus 來自台灣是受到何種效應影響？

(A) 生產國　　　　　　　　　　(B) 來源國

(C) 設計國　　　　　　　　　　(D) 製造國

76. 產品調適策略的利益，下列何者為非？

(A) 可滿足不同區隔顧客的需求　(B) 促進產品的銷售

(C) 塑造全球品牌形象　　　　　(D) 增加在地主國市場的競爭力

77. 下列何者不是產品標準化策略的優點？

(A) 降低成本　　　　　　　　　(B) 使企業對全球營銷進行有效的控制

(C) 強化顧客偏好　　　　　　　(D) 具有獨特性

78. 國際航空運輸協會 (IATA) 將全世界航空運輸區劃分為
    (A) 南北美洲；歐、非兩洲及中東；亞澳兩洲等三區
    (B) 南北美洲；歐洲；非洲及中東；亞澳兩洲等四區
    (C) 南北美洲；歐洲；非洲及中東；亞洲；澳洲等五區
    (D) 南美洲、北美洲、歐洲、非洲及中東、亞洲、澳洲等六區

79. 沃爾瑪 (WalMart) 第一個美國境外設點的國家為？
    (A) 台灣　　　　　　　　　　(B) 墨西哥
    (C) 加拿大　　　　　　　　　(D) 日本

80. 下列何者不屬於中間商的類型？
    (A) 配銷商　　　　　　　　　(B) 經銷商
    (C) 代理商　　　　　　　　　(D) 製造商

第二回答案

1. (A)	2. (D)	3. (A)	4. (B)	5. (B)
6. (B)	7. (D)	8. (C)	9. (A)	10. (B)
11. (C)	12. (C)	13. (A)	14. (B)	15. (B)
16. (A)	17. (A)	18. (B)	19. (C)	20. (C)
21. (A)	22. (B)	23. (C)	24. (D)	25. (A)
26. (B)	27. (B)	28. (C)	29. (D)	30. (B)
31. (B)	32. (A)	33. (A)	34. (B)	35. (C)
36. (C)	37. (B)	38. (D)	39. (B)	40. (A)
41. (A)	42. (B)	43. (B)	44. (D)	45. (B)
46. (D)	47. (C)	48. (D)	49. (B)	50. (C)
51. (C)	52. (A)	53. (A)	54. (D)	55. (B)
56. (C)	57. (B)	58. (B)	59. (B)	60. (C)
61. (D)	62. (D)	63. (A)	64. (C)	65. (B)
66. (B)	67. (C)	68. (A)	69. (B)	70. (A)
71. (D)	72. (A)	73. (C)	74. (D)	75. (B)
76. (C)	77. (D)	78. (A)	79. (B)	80. (D)

第三回

考題

1. 下列何者契約有效成立？
   (A) 被報價人對報價還價
   (B) 報價被第三人接受
   (C) 報價人對有條件接受同意
   (D) 被報價人接受逾期

2. 對於穩固報價之效力，下列何者錯誤？
   (A) 不得變更
   (B) 在有效期限內不得任意撤銷
   (C) 生效時期我國《民法》採到達主義
   (D) 於對話報價時，有效期限為立即接受

3. 以下何者不是國際行銷研究流程？
   (A) 分析資料與撰寫報告
   (B) 確認研究問題
   (C) 決定資料收集方法
   (D) 決定訪談內容

4. 以下何者為正確的國際行銷研究過程順序？
   (A) 確認研究問題、決定資料收集方法、執行資料收集、分析資料與撰寫報告
   (B) 決定資料收集方法、分析資料與撰寫報告、執行資料收集、確認研究問題
   (C) 執行資料收集、分析資料與撰寫報告、確認研究問題、決定資料收集方法
   (D) 分析資料與撰寫報告、確認研究問題、決定資料收集方法、執行資料收集

5. 依照 UCP600 的規範，保險單之簽發日期原則不得晚於
   (A) LC 到期日
   (B) LC 押匯最後期限
   (C) LC 規定最後裝船日
   (D) 提單簽發日期

6. 投保 War Risk 時，保險人之責任在貨物遲遲無人來領取時，其將終止於貨物到達最終卸貨港當日午夜起算屆滿
   (A) 15 天
   (B) 30 天

(C) 45 天 (D) 60 天

7. 投保基本險時,保險人之責任在貨物遲遲無人來領取時,其將終止於貨物到達最終卸貨港當日午夜起算屆滿
   (A) 15 天 (B) 30 天
   (C) 45 天 (D) 60 天

8. 下列何項不宜作為企業因應仿冒品對策?
   (A) 改變製造國 (B) 進行遊說活動
   (C) 採取法律行動 (D) 擬定產品政策

9. 台新銀行與新光三越百貨發行聯名卡是屬於下列何種品牌策略?
   (A) 共同品牌 (B) 公司品牌
   (C) 品牌延伸 (D) 品牌聯想

10. 在家樂福賣場裡,我們看到品牌為「No.1」的產品是屬於下列何種品牌策略?
    (A) 混合品牌 (B) 製造商品牌
    (C) 私人品牌 (D) 共同品牌

11. 美國寶鹼公司 (P&G) 採用何種品牌策略?
    (A) 多重品牌 (B) 家族品牌
    (C) 私人品牌 (D) 共同品牌

12. 當貿易條件為 CIF 或 CIP 時,由出口商負責投保貨物運輸保險,除非 LC 有特別載明,否則通常以何者為保單上之被保險人 (Assured)?
    (A) LC 開狀申請人 (B) LC 受益人
    (C) 開狀銀行 (D) 押匯銀行

13. ＿＿＿＿＿＿＿是指某一資料蒐集工具能夠一致無誤地衡量相同的事物。
    (A) 信度 (B) 效度
    (C) 效標 (D) 抽樣程序

14. 103 年我國外銷接單,國內生產占比率為
    (A) 47.4% (B) 52.6%

(C) 61.5% (D) 38.5%

15. 我國對外貿易最大順、逆差來源國分別為何？
    (A) 美；日 (B) 中；日
    (C) 日；中 (D) 歐；日

16. 行銷企劃思考中，首先需思考？
    (A) what, why, how (B) when, what, where
    (C) why, where, how (D) when where, why

17. 全球行銷常用的整合機制中，不包括下列何者？
    (A) 非正式的協調 (B) 正式的協調
    (C) 協調委員會 (D) 以上皆非

18. 依據 UCP600 的規定，若 LC 提示日之最後期限及貨物的最後裝船日適逢颱風日而放假時，則下列何者正確？
    (A) 兩者有效期限皆可順延至次一營業日
    (B) 前者有效期限可順延至次一營業日；後者不可以
    (C) 前者有效期限不可順延至次一營業日；後者可以
    (D) 兩者有效期限皆不可順延

19. 在 C&I 條件下辦理託收時，則賣方需提供給買方下列單據中的哪些單據？a. 匯票；b. 保險單；c. 提單；d. 售貨確認書；e. 包裝單；f. 商業發票
    (A) abdef (B) abcdef
    (C) abcef (D) abef

20. 所謂「東協加三」，係加上中國、日本和
    (A) 馬來西亞 (B) 台灣
    (C) 菲律賓 (D) 韓國

21. 將某些跨國公司完全摒除在某一市場之外，也就是一國政府所採取的絕對禁止措施，稱為
    (A) 杯葛 (B) 接管

(C) 刁難　　　　　　　　　　　(D) 進口管制

22. 若進口商申請開發 60 days Seller's Usance & 60 days Buyer's Usance LC，下列敘述何者正確？
    (A) 賣方負擔 120 天利息
    (B) 賣方延遲 60 天收到貨款；買方延遲 60 天付款
    (C) 賣方延遲 60 天收到貨款；買方延遲 120 天付款
    (D) 賣方延遲 120 天收到貨款；買方延遲 60 天付款

23. 若不可撤銷之信用狀要修改，不需經過下列何者的同意？
    (A) 開狀銀行　　　　　　　　(B) 通匯銀行
    (C) 保兌銀行　　　　　　　　(D) 受益人

24. 下列何種產品適合用密集式行銷？
    (A) 口香糖　　　　　　　　　(B) BMW 汽車
    (C) Levi's 牛仔褲　　　　　　(D) 數位相機

25. 下列何者不是全球供應鏈管理所包括的五個主要決策？
    (A) 全球訂單處理決策　　　　(B) 全球物料處理決策
    (C) 全球定價處理決策　　　　(D) 以上皆非

26. 全球通路的發展上，促成少數大規模零售商的趨勢，下列原因何者為非？
    (A) 有車人口的減少　　　　　(B) 擁有冰箱的家庭數目增加
    (C) 職業婦女的增加　　　　　(D) 以上皆非

27. 我國負責 ECFA 原產地證明書的簽證機關是
    (A) 標準檢驗局　　　　　　　(B) 陸委會
    (C) 國際貿易局　　　　　　　(D) 海基會

28. 歐元區中央銀行所在地位於歐洲的哪一個國家？
    (A) 法國　　　　　　　　　　(B) 比利時
    (C) 德國　　　　　　　　　　(D) 希臘

29. 根據《貿易法》第 18 條對進口救濟之規定，產業受害時調查措施之受理機構為

(A) 國際貿易局 (B) 海關
(C) 貿易調查委員會 (D) 外貿協會

30. 產業的規模經濟、取得資金的難易、移轉成本，往往會造成新進入者之進入障礙，此為五力分析中的哪一項？
    (A) 潛在競爭者的威脅 (B) 客戶的議價能力
    (C) 替代品或服務的威脅 (D) 供應商的議價能力

31. 對於金屬零組件廠商而言，一旦更高品質或更低價的金屬材料開發出來，將會取代現在部份產品，此為五力分析中的哪一項？
    (A) 潛在競爭者的威脅 (B) 客戶的議價能力
    (C) 替代品或服務的威脅 (D) 供應商的議價能力

32. 下列何者是解釋貿易條件的國際慣例？
    (A) Incoterms 2010 (B) UCP600
    (C) ISBP (D) ISP 98

33. 依 Incoterms 2010 之規定，CIF 條件下貨物風險於何時移轉給買方？
    (A) 出口港運輸工具上 (B) 出口地貨物交給第一運送人時
    (C) 到達目的港船上交貨 (D) 在目的地指定地點交貨

34. 網際網路的快速發展，帶來人類劃時代的革命，也增進跨國電子商務 (electronic commerce，或稱為 e-commerce) 的交易。若是程式開發的設計師製作出一套程式，針對某特定企業有相當的幫助，而與企業間的買賣維護管理關係，稱為
    (A) B2C (B) C2C
    (C) C2B (D) B2B

35. 一般具有民族或種族優越性，即下列何者之管理哲學來源？
    (A) 母國中心導向 (B) 多元中心導向
    (C) 區域中心導向 (D) 全球中心導向

36. 外銷公司出口貨品一批，體積大而重量輕，共計有 200 箱，每箱體積 14×30×40，則最佳的裝櫃方式如何？

(A) 1 個 TEU (B) 2 個 TEU
(C) 2 個 FEU (D) 3 個 FEU

37. 出口貨品一批,體積大而重量輕,共計 400 箱,每箱體積 40×20×20,則最佳裝櫃方式如何?
    (A) 2 個 FEU (B) 2 個 TEU
    (C) 1 個 FEU (D) 4 個 TEU

38. 平行輸入為無經由正式代理商進口的貨品,又通稱為
    (A) 黑市交易 (B) 灰色市場
    (C) 走私商品 (D) 期貨市場

39. 因應高通貨膨脹環境下的定價措施,下列何者為非?
    (A) 拉長對供應商的付款期間 (B) 和政府溝通或談判
    (C) 選擇在生產成本較低的國度製造產品 (D) 修改產品的成分降低一部份的成本

40. 相對貿易發生的主要原因,下列何者為非?
    (A) 因銀行體系無法有足夠貸款能力,提供給進口商
    (B) 缺乏強勢貨幣
    (C) 盛行於已開發國家
    (D) 當地外匯管制嚴格

41. 若向空運運送人提出索賠,若雙方意見不一致或被拒付時,若貨主想提出訴訟,應於航空器到達日起多少時間之內提出,否則喪失賠償請求權?
    (A) 1 個月 (B) 6 個月
    (C) 1 年 (D) 2 年

42. 解決國際貿易的糾紛,最佳的處理方式應為
    (A) 和解 (B) 調解
    (C) 仲裁 (D) 訴訟

43. 在海上貨物運輸保險中,在實務上向船公司索賠金額之採計多為
    (A) FOB 價格計算 (B) CFR 價格計算

(C) CIF 價格計算 (D) DAT 價格計算

44. 廠商在全球運籌帷幄的過程中，對於供應鏈的貿易型態通常採用何種方式？
    (A) 過境貿易 (B) 轉換貿易
    (C) 三角貿易 (D) 相對貿易

45. 根據《管理外匯條例》第 3 條之規定，管理外匯之行政主管機關與掌理外匯之業務機關，分別為
    (A) 財政部、中央銀行 (B) 經濟部、中央銀行
    (C) 中央銀行、財政部 (D) 中央銀行、台灣銀行

46. 下列何者敘述錯誤？
    (A) 直接出口較間接出口難度高 (B) 直接出口較間接出口潛在獲利較高
    (C) 直接出口較間接出口風險大 (D) 直接出口較間接出口風險小

47. 下列何者不是技術授權的優點？
    (A) 可以避開競爭 (B) 保護產品專利與商標權
    (C) 減少經營風險 (D) 可快速擴充產品產能

48. Prior to vessel's name determined, the shipper and the under-writer set the insurance contract in advance, which policy is called?
    (A) Open policy (B) To Be Declared Policy
    (C) Floating Policy (D) Cover Policy

49. Due to the lack of shiping space, we can not deliver the total quantity by one shipment, please amend LC by deleting the special clause of "_____ not allowed".
    (A) transit (B) partial shipment
    (C) transshipment (D) deposit

50. 下列何者不是技術授權的缺點？
    (A) 接受權利者有可能成為日後競爭者 (B) 不能累積產品製造經驗
    (C) 所需承擔的經營風險高 (D) 有限參與接受權利者行銷活動

51. 下列何者不是技術授權的缺點？

(A) 可使企業免於被徵收的命運　　(B) 僅收取固定的權利金
(C) 接受權利者有可能成為日後競爭　(D) 有限參與接受權利者行銷活動

52. 在信用調查項目中，調查類似鼎新等商業道德有瑕疵的經營者，將其排除在交易之外，屬於下列何者？
    (A) Capital
    (B) Capacity
    (C) Character
    (D) Cooperation

53. 根據 Incoterms 2010 規定，賣方必須將 Delivery Order 交給買方的貿易條件為
    (A) EXW
    (B) CIP
    (C) DAT
    (D) DAP

54. 買方發現進口商品的行情變化，進來的貨物將會賠錢，因而藉口其他理由向賣方提出索賠，稱之為
    (A) 匯兌損失索賠
    (B) 買方索賠
    (C) 正當索賠
    (D) 市場索賠

55. 製造商為保護其在國內的競爭地位，又要避免發起可能傷害國內市場的價格戰，而拋售庫存向海外市場傾銷的作法是
    (A) 無心傾銷
    (B) 掠奪性傾銷
    (C) 零星傾銷
    (D) 聯合傾銷

56. 出口包裝尺寸 22×16×20，計 30 箱，船公司報價 US$70/CBM/TON，每箱毛重 40 KGS，則運費應為多少？
    (A) US$84.00
    (B) US$142.34
    (C) US$242.26
    (D) US$284.68

57. 外銷公司報價 CIF Dubai US$700 net per dozen，客人要求改報含佣金 5%。在 FOB 淨收入不減下 CIF C5 Dubai US$ 多少？
    (A) 700
    (B) 735.00
    (C) US$736.84
    (D) US$738.64

58. 下列何者是最典型或初步之國際行銷？

(A) 國內行銷 (B) 出口行銷
(C) 國際行銷 (D) 全球行銷

59. 企業將產品銷往另一個國家或是地區,例如韓劇引起亞洲國的哈韓風潮,此為
    (A) 國內行銷 (B) 出口行銷
    (C) 國際行銷 (D) 全球行銷

60. 依 Incoterms 2010 之規定,CIP 條件下貨物風險於何時移轉給買方?
    (A) 出口港越過船舷 (B) 出口地貨物交給第一運送人時
    (C) 到達目的港船上交貨 (D) 在目的地指定地點交貨

61. 依 Incoterms 2010 之規定,FOB、CFR 和 CIF 三種貿易條件為
    (A) 風險移轉點不同,成本結構相同 (B) 風險移轉點相同,成本結構不同
    (C) 風險移轉點不同,成本結構不同 (D) 毫無關係

62. 購買者設法降低產品價格,以抗衡產業競爭,並爭取較高品質的產品及更多的服務,此為五力分析中的哪一項?
    (A) 潛在競爭者的威脅 (B) 客戶的議價能力
    (C) 替代品或服務的威脅 (D) 供應商的議價能力

63. 企業透過在產品設計、品牌形象、技術及顧客服務的獨特性,造成與競爭者的有利差異,以獲得競爭優勢,係採下列何種策略?
    (A) 成本領導策略 (B) 產品差異化策略
    (C) 成本焦點策略 (D) 差異化焦點策略

64. 我國在孫運璿時代創立,由經濟部每年評選並頒發給前一年「出進口績優廠商」的獎項稱為
    (A) 大貿獎 (B) 金貿獎
    (C) 貿易磐石獎 (D) 創匯貢獻獎

65. 下列何者不是「實體配送」相關問題?
    (A) 倉儲 (B) 訂單處理
    (C) 運輸 (D) 維修服務

66. 下列何種信用狀，可以使中間商不讓真正的買方及供應商互相知道對方？
    (A) 轉讓信用狀 (B) 轉開信用狀
    (C) 擔保信用狀 (D) 特別信用狀

67. 信用狀所載付款期限為 60 days after sight，係指
    (A) 裝船後 60 天付款 (B) 押匯日後 60 天付款
    (C) 承兌日後 60 天付款 (D) 開狀日後 60 天付款

68. 廢除會員國間關稅，但各自仍可對非會員國課稅之經濟組織為
    (A) 共同市場 (B) 自由貿易區
    (C) 政治聯盟 (D) 經濟和貨幣聯盟

69. 政府除了保護本國產業所課徵關稅外之任何措施，一般稱為
    (A) 額外關稅 (B) 貨幣稅
    (C) 企業所得稅 (D) 非關稅障礙

70. 出口商辦理押匯時，其所簽發的匯票是
    (A) 以無追索權方式簽發 (B) 順匯
    (C) 商業匯票 (D) 銀行匯票

71. 進口商向開狀銀行申請開發信用狀時，繳保證金所辦理的結匯，稱為
    (A) 保結結匯 (B) 擔保結匯
    (C) 融資開狀結匯 (D) 進口贖單結匯

72. 下列何項不是行銷企劃書之三種目標？
    (A) 銷售數量 (B) 市場佔有率
    (C) 人員異動率 (D) 獲利金額

73. 銷售地區差異程度，可影響組織結構設計，此稱為
    (A) 企業外部因素 (B) 企業內部因素
    (C) 控制因素 (D) 政府因素

74. 東協 (ASEAN) 加一的「一」所指為哪一國？
    (A) 台灣 (B) 韓國

(C) 中國 (D) 日本

75. 我國於 2004 年 1 月 1 日與哪國簽署第一個自由貿易協定？
    (A) 哥斯大黎加 (B) 瓜地馬拉
    (C) 巴拿馬 (D) 宏都拉斯

76. ＿＿＿＿是指資料蒐集工具在衡量上的正確性。
    (A) 信度 (B) 效度
    (C) 效標 (D) 抽樣程序

77. 進行國際行銷研究時，＿＿＿＿是以樣本來代表母體。
    (A) 誤差 (B) 變異量
    (C) 效標 (D) 抽樣

78. 英美法的規定，以郵件或電傳方式表示接受時，採
    (A) 瞭解主義 (B) 到達主義
    (C) 發信主義 (D) 表白主義

79. 賣方出口報價的有交期限為 9 月 5 日，預計 8 月 20 日寄達進口商，而在 8 月 18 日的時候賣方發出電傳表示報價無效，該動作之性質為
    (A) 重新報價 (B) 反報價
    (C) 報價撤回 (D) 報價修改

80. ＿＿＿＿為世界兩大金融機構之一，職責是監察貨幣匯率和各國貿易情況、提供技術和資金協助，確保全球金融制度運作正常，其總部設在美國華盛頓特區。
    (A) 國際貨幣基金 (B) 世界銀行
    (C) 關稅暨貿易總協定 (D) 世界貿易組織

第三回答案

1. (C)	2. (C)	3. (D)	4. (A)	5. (D)
6. (A)	7. (D)	8. (A)	9. (A)	10. (C)
11. (A)	12. (B)	13. (A)	14. (A)	15. (B)
16. (A)	17. (B)	18. (D)	19. (C)	20. (D)
21. (A)	22. (C)	23. (B)	24. (A)	25. (C)
26. (A)	27. (C)	28. (C)	29. (C)	30. (A)
31. (C)	32. (A)	33. (A)	34. (C)	35. (A)

36. (B)

　　計算過程：$14 \times 30 \times 40 \div 1{,}728 = 9.7222$ 才，$9.7222 \times 200 = 1{,}944.44$ 才，2 TEU $= 1{,}040 \times 2 = 2{,}080$ 才

37. (A)

　　計算過程：$40 \times 20 \times 20 \div 1{,}728 \times 400 \div 35.315 = 3{,}703$ 才 $\div 35.315 = 104.88$ CBM

38. (B)	39. (B)	40. (C)	41. (D)	42. (A)
43. (C)	44. (C)	45. (A)	46. (D)	47. (A)
48. (B)	49. (B)	50. (C)	51. (A)	52. (C)
53. (D)	54. (D)	55. (C)	56. (C)	57. (C)
58. (B)	59. (B)	60. (B)	61. (B)	62. (B)

63. (B)	64. (B)	65. (D)	66. (B)	67. (C)
68. (B)	69. (D)	70. (C)	71. (C)	72. (C)
73. (B)	74. (C)	75. (C)	76. (B)	77. (D)
78. (C)	79. (C)	80. (A)		

第四回

考題

1. 通常較低價,消費者購買頻率高,是指下列何者?
   (A) 特殊品
   (B) 忽略品
   (C) 選購品
   (D) 便利品

2. 便利品依照其購買特性又可進一步區分,下列何者為非?
   (A) 日常用品
   (B) 忽略品
   (C) 衝動品
   (D) 緊急品

3. 以下何者不是企業採用「矩陣組織」之原因?
   (A) 為了產品專業
   (B) 為了使企業部門分工更明確
   (C) 為了追求地理區位的專業
   (D) 為了瞭解全球顧客認知

4. 若母公司採有彈性的策略擬定,使各地子公司能回應各國所需,並利用當地的市場機會,維持自給自足的地位,此為
   (A) 分權聯邦
   (B) 協調聯邦
   (C) 集權中樞
   (D) 跨國組織之整合網路

5. 下列哪一種組織設計可以整合地理區位、產品、功能性競爭力,以及顧客知識?
   (A) 國際部門結構
   (B) 地理區位結構
   (C) 矩陣式結構
   (D) 世界產品部門結構

6. 下列何項不是實施「矩陣組織」之條件?
   (A) 企業部門分工明確
   (B) 瞭解全球顧客認知
   (C) 地理專業
   (D) 產品專業

7. 消費者在購買時會就產品價格、品質、式樣、外觀設計、顏色等作進一步比較，才會決定購買的產品，是指下列何者？
   (A) 特殊品
   (B) 忽略品
   (C) 選購品
   (D) 便利品

8. 產品因具有某些獨特的特色，而使消費對其有特殊的品牌偏好，是指下列何者？
   (A) 特殊品
   (B) 忽略品
   (C) 選購品
   (D) 便利品

9. 關於 door step service 的運輸方式，下列敘述何者錯誤？
   (A) B/L 上記載 shipper's load and count
   (B) 此種運輸方式稱為 LASH
   (C) 同一 shipper 及同一 consignee
   (D) 起運地之裝櫃作業及在目的地之拆櫃作業由買賣雙方負責

10. 運送單據具有船公司收到貨物的書面收據、運送契約、不記名特性、不作為物權證券性質，應為下列何者？
    (A) Delivery order
    (B) Sea waybill
    (C) Bill of lading
    (D) shipping instruction

11. 以下何種問卷調查方式的回收率最低？
    (A) 郵寄
    (B) 網路
    (C) 電話
    (D) 人員訪談

12. 下列何者不是全球行銷研究的範圍？
    (A) 社會研究
    (B) 市場研究
    (C) 競爭研究
    (D) 環境研究

13. 當企業欲進行國際行銷研究時，企業因特定的需要而委外或是由企業收集之資料，稱為
    (A) 正式調查資料
    (B) 學術研究資料
    (C) 初級資料
    (D) 次級資料

14. 下列哪一種貿易條件對出口商最不利？
    (A) FOB
    (B) CFR
    (C) CIF
    (D) C&I

15. 依 Incoterms 2010 之規定，在 DDP 條件下，賣方除了須辦理進口通關之外，是否需要負責把貨物裝上買方所指定的運輸工具上？
    (A) 需要
    (B) 不需要
    (C) 是雙方協商而定
    (D) 沒有規定

16. 台北某出口商想出口一批貨物給日內瓦 (Geneve) 的買方，裝運港為基隆港，貿易條件 CIF Hamburg，則貨物的風險移轉位置在哪裡？
    (A) 台北
    (B) 基隆港
    (C) Hamburg
    (D) Geneve

17. 依據 Incoterms 2010 規定，a. DDP；b. DAT；c. DAP；d. FCA；e. EXW；f. FOB；g. FAS；h. CFR；i. CIF；j. CPT；k. CIP，下列敘述何者錯誤？
    (A) 賣方責任最重者為 a
    (B) 賣方不用負擔主運費為 d、e、f、g
    (C) 賣方負擔保費費用者為 a、b、c、h、i、j、k
    (D) 賣方負擔主運送費用，也用負擔主運送風險者為 a、b、c

18. 當企業欲進行國際行銷研究時，企業得到來自當地政府主計處所公佈的人口統計與消費相關之資料，係屬於
    (A) 正式調查資料
    (B) 學術研究資料
    (C) 初級資料
    (D) 次級資料

19. 在 received for shipment B/L 上加註下列何者，銀行才接受？
    (A) on deck
    (B) on board
    (C) clean
    (D) on time

20. 提單上的託運人 (Shipper) 不是信用狀之受益人，適用於三角貿易的提單稱為
    (A) Short form B/L
    (B) Third Party B/L
    (C) Multimodal transport B/L
    (D) Master B/L

21. 除了原先的四個文化構面外，Hofstede 還另外增加了哪一構面？
    (A) 權力距離　　　　　　　　　　(B) 個人主義/集體主義
    (C) 儒家動態　　　　　　　　　　(D) 陽剛與陰柔

22. Hofstede 所提出的構面中，以下哪一個屬於公司上下成員之間的關係沒有那麼正式化，並且不同階層之間維持著密切關係？
    (A) 低權力距離　　　　　　　　　(B) 低不確定性規避
    (C) 高儒家動態　　　　　　　　　(D) 陰柔

23. 下列哪個國家並非我國自由貿易協定 (FTA) 的簽約國？
    (A) 巴拿馬　　　　　　　　　　　(B) 薩爾瓦多
    (C) 宏都拉斯與尼加拉瓜　　　　　(D) 哥斯大黎加

24. 我國與外國最早簽署自由貿易協定的國家是
    (A) 薩爾瓦多　　　　　　　　　　(B) 巴拿馬
    (C) 瓜地馬拉　　　　　　　　　　(D) 宏都拉斯

25. ECFA 後續協議中，不包括下列何者？
    (A) 貨品貿易協議　　　　　　　　(B) 投資保障協議
    (C) 服務貿易協議　　　　　　　　(D) 爭端解決協議

26. 最早與我國簽訂 FTA 的國家大都分佈在
    (A) 東南亞　　　　　　　　　　　(B) 東北亞
    (C) 北美洲　　　　　　　　　　　(D) 中南美洲

27. 個人對於所屬組織或是國家之依賴度和忠誠度，都呈現相當高之狀況，係何種現象？
    (A) 集體主義　　　　　　　　　　(B) 民族主義
    (C) 個人主義　　　　　　　　　　(D) 儒家動態

28. 個人對於未來或是社會中的任何模糊不清之狀況，都會嘗試去控制，稱為
    (A) 高陰柔主義　　　　　　　　　(B) 高陽剛主義
    (C) 高權力距離　　　　　　　　　(D) 高不確定性規避

29. 若甲公司想獲得 20% 利潤,而向乙客戶報價 CFR HONG KONG USD 8.75 per set,乙還價:CFR HONG KONG USD 8.00 per set,若甲願意接受乙的還價,則甲的利潤率是多少?

    (A) 10.75%
    (B) 11.25%
    (C) 12.25%
    (D) 12.50%

30. 若甲公司對外報價為 CIFC5 New York 每公噸 500 美元給乙公司,而乙要求改報 CFR 價格,已知保險費率為 2%,保險加成按照國際慣例,則修改後報價應為

    (A) USD 462.70
    (B) USD 463.80
    (C) USD 464.55
    (D) USD 465.80

31. 若甲公司出口一批貨物共 40 箱,每箱體積 20×20×40,淨重 145 kgs,毛重 150 kgs。如果船公司併櫃之運費報價為 W/M = USD 100.00,則該批貨物運費為多少?

    (A) USD 1,025.80
    (B) USD 1,048.76
    (C) USD 1,066.70
    (D) USD 1,084.50

32. 基於控制導向下,當市場為成熟狀態時,採取下列何種方式為最佳選擇?

    (A) 自有公司
    (B) 直接出口
    (C) 授權
    (D) 合資

33. 所欲進入的市場規模越大,較能支持何種策略,下列何者為非?

    (A) 自有公司
    (B) 完全整合製造
    (C) 授權
    (D) 合資

34. 若地主國存在著很強的競爭者,採用下列何種方式較易進入?

    (A) 直接出口
    (B) 合資
    (C) 自有公司
    (D) 加盟

35. 耐吉 (Nike) 公司採用何種市場進入策略,達成其進軍海外市場的目的?

    (A) 管理合約
    (B) 整廠輸出
    (C) 合約製造
    (D) 加盟

36. 若甲公司出口一批貨物共 100 箱,每箱體積 40×40×20,淨重 145 kgs,毛重 150

kgs。如果船公司整櫃之運費報價為 20'USD 2,500 40'USD 4,000，則該批貨物運費為多少？

(A) USD 2,500
(B) USD 4,000
(C) USD 5,000
(D) USD 6,500

37. 有關海外合作廣告，下列敘述何者為非？

(A) 具有在有限的預算下，跨國公司能獲得較多廣告的優點

(B) 具有各國的廣告品質不一的缺點

(C) 具有無法激勵地主國當地的配銷商進行更多推廣的缺點

(D) 以上皆非

38. 有關銷售人員的型態中，下列何者為「支援型銷售人員」？

(A) 銷售工程師
(B) 銷售員
(C) 內部訂單接受者
(D) 訂單開發者

39. 以即期信用狀「全額開狀」之情況下，進口商應於何時向開狀行付清款項？

(A) 進口贖單時
(B) 申請信用狀時
(C) 出口商辦理押匯時
(D) 提領貨物時

40. 指示式提單，單據的受貨人 (consignee) 欄顯示

(A) 申請人與地址
(B) 報關行與地址
(C) 不列真正受貨人名址
(D) 開狀行與地址

41. 指示式提單，單據的被通知人欄 (notify party) 所顯示，下列何者錯誤？

(A) 信用狀未規定，該欄位亦不可以空白
(B) 應為報關行或買方代理人
(C) 應為通常就是實際的買方
(D) 應為進口商姓名與住址

42. 信用狀規定 "1,000 sets of TV, partial shipments prohibited"，出口商提示商業發票時，除信用狀另有規定外，銀行將接受下列者？

(A) 發票日期在信用狀有效期限後

(B) 發票顯示 "1,000 sets of TV plus 3 sets for sample"

(C) Shipped per 欄之後填裝運船名、航次

(D) For account and risk of 欄以信用狀受益人為抬頭

43. 在考量使用標準化或在地化的廣告訴求時，跨國公司應該考慮的因素中，以下何者為非？
    (A) 顧客消費系統的考量 (B) 在地性顧客的考量
    (C) 媒體狀態的考量 (D) 以上皆非

44. 吉列 (Gillette) 刮鬍刀，以低價售出刀架，再以刮鬍刀消耗產品賺取利潤為何種定價法？
    (A) 附屬產品定價 (B) 市場滲透定價
    (C) 截取市場精華定價 (D) 追隨競爭定價

45. 企業在推出新產品的初期，先訂定一個高的價格水準，以賺取高額利潤及快速的投資回收之定價法為
    (A) 組合產品定價 (B) 市場滲透定價
    (C) 截取市場精華定價 (D) 追隨競爭定價

46. 下列何種危險為協會貨物保險條款 ICC (B) 承保，而 ICC (C) 不承保？
    (A) 火災所造成的損失
    (B) 海陸運輸工具之沉沒所造成貨物全損等事故
    (C) 單獨海損
    (D) 陸上運輸工具傾覆或出軌

47. 比較 ICC (A) 條款與 ICC (C) 條款，下列敘述何者錯誤？
    (A) SRCC 和 WR，A 條款與 C 條款不賠償
    (B) TPND 所致之損失，A 條款賠償，C 條款不賠償
    (C) 惡劣氣候造成單獨海損，A 條款賠償與 C 條款皆不賠償
    (D) 不適航所致之損失，A 條款與 C 條款皆不賠償

48. 地主國的行銷活動放手由各國海外地區獨立運作，且發展各自之行銷策略，且總公司並不會進行太多的干預與控制，為國際行銷階段中何種階段的作法？
    (A) 出口行銷 (B) 國際行銷
    (C) 多國行銷 (D) 全球行銷

49. 可口可樂公司以單一、統一之產品，並藉由發展出一套適合各個國家的標準化行銷

策略的行銷作法，為企業國際行銷階段中的
(A) 出口行銷 (B) 國際行銷
(C) 多國行銷 (D) 全球行銷

50. 若進口商收到的貨物發現貨物外觀完整但內部都破損而無法使用時，此時進口商應該向何者提出索賠？
(A) 公共運送人 (B) 保險公司
(C) 出口商 (D) 自認倒楣

51. 若進口商收到貨物時提單上並無任何不良記載，但貨物卻發生短卸情形時，此時進口商應該向何者提出索賠？
(A) 公共運送人 (B) 保險公司
(C) 出口商 (D) 自認倒楣

52. 配銷密度包含三種策略選擇，下列何者為非？
(A) 大量化配銷 (B) 選擇性配銷
(C) 獨占性配銷 (D) 以上都不包含

53. 以下何者不屬於中間商的類型？
(A) 配銷商 (B) 經銷商
(C) 代理商 (D) 以上皆非

54. 下列有關進口開狀的敘述何者正確？
(A) 開狀融資期限為 60 天，可申請 90 days buyer's Usance LC
(B) 以 FAS 條件開狀時，開狀申請人須辦妥保險
(C) 全額結匯時，銀行為確保債權，運送單據須以開狀銀行為受貨人
(D) Seller's Usance LC 的貼現息由賣方負擔，故不受銀行融資期限之限制

55. 當 SWIFT 信用狀的金額欄位為 USD 10,000，金額增減百分比 "05/00" 時，此信用狀的押匯金額為
(A) 最少 USD 10,500 (B) 介於 USD 9,500～10,000 之間
(C) 介於 USD 9,500～10,500 之間 (D) 介於 USD 10,000～10,500 之間

56. In a contract which shows "The under-writer is responsible for weight shortage in excess of 2% on the whole shipment." The "2%" is _____.
    (A) Franchise			(B) Option
    (C) Penalty			(D) Approximate

57. One trading party intends to sign a contract for the quality term as "Confirming to ASTM No. A-362-953 requirement for white cement", it means by _____.
    (A) GMQ			(B) FAQ
    (C) Standard			(D) Sample

58. 若全國電子以低於售價的方式銷售 Sony 液晶電視機,此舉造成 Sony 公司的抗議,則此屬於哪一種通路衝突?
    (A) 垂直通路衝突			(B) 水平通路衝突
    (C) 多重通路衝突			(D) 通路間衝突

59. 在決定通路長度時,下列何者是最不需要考量的因素?
    (A) 產品體積數量
    (B) 銷售市場範圍大小
    (C) 產品是否不易儲存,或易損壞腐敗
    (D) 產品分類是屬於日常用品、選購品或流行品

60. 若進口商的貨物在運送過程中,因發生共同海損而被投棄時,因此到貨時貨物短少 50 箱,此時進口商應該向何者提出索賠?
    (A) 公共運送人			(B) 保險公司
    (C) 出口商			(D) 自認倒楣

61. 行為變數是以消費者外顯的行為來進行區隔,下列何者不是行為變數?
    (A) 產品使用率			(B) 生活型態
    (C) 產品使用時機			(D) 追求的利益

62. 人口統計變數是指消費者身上一些明顯可見的特性,下列何者不是人口統計變數?
    (A) 所得			(B) 人口密度
    (C) 家庭生命週期			(D) 職業

63. 下列何者為可數的數量單位？
    (A) KG (B) DOZ
    (C) CBM (D) TONE

64. 我國課徵進口關稅之完稅價格 (DPV)，原則上以何者為標準？
    (A) FOB (B) CFR
    (C) CIF (D) DDP

65. 下列何種發票不能當作押匯文件？
    (A) Proforma Invoice (B) Commercial Invoice
    (C) Consular Invoice (D) Customs Invoice

66. 若貿易付款方式有：a. O/A；b. CWO；c. D/P；d. D/A；e. LC；對出口商而言，付款安全性順序由高至低為
    (A) edcba (B) bedca
    (C) bedac (D) becda

67. 心理變數是以消費者的心理特徵作為區隔的基準，下列何者不是心理變數？
    (A) 人格 (B) 生活型態
    (C) 社會地位 (D) 動機

68. 「食品」通常會採取何種定位方式？
    (A) 產品來源國形象 (B) 產品獨特利益
    (C) 全球消費者文化 (D) 當地消費者文化

69. 下列何者不是進口商向出口商提出索賠時，應提出之文件？
    (A) 索賠函 (B) 保險單
    (C) 公證報告 (D) 進口報單

70. 企業決策者認為母國比其他國家優越，且只注意海外市場的相似性，其所採取之管理哲學為
    (A) 區域中心 (B) 出口中心
    (C) 母國中心 (民粹中心) (D) 全球中心

71. 企業為了因應不同國家的環境特性，在人力資源運用上，會僱用一些當地人事來協助行銷工作的進行，此種行銷管理人員的角色為何？
    (A) 外國進入者的角色　　　　　　　(B) 母國中心的角色
    (C) 在地行銷的角色　　　　　　　　(D) 全球行銷的角色

72. 依據協會貨物保險條款，運輸途中颱風招致河川上漲水淹貨櫃場以致貨物損毀時，保險公司之理賠下列何者正確？
    (A) A、B 與 C 三種險都賠償　　　　(B) A、B 與 C 三種險都不賠償
    (C) A 與 B 兩種險賠償、C 種險不賠償　(D) A 種險賠償、B 與 C 兩種險不賠償

73. 若運輸途中遭雨水淋溼而受有損害時，保險公司理賠方面，下列何者正確？
    (A) A、B 與 C 三種險都賠償　　　　(B) A、B 與 C 三種險都不賠償
    (C) A 與 B 兩種險賠償、C 種險不賠償　(D) A 種險賠償、B 與 C 兩種險不賠償

74. 在寡佔的市場結構條件下，企業希望得到一種公平的報酬和不願打亂市場現有秩序的情況下，採行之有效定價法為
    (A) 組合產品定價　　　　　　　　　(B) 市場滲透定價
    (C) 截取市場精華定價　　　　　　　(D) 追隨競爭定價

75. 根據世界貿易組織規定，進口商品若一產品自一國出口至另一國的出口價格低於在正常貿易過程中出口國供消費的同類產品的可比價格現象，稱為＿＿＿＿＿＿＿。
    (A) 價格管制　　　　　　　　　　　(B) 灰色市場
    (C) 支配性定價　　　　　　　　　　(D) 傾銷

76. 有關廣告媒體的優缺點，以下敘述何者為非？
    (A) 戶外廣告成本低　　　　　　　　(B) 電視廣告較具彈性
    (C) 網際網路具高選擇性　　　　　　(D) 以上皆非

77. 下列何者是「有效接受」的要件？
    (A) 報價由第三人所接受　　　　　　(B) 被報價人接受大部份的內容
    (C) 未附帶條件接受　　　　　　　　(D) 在 validity 之後接受

78. 下列代理貿易何者正確？

(A) 以本人名義為本人算計，效力及於本人
(B) 以本人名義為本人算計，效力及於自己
(C) 以自己名義為本人計算，效力直接及於自己
(D) 以自己的名義為自己計算，效力直接及於本人

79. 下列貿易條件中，何種契約條款是國內貿易所欠缺，而為國際貿易契約中特有的條款？
    (A) 索賠條款　　　　　　　　(B) 準據法條款
    (C) 仲裁條款　　　　　　　　(D) 不可抗力條款

80. 交易開發階段有；a.還價；b.訂約；c.報價；d.接受；e.詢價，正確順序應為
    (A) abcde　　　　　　　　(B) ecadb
    (C) eacdb　　　　　　　　(D) eacbd

第四回答案

1. (D)	2. (B)	3. (B)	4. (A)	5. (C)
6. (A)	7. (C)	8. (A)	9. (B)	10. (B)
11. (B)	12. (A)	13. (C)	14. (B)	15. (A)
16. (B)	17. (C)	18. (C)	19. (B)	20. (B)
21. (C)	22. (A)	23. (D)	24. (B)	25. (B)
26. (D)	27. (A)	28. (D)	29. (D)	30. (C)
31. (B)	32. (A)	33. (C)	34. (B)	35. (C)
36. (B)	37. (C)	38. (A)	39. (B)	40. (C)
41. (A)	42. (C)	43. (B)	44. (A)	45. (C)
46. (C)	47. (C)	48. (C)	49. (D)	50. (C)
51. (A)	52. (A)	53. (B)	54. (B)	55. (D)
56. (A)	57. (C)	58. (A)	59. (B)	60. (B)
61. (B)	62. (B)	63. (B)	64. (C)	65. (A)
66. (D)	67. (C)	68. (D)	69. (D)	70. (C)
71. (C)	72. (C)	73. (D)	74. (D)	75. (D)
76. (B)	77. (C)	78. (A)	79. (B)	80. (B)

第五回

考題

1. 貨幣障礙為常見的交易障礙，以下何者非貨幣障礙？
   (A) 外匯管制
   (B) 差別匯率
   (C) 杯葛
   (D) 政府的輸出入許可

2. 東南亞國協 (Association of South East Asian Nations, ASEAN, Plus Three, APT) 屬於哪一機構？
   (A) 共同市場
   (B) 關稅聯盟
   (C) 政治聯盟
   (D) 經濟聯盟

3. 在思索產品的概念時，通常區分成五個層次，下列何者不是產品五層次之一？
   (A) 擴大產品
   (B) 核心產品
   (C) 概念產品
   (D) 基本產品

4. 產品能提供消費者的某種需要的效用和利益，或解決問題的服務係指
   (A) 擴大產品
   (B) 核心產品
   (C) 無形產品
   (D) 基本產品

5. 產品的特性、品質水準、品牌名稱、樣式等以實體呈現，能被消費者觸摸到，這屬於何種產品概念？
   (A) 擴大產品
   (B) 核心產品
   (C) 有形產品
   (D) 基本產品

6. 消費者購買產品時所期待的產品屬性、價格、安全性、便利性及產品功能等各個因素，這屬於何種產品概念？
   (A) 擴大產品
   (B) 核心產品

(C) 有形產品 (D) 期望產品

7. 下列組織何者為 WTO 的前身？
   (A) IMF (B) GATT
   (C) World Bank (D) ASEAN

8. 鴻海對於中國大陸之就業機會大有貢獻，此為因應政治風險之
   (A) 僱用當地員工 (B) 增資
   (C) 合資 (D) 財務操縱

9. 若以信用狀交易方式，出口商辦理押匯所出示的匯票，其 "drawer" 及 "drawee"，除信用狀另有規定外通常為
   (A) 出口商及開狀銀行 (B) 出口商及押匯銀行
   (C) 出口商及進口商 (D) 開狀銀行及押匯銀行

10. 若以信用狀交易方式，出口商辦理押匯所出示的匯票，其 "drawee" 及 "payee"，除信用狀另有規定外通常為
    (A) 出口商及開狀銀行 (B) 出口商及押匯銀行
    (C) 出口商及進口商 (D) 開狀銀行及押匯銀行

11. 依 UCP600 之規定提示兩套提單，甲提單：from KAOHSIUNG to BREMEN，船名航次為 EVERGREEN S.S. LINCOLN V.1571，則下列乙提單之敘述，何者不致被銀行視為分批裝運？
    (A) FROM KAOHSIUNG TO HAMBURG，船名航次為 S.S. LINCOLN V.1571
    (B) FROM KAOHSIUNG TO BREMEN，船名航次為 S.S. LINCOLN V.1751
    (C) FROM KEELUNG TO BREMEN，船名航次為 S.S. LINCOLN V.1571
    (D) FROM KEELUNG TO BREMEN，船名航次為 S.S. LINCOLN V. 1751

12. 下列敘述何者錯誤？
    (A) 合資合夥人必須供共同承擔風險
    (B) 合資適用於缺乏足夠資金的企業
    (C) 地主國政府不可限制外國企業之持股數
    (D) 合資需面對文化差異的員工，導致管理困難

13. 下列何者不是跨國公司擁有所投資事業的百分之百所有權的優點？
    (A) 可免除關稅或配額的障礙　　(B) 風險低
    (C) 控制力高　　(D) 特殊進入模式

14. 貿易廠商不可向下列哪個單位請求簽發原產地證明書？
    (A) 經濟部國貿局　　(B) 經濟部標準檢驗局
    (C) 智慧財產局　　(D) 同業公會

15. 有關出口簽證之敘述下列何者正確？
    (A) 目前出口簽證制度已改為「正面表列」方式
    (B) 有效期限為 6 個月
    (C) 大部份貨物的出口均應申辦出口簽證
    (D) 逾期應註銷重簽

16. 關於進出口貿易流程，下列敘述何者較適當？
    (A) 每一筆國際貿易程序都大同小異
    (B) 國際貿易流程不會因為運輸方式不同而有所差異
    (C) 國際貿易流程不會因為貿易條件不同而有所差異
    (D) 貿易契約不會以簽訂書面契約書為必要條件

17. 下列何者屬於間接貿易方式？
    (A) 相對採購　　(B) 補償交易
    (C) 轉換貿易　　(D) 抵償交易

18. 關於策略聯盟特質，下列敘述何者錯誤？
    (A) 雙方為互惠的合作關係，均有學習的機會
    (B) 合夥人的觀點及努力具全球化
    (C) 雙方發展聯合長期策略，以達世界領導地位
    (D) 合作關係為垂直式組織，而非水平式關係

19. 關於策略聯盟特質，下列敘述何者錯誤？
    (A) 以進入單一國家市場或解決特定問題為主
    (B) 合夥人的觀點及努力具全球化

(C) 雙方發展聯合長期策略，以達世界領導地位

(D) 聯盟關係提供重要的學習機會

20. 關於航空貨物託運，下列敘述何者正確？

(A) Carrier 對於受貨人的賠償責任並沒有最高限額規定

(B) 託運人須向 Carrier 或其 Agent 洽簽 S/O

(C) 航空貨運代理商簽發予貨運承攬業者的提單稱為 MAWB

(D) 航空貨運並不適用貨櫃運輸

21. 關於特殊貨品航空運輸之規定，下列敘述何者正確？

(A) 危險物品、物質按危害型態分為七大類

(B) 木質包裝必須注意輸出國家的檢疫規定

(C) 危險貨品的包裝必須依照危險品運送之規定

(D) 空運提單押匯時三份正本皆提示

22. 關於貨櫃運輸實務，用於木材、機械製品及超大貨物運輸之貨櫃，屬下列何者？

(A) open top container (B) flat rack container
(C) hanger container (D) 8' 6" 高櫃

23. 若國際貿易以託收交易方式，出口商辦理託收時所出示的匯票其 "drawee" 及 "payee"，通常為

(A) 進口商及代收銀行 (B) 進口商及託收銀行
(C) 進口商及出口商 (D) 代收銀行及託收銀行

24. 當出口商發生押匯，所出示單據有瑕疵時，下列何者不是較正確處理方式？

(A) 請進口商協助修改 LC (B) 辦理保結押匯
(C) 改以託收方式辦理 (D) 電報放貨

25. 影響定價內在考量因素，下列何者為非？

(A) 成本 (B) 法令規章
(C) 其他行銷組合變數 (D) 定價目標

26. 影響定價外在考量因素，下列何者為非？

(A) 消費者需求 (B) 法令規章
(C) 其他行銷組合變數 (D) 匯率變化

27. 因應價格攀升的措施,下列何者為非?
    (A) 將產品重新定位 (B) 重新安排通路
    (C) 選擇在生產成本較低的國度製造產品 (D) 刪減一些產品屬性

28. 生產商為了在實現其規模經濟效益,並維持其國內價格的平衡,將其一部份商品持續以低於正常價值的價格,向海外市場傾銷的作法是
    (A) 無心傾銷 (B) 掠奪性傾銷
    (C) 零星傾銷 (D) 持續傾銷

29. 汽車、科學儀器、化學品、藥品及油脂等商品交貨,約定品質時適用以下何種方式?
    (A) Sale by sample (B) Sale by standard
    (C) Sale by specification or catalog (D) Sale by inspection

30. 下列何者不是直銷通路可使用的方式?
    (A) 電話促銷 (B) 網站銷售
    (C) 型錄或目錄 (D) 以上皆是直銷通路可使用的方式

31. 近幾年來,企業善因行銷 (cause-related marketing) 的活動越來越多,下列何者可能是善因行銷的主要目的?
    (A) 增加產品銷售 (B) 建立良好的社會公益形象
    (C) 有力建立與競爭對手差異化的定位 (D) 以上皆是

32. 下列何種廣告的型態是全球公司較喜歡使用的?
    (A) 僅使用地方性廣告 (B) 僅使用全球廣告
    (C) 地方性、全球性與地區性廣告均採用 (D) 廣泛的區域性廣告

33. 當公司成功創造出「全球性廣告」時,其可以獲得何種優勢?
    (A) 規模經濟 (B) 更加貼近配銷通路
    (C) 可以獲得未開發市場的「先進優勢」 (D) 以上皆是

34. 賣方保證，其交貨品質具有可銷性，適用在如木材、冷凍魚蝦等產品之品質約定方式，稱為
    (A) FAQ
    (B) Sale by specification
    (C) GMQ
    (D) Sale by inspection

35. 為了確保信用狀之真實性，信用狀正本最好送達賣方之途徑為何？
    (A) 航空郵寄直接寄給賣方
    (B) 電報直接通知賣方
    (C) 由進口商直接面交賣方
    (D) 透過 SWIFT 系統由通知銀行轉交

36. 可轉讓信用狀，其轉讓次數以幾次為限，但轉回第一受益人不在此限？
    (A) 1 次
    (B) 2 次
    (C) 3 次
    (D) 4 次

37. 進行國際行銷研究時，問卷題目之答案，並未設定任何制式答案，填答者可依據其想法和意見，自由發揮填寫，此種設計欲獲得何種資料？
    (A) 質性資料
    (B) 量化資料
    (C) 質和量化資料
    (D) 開放式資料

38. 國際行銷研究人員在進行政治、經濟、社會文化等宏觀環境之資料收集，是在進行下列何項調查？
    (A) 國家資料
    (B) 產業市場潛能報告
    (C) 公司銷售潛能報告
    (D) 區域抽樣資料蒐集

39. 若出口商的報價以郵寄方式預計於 4 月 30 日送達進口商，報價單有效期限 7 天，進口商於 5 月 2 日仍未接受此報價，出口商當日以傳真方式告知進口商原報價無效，此行為依英美法是屬於
    (A) 報價之撤銷
    (B) 報價之撤回
    (C) 還價
    (D) 報價之更改

40. 下列敘述何者較不適當？
    (A) 報價撤銷通知若與報價同時到達者，該撤銷有效
    (B) 進口商所發出的「訂單」可視為契約的一種
    (C) 廣告信函的價格表可以視為要約之行為

(D) 我國書面乃採到達主義

41. 當跨國公司擬在全球擴張時,行銷為主要關鍵是在哪一個階段?
(A) 出口行銷
(B) 國內行銷
(C) 國際行銷
(D) 全球行銷

42. 在古代,東方中國與西方國家,透過絲路 (Silk Road),以絲綢貿易來進行貨物與產品的交流是屬於哪一種行銷?
(A) 全球行銷
(B) 出口行銷
(C) 跨國行銷
(D) 國際行銷

43. 在非 LC 付款條件之 FOB、FCA、CFR、CPT 等條件之下,賣方為防止貨物於出倉後的運輸途中,因意外事故招致毀損,或買方拒付貨款的損失等風險,應投保
(A) Contingency Insurance
(B) ICC (A)
(C) ICC (B)
(D) ICC (C)

44. 下列對 ICC (A) 賠償事項之敘述,何者錯誤?
(A) 裝載違禁品所致之損失不賠償
(B) 因偷竊所致之損失賠償
(C) 惡劣氣候所致之單獨海損不賠償
(D) 貨物運送途中外部偶發事件賠償

45. 依國家競爭力中各要素類別,臨近中國大陸市場發展快速,內需市場龐大,可為我國汽車零組件廠商帶來商機,是屬於國家競爭優勢的哪一項要素?
(A) 生產因素
(B) 機會
(C) 相關與支援產業
(D) 需求條件
(E) 政府

46. 依國家競爭力中各要素類別,本土市場對產品的需求是屬於國家競爭優勢的哪一項要素?
(A) 生產因素
(B) 機會
(C) 相關與支援產業
(D) 需求條件
(E) 政府

47. 買方提出索賠時,賣方會要求買方提供

(A) 進口證明 (B) 檢驗報告
(C) 公證報告 (D) 領事簽證

48. 下列何者通常不屬於運輸索賠的範圍？
    (A) 箱內貨物短少，外包裝完整 (B) 機車的油箱被勾破
    (C) 包裝破裂貨物發霉外露 (D) 貨物裝置甲板上遭致損壞

49. 針對麥當勞強調清潔、服務、品質標準化，肯德基打出了「雞肉烹調專家」的口號，屬於何種定位策略？
    (A) 特質或利益 (B) 品質與價格
    (C) 產品種類 (D) 競爭者定位

50. 海倫仙度絲洗髮精強調具去頭皮屑的功效，屬於何種定位策略？
    (A) 特質或利益 (B) 品質與價格
    (C) 產品用途 (D) 競爭者定位

51. Cash with order transaction is a sale which the goods are shipped and delivered _____.
    (A) before payment is due (B) without credit asurance
    (C) after receipt of payment (D) within 30 days after receipt of payment

52. Which of the following phrase refer to "firm offer"?
    (A) We wish to buy... (B) We offer firmly...
    (C) We are willing to buy... (D) We offer subject to...

53. 可樂公司推出了一種低熱量的可樂，將其定位為喝了不會發胖的可樂，以迎合喜歡喝可樂又怕胖者的消費者，屬於何種定位策略？
    (A) 特質或利益 (B) 品質與價格
    (C) 產品種類 (D) 競爭者定位

54. 公司或企業進行交易之雙方，其對彼此作業方式之熟識程度，稱為
    (A) 地點距離 (B) 時間距離
    (C) 技術距離 (D) 社會距離

55. 以下有關自由貿易區的敘述，何者為非？

(A) 自由貿易區是位於某一國內的一個區域，但是該區域被視為在該國的關稅領域之外

(B) 對於在自由貿易區加工所發生的人力成本，仍需要課稅

(C) 在該區域內的物品轉移是屬於國際商務的範圍

(D) 以上皆非

56. 下列何者不是自由貿易區的優點？
　　(A) 較低的課稅基準　　　　　(B) 稅賦的遞延與免除
　　(C) 付款較為便利　　　　　　(D) 以上皆非

57. 外銷公司報價 FOB Keelung US$250 net per carton，客人要求改報 CFR Dubai C5，設運費每箱 20 美元，則每箱應報價
　　(A) 250　　　　　　　　　　(B) 256.50
　　(C) US$283.50　　　　　　　(D) US$284.21

58. 外銷瓷器 600 打，每 2 打裝成 1 箱，每箱才積為 10 才，海運運費為每 CBM USD44，則每打應負擔之運費為
　　(A) USD 5.83　　　　　　　　(B) USD 6.23
　　(C) USD 6.72　　　　　　　　(D) USD 8.53

59. 若通路決策是考慮銷售和獲利目標，則此為何種因素考量？
　　(A) 公司目的　　　　　　　　(B) 控制
　　(C) 競爭　　　　　　　　　　(D) 資本

60. BMW 汽車的用戶屬社會高層，是以新興現代的企業家、具有活力的年輕人為其主要訴求對象，屬於何種定位策略？
　　(A) 特質或利益　　　　　　　(B) 品質與價格
　　(C) 使用者定位　　　　　　　(D) 競爭者定位

61. 買方收到清潔提單後，發現部份貨物包裝破裂而裡面的貨物發霉，請問可向何者索賠？
　　(A) 運送人或賣方　　　　　　(B) 賣方或保險人
　　(C) 運送人或保險人　　　　　(D) 賣方或賣方的供應商

62. 買方以 CIF Keelung 購買 200 箱的食品,賣方在裝運後,憑清潔的併櫃提單和 ICC (A)、與戰爭險的保單,辦理押匯取得款項。買方收到貨後,只實際收取 195 箱,短少了 5 箱,應向誰提出索賠?
    (A) 出口商
    (B) 運送人
    (C) 保險公司
    (D) 先向出口商索賠,遭拒絕再向保險公司索賠

63. 依國家競爭力中各要素類別,經濟部推動汽車零組件產業發展計畫,希望能打進國際汽車大廠的採購鏈,是屬於國家競爭優勢的哪一項要素?
    (A) 生產因素　　　　　　　　(B) 機會
    (C) 相關與支援產業　　　　　(D) 需求條件
    (E) 政府

64. 針對地主國市場消費者行為研究及產品通路的調查,此為國家市場特性評估的哪一項目?
    (A) 總體環境分析　　　　　　(B) 市場機會評估
    (C) 產業競爭評估　　　　　　(D) 企業內部評估

65. 下列何者非海上貨物運輸保險 ICC (A) 條款之除外不保事項?
    (A) 戰爭、罷工　　　　　　　(B) 船東的財務糾紛
    (C) 被保險人故意行為　　　　(D) 淡水、雨水的損害

66. 下列何者為海上運輸保險之除外不保危險?
    (A) 單獨海損
    (B) 偷竊
    (C) 延遲交貨
    (D) 任何人之不法行為所引起被保險標的損害或毀壞

67. 「規劃及執行跨越國境的行銷活動,以滿足個人及組織企業目標的程序」,此為何者的定義?
    (A) 出口行銷　　　　　　　　(B) 全球市場

(C) 國際行銷 (D) 反全球行銷

68. 世界各地的年輕人有著相同的嗜好,例如吃麥當勞、喝可口可樂、使用 Apple 所生產的 3C 產品、穿耐吉球鞋,此種趨勢為
(A) 文化全球化 (B) 政治全球化
(C) 經濟全球化 (D) 傳媒全球化

69. 下列文件何者一般被視為買賣契約?
(A) offer (B) quotation
(C) invoice (D) proforma invoice

70. 下列對商務仲裁之描述何者錯誤?
(A) 昂貴費時 (B) 與法院判決具同等效力
(C) 具保密性 (D) 仲裁人更專業

71. 國際行銷研究人員進行企業可銷售數量、金額之預測,以作為決定進入何國家或何地區之有力參考數據,是在進行下列何項調查?
(A) 國家資料 (B) 產業市場潛能報告
(C) 公司銷售潛能報告 (D) 區域抽樣資料蒐集

72. 國際行銷研究人員欲瞭解當地消費者對企業架設的網站及店面的接受度,為下列何項研究?
(A) 產品研究 (B) 價格研究
(C) 通路研究 (D) 推廣研究

73. 信用狀轉讓之銀行,通常指
(A) 通知銀行 (B) 開狀銀行
(C) 指定銀行 (D) 付款銀行

74. 依 UCP600 之規定,信用狀有效期限及裝船期限因颱風而全國均停止營業,其期限分別為
(A) 可順延;可順延 (B) 可順延;不可順延
(C) 不可順延;可順延 (D) 不可順延;不可順延　至次一營業日

75. 我國是為了因應何種經濟變化，而與中國大陸簽訂 ECFA？
    (A) ASEAN+1　　　　　　　　(B) APEC
    (C) EU　　　　　　　　　　　(D) TPP

76. 下列何者非《貿易法》第 28 條所規定的處分？
    (A) 停業　　　　　　　　　　(B) 警告
    (C) 罰鍰　　　　　　　　　　(D) 賠償

77. 下列哪一個單位不可簽發 I/P 或 I/L？
    (A) 國貿局　　　　　　　　　(B) 標準檢驗局
    (C) 加工出口區管理處　　　　(D) 科學園區管理局

78. 下列何者非間接貿易？
    (A) 三角貿易
    (B) 轉口貿易
    (C) 過境貿易
    (D) 貨物直接從出口國到進口國，但文件經由非進出口廠商的第三者

79. 考量「國際控制」時下列何項不是其基本原則？
    (A) 建立標準　　　　　　　　(B) 績效評估
    (C) 獎懲　　　　　　　　　　(D) 分析差異

80. 以下何者不屬於協調的程序之一？
    (A) 集權化　　　　　　　　　(B) 正式化
    (C) 社會化　　　　　　　　　(D) 分權化

第五回答案

1. (C)	2. (B)	3. (C)	4. (B)	5. (C)
6. (D)	7. (B)	8. (A)	9. (A)	10. (D)
11. (C)	12. (C)	13. (B)	14. (C)	15. (B)
16. (D)	17. (C)	18. (D)	19. (A)	20. (C)
21. (C)	22. (B)	23. (B)	24. (D)	25. (B)

26. (C)

　　計算過程：CIF Dubai ÷ (1 － 5%) = US$700 ÷ 0.95 = 736.84

27. (D)

　　計算過程：270 ÷ (1 － 5%) = 284.21

28. (D)	29. (C)	30. (D)	31. (D)	32. (C)
33. (D)	34. (C)	35. (D)	36. (A)	37. (A)
38. (A)	39. (B)	40. (C)	41. (D)	42. (B)
43. (A)	44. (C)	45. (B)	46. (D)	47. (C)
48. (A)	49. (D)	50. (C)	51. (C)	52. (B)
53. (A)	54. (D)	55. (C)	56. (C)	57. (C)
58. (B)	59. (A)	60. (C)	61. (C)	62. (A)
63. (E)	64. (B)	65. (D)	66. (C)	67. (C)

68. (A)	69. (D)	70. (A)	71. (C)	72. (C)
73. (B)	74. (D)	75. (A)	76. (D)	77. (B)
78. (C)	79. (C)	80. (D)		

第六回

考題

1. 2013 年為我國賺取最大量外匯與使用最大宗外匯的產業分別為何？
   (A) 工具機；石油
   (B) 工具機；化學
   (C) 電子產品；石油
   (D) 機械設備；電機設備

2. 我國加入 WTO 及 APEC 係以下列何種名義申請加入？
   (A) 台灣、台澎金馬關稅領域
   (B) 台灣關稅領域、中華民國
   (C) 台澎金馬關稅領域、中華台北
   (D) 台灣關稅領域、中華台北

3. 以 FOB 條件交易時，下列何者是出口程序之必要步驟？
   (A) 洽訂艙位
   (B) 投保貨物運輸保險
   (C) 出口報關
   (D) 支付運費

4. 買方在尚未確定賣方裝運細節前先行購買之保險單稱為
   (A) Cover Note
   (B) TBD policy
   (C) Open policy
   (D) floating policy

5. 下列何種風險不屬於 ICC (A)、ICC (B)、ICC (C) 三種條款所共同承保的範圍？
   (A) 投棄
   (B) 共同海損之犧牲
   (C) 擱淺、觸礁
   (D) 波浪捲落

6. 手機業者欲瞭解為何消費者會選擇其公司的新產品的理由，宜採取以下何種方法較佳？
   (A) 觀察法
   (B) 實驗法
   (C) 訪談法
   (D) 調查法

7. 下列何者不是隨機抽樣方式？
   (A) 配額抽樣　　　　　　　　(B) 分層抽樣
   (C) 區域抽樣　　　　　　　　(D) 系統抽樣

8. 下列何者不是為定量研究方法？
   (A) 深入訪談法　　　　　　　(B) 實驗研究法
   (C) 調查研究法　　　　　　　(D) 封閉式問卷

9. 當企業欲進行國際行銷研究時，「請勾選下列您認為小米手機對台灣手機市場的影響有哪些？」這屬於何種問題？
   (A) 半開放　　　　　　　　　(B) 開放
   (C) 封閉　　　　　　　　　　(D) 半封閉

10. 海上貨物運輸保險之基本險的保險區間，一般而言採用下列何原則？
    (A) port to port　　　　　　　(B) warehouse to warehouse
    (C) place to place　　　　　　(D) door to door

11. 下列何種貨物運輸保險條款有承保因恐怖活動或懷有政治或宗教動機者所導致保險標的損失？
    (A) ICC (A)　　　　　　　　(B) ICC (B)
    (C) War Risk　　　　　　　　(D) SR&CC

12. 下列哪一個步驟屬於履約階段？
    (A) 報價　　　　　　　　　　(B) 簽約
    (C) 開發信用狀　　　　　　　(D) 索賠

13. 依關稅法規定，進口貨物於海關開出稅單之翌日起，幾天內應繳納進口關稅？
    (A) 14　　　　　　　　　　　(B) 15
    (C) 20　　　　　　　　　　　(D) 30

14. 某出口商收到國外信用狀兩張：(1) 鞋子 1,000 雙，每雙 50 美元，信用狀總金額 52,500 美元；(2) 棉花 1000 公噸，每公噸 100 美元，信用狀總金額 105,000 美元。若目前棉花價格已漲至每公噸 120 美元，則出口商會如何選擇裝運數量及押匯金

額？

(A) 鞋子 1,000 雙，50,000 美元；棉花 1,000 公噸，100,000 美元

(B) 鞋子 1,000 雙，50,000 美元；棉花 950 公噸，95,000 美元

(C) 鞋子 1,000 雙，50,000 美元；棉花 1,050 公噸，105,000 美元

(D) 鞋子 1,050 雙，52,500 美元；棉花 1,050 公噸，105,000 美元

15. 對於轉押匯之敘述，下列何者錯誤？

(A) 必定發生在特別信用狀時

(B) 出口商必須承擔金額較高的押匯費

(C) 出口商的第一次押匯時間必須提早

(D) 再押匯銀行須負責審單及寄單求償的動作

16. 受益人在首次辦理押匯前，應先取得銀行所給予的押匯額度，此押匯銀行會要求出口商簽具

(A) LG　　　　　　　　　　　(B) LH
(C) LI　　　　　　　　　　　(D) 出口結匯申請書

17. 當貨物較單證正本先到達進口地，且進口商已從出口商收到提單副本時，進口商可用何種方式先行辦理提貨事宜？

(A) 擔保提貨　　　　　　　　(B) 副提單背書提貨
(C) 電報放貨　　　　　　　　(D) 海運貨單

18. 當貨物較單證正本先到達進口地，且進口商已從出口商收到提單正本時，提單受貨人多以何種方式處理？

(A) to order　　　　　　　　(B) to order of shipper
(C) to order of issuing bank　(D) to order to buyer

19. 若契約規定裝運期限為 "Shipment on or about June 26th"，則下列何者裝運時間會被拒付？

(A) 6 月 20 日　　　　　　　(B) 6 月 26 日
(C) 6 月 30 日　　　　　　　(D) 7 月 1 日

20. 有關 "Inquiry" 之敘述，下列何者正確？

(A) 詢價對發詢價的一方具法律效率　　(B) 可由 Seller 發出
(C) 為必要的進口程序之一　　(D) 詢價只限於詢問價格

21. 對於 Quotation 之敘述，下列何者正確？
    (A) 對發報價的一方不具法律效率　　(B) 只能由 Seller 發出
    (C) 可以用口頭方式報出　　(D) 只限於報出價格條件

22. 買方訂購貨物規格的特殊，賣方轉售不易，適用於下列何種付款方式？
    (A) CWO　　(B) D/A
    (C) D/P　　(D) O/A

23. 對進口商而言，付款條件風險最小的排列依序為下列何者？
    (A) CWO by T/T > D/P > D/A > O/A by T/T
    (B) O/A by T/T > CWO by T/T > D/P > D/A
    (C) O/A by T/T > D/A > D/P > CWO by T/T
    (D) D/A > D/P > CWO by T/T > O/A by T/T

24. LC 當中所規定提單上的售貨人，以下列哪一項對出口商最不利？
    (A) To order　　(B) To order of shipper
    (C) To order of negotiating bank　　(D) To order of issuing bank

25. 若是考慮到未來能有效執行仲裁之判決，應以何者作為決定仲裁地點為考量？
    (A) 起岸地主義　　(B) 被告地主義
    (C) 第三地主義　　(D) 國內主義

26. 以下何者不是全球化動力的原因？
    (A) 經濟面　　(B) 政治面
    (C) 科技面　　(D) 企業面

27. 世界各國消費者的偏好及口味越來越相近，形成一個同質的大市場，所形成之全球化動力為下列何者？
    (A) 經濟面　　(B) 科技面
    (C) 市場面　　(D) 企業面

28. 關貿總協 (GATT) 或世貿組織 (WTO) 所形成之全球化動力為下列何者？
    (A) 經濟面　　　　　　　　　　(B) 科技面
    (C) 政治面　　　　　　　　　　(D) 企業面

29. 網際網路的快速發展，帶來人類劃時代的革命，也增進全球之資訊快速的傳遞，下列何者為此全球化之動力？
    (A) 經濟面　　　　　　　　　　(B) 科技面
    (C) 政治面　　　　　　　　　　(D) 企業面

30. 若是考慮到未來能快速檢查有問題的貨物或商品時，應以何者作為決定仲裁地點為考量？
    (A) 起岸地主義　　　　　　　　(B) 被告地主義
    (C) 第三地主義　　　　　　　　(D) 國內主義

31. 若是考慮到未來仲裁判決之公平性，應以何者作為決定仲裁地點為考量？
    (A) 起岸地主義　　　　　　　　(B) 被告地主義
    (C) 第三地主義　　　　　　　　(D) 國內主義

32. 以仲裁來處理貿易糾紛時，相較法院訴訟不具備下列何種性質？
    (A) 與法院判決具同等效力　　　(B) 專業性更高
    (C) 時效性強　　　　　　　　　(D) 理賠較高

33. 計算港口吞吐量，一般都以下列何者為計算單位？
    (A) TEU　　　　　　　　　　　(B) FEU
    (C) CBM　　　　　　　　　　　(D) TNE

34. MAWB 及 HAWB 分別由誰簽發？
    (A) 兩者都由航空公司簽發
    (B) 兩者都由貨運承攬人簽發
    (C) 前者由貨運承攬人簽發，後者由航空公司簽發
    (D) 前者由航空公司簽發，後者由貨運承攬人簽發

35. 大金冷氣在台灣特別強調「日本第一」，是屬於何種定位方式？

(A) 產品品質 　　　　　　　　　　(B) 產品獨特利益
(C) 當地定位 　　　　　　　　　　(D) 全球定位

36. 下列何項是集中化全球行銷的主要缺點？
    (A) 無法分散風險 　　　　　　　(B) 成本會提高
    (C) 可滿足所有消費者的需求 　　(D) 可降低產品管理的成本

37. 以消費者外顯的行為來進行區隔，下列何者不是常見的行為變數？
    (A) 追求的利益 　　　　　　　　(B) 生活型態
    (C) 產品使用率 　　　　　　　　(D) 使用產品的時機

38. 下列何者不是影響市場區隔吸引力大小的因素？
    (A) 產品生命週期 　　　　　　　(B) 組織的資源與優勢
    (C) 該區隔市場未來成長性 　　　(D) 接觸該區隔市場所需成本

39. 面對蘋果和三星兩大強敵，Sony 智慧型手機和「防水」功能的連結，突破競爭重圍，這屬於何種定位策略？
    (A) 特質或利益 　　　　　　　　(B) 品質與價格
    (C) 使用者定位 　　　　　　　　(D) 競爭者定位

40. 消費者如何看待來自某個特定國家的產品，例如日本的產品就是品質的保證，而德國的工業技術精湛，稱為
    (A) 產品定位 　　　　　　　　　(B) 來源國效應
    (C) 總和構念 　　　　　　　　　(D) 月暈效應

41. 消費者品牌態度之形成，係以該國若干項產品印象與認知，進而影響另一產品，稱為
    (A) 產品定位 　　　　　　　　　(B) 來源國效應
    (C) 總和構念 　　　　　　　　　(D) 月暈效果

42. 下列何者不是產品標準化策略的優點？
    (A) 可迎合市場異質化需求 　　　(B) 改善品質
    (C) 可產生良好溢散效果 　　　　(D) 有助消費者對企業產品的識別

43. 若甲公司出口一批貨物共 150 箱,每箱體積 75 cm×60 cm×80 cm,淨重 145 kgs,毛重 150 kgs。如果船公司整櫃之運費報價為 20 USD 2,500 40 USD 4,000,則該批貨物運費為多少?
    (A) USD 2,500
    (B) USD 4,000
    (C) USD 5,000
    (D) USD 6,500

44. 外銷公司出口貨物一批,體積噸為 13.95 CBM,重量為 4.35 公噸,基本運費率 100 美元 M/W,請問基本運費為
    (A) 4.35 美元
    (B) 13.95 美元
    (C) 435 美元
    (D) 1,395 美元

45. 針對空運提單的敘述,下列何者錯誤?
    (A) 一般空運提單正本為三聯
    (B) 具有物權證明
    (C) 認人不認單
    (D) 可以視為收據

46. 下列何種信用狀為進口商提供貿易融資,受益人得在出口前請求銀行預支部份資金融通?
    (A) acceptance LC
    (B) Red Clause Credit
    (C) Confirmed irrevocable credit
    (D) Stand-by Credit

47. 通常商品出口會額外地增加運費、關稅、保險及中間商利潤等,所以國外的最終零售價格往往會高於本地的零售價格,此稱為
    (A) 價格攀升
    (B) 刮脂定價
    (C) 通貨膨脹
    (D) 價格彈性

48. 下列何項不是跨國公司為了因應高通貨膨脹,可以採取的措施?
    (A) 修改產品
    (B) 降低產品售價
    (C) 調整原物料供應商
    (D) 以相對較為穩定的貨幣來報價

49. 下列何項不為「全球組織架構」下之組織型態?
    (A) 矩陣式組織
    (B) 國際區域組織架構
    (C) 全球產品組織架構
    (D) 全球區域組織架構

50. 以「全球產品架構」為主之組織型態，主要優點為？
    (A) 瞭解產品特色　　　　　　　　(B) 提升市場競爭力
    (C) 建立整體形象　　　　　　　　(D) 爭取政府補貼

51. 以全世界市場為中心，所有員工可以來自於各地區，重要階層則以能力為任用導向，此為
    (A) 本國中心主義　　　　　　　　(B) 我族中心主義
    (C) 多元中心主義　　　　　　　　(D) 全球中心主義

52. 下列何項不是跨國公司為了因應高通貨膨脹，可以採取的措施？
    (A) 降低投資成本　　　　　　　　(B) 透過常其合約來避險
    (C) 和政府溝通或談判　　　　　　(D) 追求快速的存貨周轉率

53. 下列何項不是跨國公司面對價格管制的國家，可以採取的措施？
    (A) 降低投資成本　　　　　　　　(B) 調整產品組合
    (C) 和政府溝通或談判　　　　　　(D) 預先採取因應措施

54. 有關押匯單據的相關日期，下列敘述何者正確？
    (A) 最終裝船日遇國定假日順延一天
    (B) 商品檢驗簽發日可晚於匯票簽發日
    (C) 匯票簽發日可早於裝運日
    (D) 若無最終裝船日期，則以 LC 有效日期為準

55. 許多企業常採取與當地相同企業合作，例如台灣裕隆汽車進入中國，此種策略稱為
    (A) 合資　　　　　　　　　　　　(B) 自保
    (C) 增資　　　　　　　　　　　　(D) 獨資

56. 根據 2015 年 4 月的資料顯示，哪一國已經成為全球最大的原油進口國？亦顯示出該國在中東的影響力。
    (A) 日本　　　　　　　　　　　　(B) 中國
    (C) 德國　　　　　　　　　　　　(D) 美國

57. 1960 年 9 月 10 日由伊拉克、伊朗、科威特、沙烏地阿拉伯和委內瑞拉代表在巴格

達開會商議成立一個協調機構，成立的目的是協調和統一成員國石油政策和價格，並給予石油消費國有效、經濟而穩定的供應；並給予石油工業投資者公平的回報，請問此機構為何？

(A) OPEC (B) GATT
(C) WTO (D) NAFIA

58. 國際通路之設計可分為下列哪兩類？

(A) 空運與海運 (B) 直接和間接
(C) 國內和國外 (D) 強制與自由加入

59. 下列何者不屬於國內貿易商？

(A) EMC (B) 出口貿易商
(C) 出口經銷商 (D) 貿易公司

60. 有關「實體配送」的議題，下列何者不是其相關問題？

(A) 倉儲 (B) 訂單處理
(C) 維修服務 (D) 運輸

61. 下列何者不屬於代表製造商之國內代理商？

(A) EMC (B) 出口掮客
(C) 官方採購代理商 (D) 合作出口商

62. 資本主義制度的基礎主要是仰賴市場經濟的運作，特別是強調私人企業間的自由競爭，主要是屬於哪一型？

(A) 市場分配型 (B) 市場命令型
(C) 命令分配型 (D) 市場分配型和命令分配型之混合型

63. 下列行為何者為 Sub-con-offer？

(A) 詢價 (B) 要約
(C) 要約的引誘 (D) 簽訂副契約

64. 下列行為何者為報價？

(A) 寄送 price list (B) 發出 offer sheet

(C) 寄送 catalogue (D) 寄送 sample

65. 近來日圓對美元走貶，而新台幣又緊盯美元，若在此情況下業者從事三角貿易應如何選擇交易貨幣來作進出口報價，以規避匯兌風險或獲取匯兌利益？
    (A) 以日圓作出口報價，以美元作進口報價
    (B) 以日圓作進口報價，以美元作出口報價
    (C) 以日圓作出口報價，以日圓作出口報價
    (D) 以美元作進口報價，以美元作出口報價

66. 一般而言，賣方在下列何種付款方式中所承擔的信用風險最低？
    (A) COLLECTION (B) LC
    (C) CWO (D) PBS

67. Because congestion of the departure port and the vessel scarce, we offer subject to_____.
    (A) alternation available (B) confirmation available
    (C) quota available (D) shipping space available

68. If a shipping mark's content is "Seattle via New York", it displays that_____.
    (A) the destination is Seattle (B) the destination is New York
    (C) the port of discharge is Seattle (D) the port of loading is New York

69. 進口貨物應依規定於期限內報關及繳納稅費，逾期者，下列何者不加徵懲罰費用？
    (A) 關稅 (B) 貨物稅
    (C) 營業稅 (D) 貿易推廣服務費

70. FTA 簽約國大多為貿易國往來國家，一般國家大都以哪兩項價格來統計出進口額，從而造成貨物出口總額低估，而進口總額高估的現象？
    (A) 出口額依照 FOB、進口額依照 CIF
    (B) 出口額依照 CIF、進口額依照 FOB
    (C) 出口額採國際市場價格計算、進口額照國內市場價格計算
    (D) 出口額照國內市場價格計算、進口額照國際市場價格計算

71. 下列何者不是策略聯盟之目的？

305

(A) 追求彼此在製造或行銷等方面的共同利益
(B) 增加聯盟夥伴彼此知名度
(C) 經營區域廣泛
(D) 降低經營風險

72. 下列何項不屬於「當地銷售」的工具？
    (A) 贊助　　　　　　　　　　　(B) 樣本
    (C) 抽獎　　　　　　　　　　　(D) 折扣券

73. 有些店家會在店內張貼海報或其被電視、雜誌專訪之內容，此種宣傳手法屬於
    (A) 免費廣告　　　　　　　　　(B) 促銷
    (C) 直接行銷溝通　　　　　　　(D) 公共報導

74. 有關折價券的發放方式，下列何者易於用來瞭解消費者對價格的敏感度？
    (A) 派人沿街發放　　　　　　　(B) 提供網路下載
    (C) 折價券附有序號，以郵寄發送　(D) 刊登於平面媒體廣告

75. 當公司決定要選擇一個或多個廣告代理商時，其會將組織結構分權化，並且
    (A) 將此決策權下放給國外子公司的經理人
    (B) 由總部決定
    (C) 由母公司的行銷經理人決定
    (D) 以上皆非

76. 在服務業，基於漸進導向，採取下列何種方式為較佳選擇？
    (A) 獨立子公司　　　　　　　　(B) 直接出口
    (C) 授權　　　　　　　　　　　(D) 合資

77. 速食業的麥當勞採用何種市場進入策略，達成其進軍海外市場的目的？
    (A) 管理合約　　　　　　　　　(B) 整廠輸出
    (C) 合約製造　　　　　　　　　(D) 經營特許

78. 下列何者不是出口模式的優點？
    (A) 所需投入的資金較多　　　　(B) 可透過單純出口獲取市場經驗

(C) 較具靈活性 (D) 可實現規模經濟效益

79. 貨物輸出國經由第三地至輸入國,而涉及文書往來由進出口廠商自行處理之方式來達成貿易稱為
   (A) 三角貿易 (B) 轉口貿易
   (C) 易貨貿易 (D) 過境貿易

80. 日本策略大師大前研一所提出的「三極地帶」觀念,即為北美、歐洲和日本三個重要市場,此種觀念是屬於何種管理哲學導向的市場觀念?
   (A) 全球中心 (B) 多國中心
   (C) 本土中心 (D) 區域中心

第六回答案

1. (C)	2. (C)	3. (C)	4. (B)	5. (D)
6. (C)	7. (A)	8. (A)	9. (C)	10. (B)
11. (D)	12. (C)	13. (B)	14. (B)	15. (D)
16. (B)	17. (A)	18. (C)	19. (A)	20. (B)
21. (C)	22. (A)	23. (C)	24. (D)	25. (B)
26. (B)	27. (C)	28. (A)	29. (B)	30. (A)
31. (C)	32. (D)	33. (A)	34. (D)	35. (C)
36. (A)	37. (B)	38. (A)	39. (A)	40. (B)
41. (C)	42. (A)	43. (C)	44. (D)	45. (B)
46. (B)	47. (A)	48. (B)	49. (C)	50. (B)
51. (D)	52. (C)	53. (A)	54. (D)	55. (A)
56. (B)	57. (A)	58. (B)	59. (A)	60. (C)
61. (B)	62. (A)	63. (C)	64. (B)	65. (B)
66. (C)	67. (D)	68. (A)	69. (D)	70. (A)
71. (B)	72. (A)	73. (D)	74. (C)	75. (A)
76. (C)	77. (D)	78. (A)	79. (D)	80. (D)

第七回

考題

1. 下列何者不屬於傾銷？
   (A) 無心傾銷
   (B) 掠奪性傾銷
   (C) 零星傾銷
   (D) 強制傾銷

2. 下列何者不屬於輸出保險之承保範圍？
   (A) 貨物運輸風險
   (B) 進口商信用風險
   (C) 進口國國家風險
   (D) 進口國政治風險

3. 下列何者通常不是辦理仲裁的機關？
   (A) 工商團體
   (B) 法院
   (C) 國際商會
   (D) 商品交易協會

4. 下列何者不是合資模式的優點？
   (A) 降低風險
   (B) 加快進入市場
   (C) 容易移轉技術及管理相關知識
   (D) 獲得地主國的市場知識

5. 消費者在購買並使用該產品後，仍然不知道該產品品質的好壞，例如修車服務、醫療服務等，是指下列何者？
   (A) 搜尋品
   (B) 經驗品
   (C) 選購品
   (D) 信賴品

6. 宏碁集團 (acer) 在 1990 年代進軍歐洲市場，首先針對此地區，進行政治、經濟與社會文化等宏觀環境收集資料，此屬於國際行銷研究哪一層次？
   (A) 特定產業資料
   (B) 國家地區資料
   (C) 公司銷售預測
   (D) 次級資料收集

7. 有關服務業貿易敘述，下列何者正確？
   (A) 國際間運輸、旅遊、金融或無償移轉等貿易，均屬此種貿易
   (B) 其交易需經報關統計
   (C) 其交易金額亦會顯示在國際收支統計表
   (D) 台灣目前服務業貿易已超過商品貿易

8. 促銷策略有時會因為文化差異而失效，你認為沃爾瑪 (Walmart) 百貨在日本市場的「最低價」訊息，會受到日本人的
   (A) 熱愛　　　　　　　　　　(B) 上門大肆採購
   (C) 排斥　　　　　　　　　　(D) 重視

9. 下列何項不是執行刮脂定價的先決條件？
   (A) 產品本身代表著技術創新
   (B) 消費者認知到高價格代表高品質
   (C) 產品必須對顧客創造出較高的附加價值
   (D) 消費者對價格的敏感度很高

10. 下列何者不是加盟模式的優點？
    (A) 節省成本　　　　　　　　(B) 易於控制市場通路
    (C) 避免進口障礙　　　　　　(D) 加速進入市場

11. 下列何者是行銷通路存在所產生的主要效用？
    (A) 地點效用　　　　　　　　(B) 時間效用
    (C) 形式效用　　　　　　　　(D) 以上皆是

12. 2014 年全球商品貿易排名，世界第一大出口國的地區為
    (A) 美國　　　　　　　　　　(B) 中國大陸
    (C) 日本　　　　　　　　　　(D) 德國

13. 若進口商收到的貨物因貨物發霉而無法使用時，此時進口商應該向何者提出索賠？
    (A) 公共運送人　　　　　　　(B) 保險公司
    (C) 出口商　　　　　　　　　(D) 自認倒楣

14. 若甲公司以空運方式寄送貨物一批，其長、寬、高分別為 40 cm×40 cm×60 cm，毛重為 10 KGS，假設空運運送人所報運費如下表所示，則該批貨物運費為多少？

每批最低收費	小於 45 KGS	大於等於 45 KGS	大於等於 100 KGS
TWD 2,200	TWD 450/KG	TWD 400/KG	TWD 350/KG

(A) TWD 2,200　　(B) TWD 4,500
(C) TWD 7,200　　(D) TWD 8,800

15. 通常哪一種所得國家其服務所佔的 GNP 比重很高，且往往超過 50%？
(A) 低所得國家　　(B) 中所得國家
(C) 中高所得國家　(D) 高所得國家

16. 關於進出口貨品編號 CCC Code，下列敘述何者有誤？
(A) 總共 11 碼，前 6 位碼依據 HS Code 編訂
(B) 前 8 位碼為稅則號別
(C) 前 10 位碼為統計號別，另外加 1 碼為檢查號碼
(D) 進口稅率分為三欄，第一欄適用與我國簽有 FTA 國家，第二欄適用於 WTO 會員國，第三欄適用於其他非屬第一、二欄國家適用

17. 若甲公司以空運方式寄送貨物一批，其長、寬、高分別為 20 cm×20 cm×40 cm，毛重為 5 KGS，假設空運運送人所報運費如下表所示，則該批貨物運費為多少？

每批最低收費	小於 45 KGS	大於等於 45 KGS	大於等於 100 KGS
TWD 2,200	TWD 450/KG	TWD 380/KG	TWD 320/KG

(A) TWD 2,200　　(B) TWD 1,202
(C) TWD 2,250　　(D) TWD 2,500"

18. 若甲公司以空運方式寄送貨物一批共 20 箱，每箱長、寬、高分別為 20 cm×20 cm×30 cm，毛重為 1.8 KGS，假設空運運送人所報運費如下表所示，則該批貨物運費為多少？

每批最低收費	小於 45 KGS	大於等於 45 KGS	大於等於 100 KGS
TWD 2,200	TWD 450/KG	TWD 380/KG	TWD 320/KG

  (A) TWD 15,000   (B) TWD 16,200
  (C) TWD 17,100   (D) TWD 18,000

19. 我國出口商由基隆港出口貨品至東京，則下列何者為不可能的對外報價方式？
  (A) FOB Keelung   (B) CFR Keelung
  (C) CIF Tokyo   (D) DAT Tokyo

20. 若以 LC 交易又是短途運輸時，發生貨物比單證先到，進口商又急於辦理提貨事宜，下列哪一種方式不適當？
  (A) 請進口商直接先電匯貨款給出口商   (B) 電報放貨
  (C) 擔保提貨   (D) 副提單背書提貨

21. 一家印表機製造商在其推出一種產品的廣告宣傳中，強調它列印的解析度，且價格便宜，這屬於何種定位策略？
  (A) 特質或利益   (B) 品質與價格
  (C) 使用者定位   (D) 競爭者定位

22. 廠商因應三角貿易或補償交易，如需以信用狀交易，以下列何種信用狀為適合？
  (A) 紅條信用狀   (B) 保兌信用狀
  (C) 擔保信用狀   (D) 背對背信用狀

23. 下列何者不是在地生產的優點？
  (A) 可助新管理風格的建立   (B) 使當地客戶更具信心
  (C) 維持較緊密的客戶關係   (D) 控制力高

24. 企業得到來自行政院主計總處所公佈的人口統計與消費相關之資料，係屬於
  (A) 正式調查資料   (B) 學術研究資料
  (C) 初級資料   (D) 次級資料

25. If a shipping mark's content is "Seattle via New York", it displays that＿＿＿＿.

(A) the destination is Seattle (B) the destination is New York
(C) the port of discharge is Seattle (D) the port of loading is New York

26. 下列何種付款方式，在出口商辦理請款時無須付上匯票？
    (A) Usance LC (B) deferred payment LC
    (C) D/P (D) D/A

27. 台灣電腦業者在分析完中國大陸市場後，各家電腦公司就分別以當年度銷售量為基礎，並推估出下一年度在大陸市場之銷售潛能，其屬於國際行銷研究哪一部份？
    (A) 特定產業資料 (B) 國家地區資料
    (C) 公司銷售預測 (D) 次級資料收集

28. 海關對於逾期不報關或不繳稅之貨物，拍賣並獲其所得價款時，扣除應納關稅及必要之費用外，如有餘款，納稅義務人得於幾年內向海關申請發還，逾期則歸國庫所有？
    (A) 半年 (B) 1 年
    (C) 3 年 (D) 5 年

29. 依據 UCP600 之規定，信用狀有效期限及裝船期限因國定假日皆全國停止營業，其期限分別為
    (A) 可順延；可順延 (B) 可順延；不可順延
    (C) 不可順延；可順延 (D) 不可順延；不可順延　至次一營業日

30. 消費者目前尚不知道，或是知道而尚未有興趣購買的產品，例如墓地、保險產品等，是指下列何者？
    (A) 特殊品 (B) 忽略品
    (C) 選購品 (D) 便利品

31. 在台灣若以航空方式運送，則適用下列何種貿易條件？
    (A) FOB (B) FCA
    (C) CFR (D) CIF

32. 下列敘述何者為是？

(A) 兩黨政治容易導致企業環境的高度不穩定

(B) 地主國政府的總經政策會直接影響跨國公司的經營和利潤

(C) 杯葛是最為激烈的政府管制措施

(D) 接管特別容易出現在一些貿易赤字的國家

33. 企業生產數量增加,每單位平均分攤固定成本會隨之下滑,進而可帶來平均單位成本降低,稱為
    (A) 規模經濟　　　　　　　　　　(B) 全球策略
    (C) 生產經濟　　　　　　　　　　(D) 資源運用

34. 依照我國稅則對輸出入貨品之簽審代號規定,MP1 代表何種意義?
    (A) 大陸商品不准進口　　　　　　(B) 大陸商品管制進口
    (C) 大陸商品有條件進口　　　　　(D) 大陸商品應取得輸入簽證

35. 原報價經還價後,原報價
    (A) 原報價者可以再議　　　　　　(B) 仍然有效
    (C) 已經失效　　　　　　　　　　(D) 視雙方態度而定

36. 有關輸出保險之敘述,下列何者正確?
    (A) 承保單位是一般產險公司　　　(B) 金額理賠有限制,為貨物價值110%
    (C) 承保標的物為貨物運輸保險　　(D) 此為政策性保險

37. 企業因特定的需要,委外或是由企業收集之資料,稱為
    (A) 正式調查資料　　　　　　　　(B) 學術研究資料
    (C) 初級資料　　　　　　　　　　(D) 次級資料

38. Because congestion of the departure port and the vessel scarce, we offer subject to _____.
    (A) alternation available　　　　(B) confirmation available
    (C) quota available　　　　　　　(D) shipping space available

39. 貨物若發生保險理賠並推定為全損,被保險貨物日後有可能發生失而復得或仍具有部份殘值,此時若被保險人向保險人求償,保險人要求被保險人將貨物權利讓予保險人方予以全額賠償,此種權利讓予稱為

(A) 單獨海損 (B) 單獨費用
(C) 代位求償 (D) 委付

40. 2001 年，美國高盛公司首席經濟師吉姆・奧尼爾 (Jim O'Neil) 提出「金磚四國」一詞，並預測，到 2050 年「金磚四國」將超越包括英國、法國、義大利、德國在內的西方已開發國家，與美國、日本一起躋身全球新的六大經濟體。下列哪一個國家不是此「金磚四國」？
    (A) 印度 (B) 巴西
    (C) 俄羅斯 (D) 南非

41. 有關「擔保提貨」的敘述，下列何者較適當？
    (A) 進口商使用提單正本提貨
    (B) 由開狀銀行提供切結書並予以擔保
    (C) 提單受貨人多為 to order of issuing bank
    (D) 未來出口商押匯所提示單據有瑕疵時，進口商不得依此理由拒付

42. 若進口商以融資開狀方式申請即期開狀時，下列敘述何者正確？
    (A) 只需辦理一次結購外匯
    (B) 適用於所有開狀申請的進口商
    (C) 於出口商辦理出口押匯時，付清信用狀款項
    (D) 於開狀銀行通知贖單時，付清信用狀款項

43. 信用狀受益人提示單證請求付款的期限，不受下列何種期限之限制？
    (A) 裝船日後 LC 規範日期 (B) 裝船日後 21 個曆日
    (C) 信用狀有效期限 (D) 信用狀開狀日期

44. "Through the HSBC, Taipei, we have arranged with the DeutcsheBank, Hamburg branch to issue a credit in favor of Orchid Co., Ltd." In the Letter of Credit the beneficiary is
    (A) HSBC (B) DeutcsheBank, Hamburg branch
    (C) Orchid Co., Ltd. (D) the writer

45. 下列何項不是運用「地主國人員」為銷售人員之優點？
    (A) 成本較低 (B) 熟悉消費者特性

(C) 瞭解當地市場　　　　　　　　　(D) 溝通較為容易

46. 以下敘述何者錯誤？
    (A) 報價的誘引視為還價　　　　　(B) 報價對發報價的一方具法律效力
    (C) 被報價人接受，契約即告成立　(D) 報價又稱要約

47. 下列何者為促使市場全球化和生產全球化動力的原因之一？
    (A) 政治面　　　　　　　　　　　(B) 文化面
    (C) 科技面　　　　　　　　　　　(D) 社會面

48. 下列何者不屬於貨物運輸海上基本危險？
    (A) 火災　　　　　　　　　　　　(B) 海盜
    (C) 觸礁　　　　　　　　　　　　(D) 地震或火山爆發

49. 下列何者適用於複合運輸方式？
    (A) FOB　　　　　　　　　　　　(B) FCA
    (C) CFR　　　　　　　　　　　　(D) CIF

50. 輸出保險係以何者為保險標的物？
    (A) 貨物運輸過程之全損或分損　　(B) 出口商之應收帳款
    (C) 消費者使用商品可能的傷害　　(D) 出口商的商譽

51. 何謂集中策略？
    (A) 將有限的資源集中，以滿足某一區隔的獨特需要來取得優勢
    (B) 透過塑造獨特的產品，與競爭者形成差異，以獲競爭優勢
    (C) 以相對於競爭者較低的成本生產產品，並藉低價來獲取競爭優勢
    (D) 以上皆是

52. 下列哪一種歐洲零售的概念在美國卻行不通？
    (A) 露天市集 (souks)　　　　　　(B) 超級賣場 (hypermarket)
    (C) 便利商店 (convenience stores)　(D) 折扣商店 (discounting)

53. International Turnkey Project or contract sales of large equipment, agreed quality term is _____.
    (A) maker's quality terms　　　　(B) shipped quality terms

(C) shipped quality terms　　　　　(D) buyer's inspection quality terms

54. 空運運費以體積重量作為計費重量時，1公斤等於多少立方公分？
    (A) 35.315　　　　　　　　　　(B) 1,728
    (C) 366　　　　　　　　　　　　(D) 6,000

55. 何謂差異化策略？
    (A) 將有限的資源集中，以滿足某一區隔的獨特需要來取得優勢
    (B) 透過塑造獨特的產品，與競爭者形成差異，以獲競爭優勢
    (C) 以相對於競爭者較低的成本生產產品，並藉低價來獲取競爭優勢
    (D) 以上皆是

56. 貨物直接由出口國運往進口國，不通過第三國，而第三國中間商卻介入其中貿易過程，此係屬
    (A) 三角貿易　　　　　　　　　(B) 轉口貿易
    (C) 易貨貿易　　　　　　　　　(D) 過境貿易

57. 一個國家或經濟體的貨幣當局持有並可隨時兌換他國貨幣的資產，稱之為：
    (A) 人均所得　　　　　　　　　(B) 外匯存底
    (C) 國民生產所得　　　　　　　(D) 國民平均消費

58. 下列何者不是宏觀市場區隔上常選用的區隔變數？
    (A) 經濟發展指標　　　　　　　(B) 所得
    (C) 基礎設施　　　　　　　　　(D) 以上皆是

59. 定價基本考量因素，下列何者為非？
    (A) 競爭態勢　　　　　　　　　(B) 成本
    (C) 消費者偏好　　　　　　　　(D) 需求狀況

60. 有關我國加入國際或區域經貿組織的敘述，下列何者錯誤？
    (A) 我國目前已加入的國際經合組織為 APEC
    (B) 我國在 2002 年成為 WTO 會員國
    (C) 目前與我國簽訂 FTA 國家均在中南美洲

(D) 我國並非 IMF 會員國

61. 國際貨運承運人對於匯率波動而增列之附加費用稱為
    (A) PPS
    (B) BAF
    (C) CAF
    (D) THC

62. 若甲公司以空運方式寄送貨物一批，其長、寬、高分別為 20 cm×20 cm×40 cm，毛重為 3 KGS，假設空運運送人所報運費如下表所示，則該批貨物運費為多少？

每批最低收費	小於 45 KGS	大於等於 45 KGS	大於等於 100 KGS
TWD 2,200	TWD 450/KG	TWD 380/KG	TWD 320/KG

   (A) TWD 2,200
   (B) TWD 1,202
   (C) TWD 1,350
   (D) TWD 1,500

63. 處理貿易索賠與糾紛的方法有幾種，最優先處理方式為
    (A) 自行和解
    (B) 申請調解
    (C) 申請仲裁
    (D) 法院訴訟

64. 何謂成本領導策略？
    (A) 將有限的資源集中，以滿足某一區隔的獨特需要來取得優勢
    (B) 透過塑造獨特的產品，與競爭者形成差異，以獲競爭優勢
    (C) 以相對於競爭者較低的成本生產產品，並藉低價來獲取競爭優勢
    (D) 以上皆是

65. 以下哪一種商店型態著重在較為集中的產品特性、較為深度的商品組合型態，並強調服務的重要性？
    (A) 百貨公司
    (B) 便利商店
    (C) 專賣店
    (D) 折扣商店

66. CY/CFS 在起運港之裝櫃作業及目的地港之拆櫃作業分別由誰負責？
    (A) 託運人，船公司
    (B) 船公司，受貨人
    (C) 託運人，受貨人
    (D) 託運人，託運人

67. 下列何者分別為出口與進口報關文件？
    (A) S/O、B/L
    (B) B/L、M/R
    (C) S/O、D/O
    (D) B/L、D/O

68. 下列何者非買方索賠時，可能採取的行動？
    (A) 拒付貨款
    (B) 扣留貨物
    (C) 要求換貨
    (D) 要求減價

69. 若將全球廣告標準化可以獲得許多利益，以下何者不是廣告標準化的好處？
    (A) 捧紅廣告明星
    (B) 製造較佳品質廣告
    (C) 塑造全球品牌形象
    (D) 廣告平均成本

70. 下列何者為非市場全球化的範例？
    (A) 可口可樂
    (B) iPhone
    (C) 波音 747
    (D) 王品牛排

71. 下列何項不是跨國公司因應競爭廠商的傾銷行為，可以採取的行動？
    (A) 採取訴訟
    (B) 降價競爭
    (C) 產品升級
    (D) 強化服務

72. 有些零售商強調其產品以低溫宅配的方式送到消費者手中，以保持產品新鮮。請問這些零售商是為了維持何種通路效用？
    (A) 地點效用
    (B) 時間效用
    (C) 形式效用
    (D) 資訊效用

73. 下列何者不是授權模式的缺點？
    (A) 相對於投資，回收低
    (B) 缺乏控制
    (C) 增加投入的時間與成本
    (D) 接受權利者可能為日後最大競爭者

74. 經濟水準較低、消費者收入較低之國家，其一般民生用品最適合採取何種促銷方式？
    (A) 贈品
    (B) 樣品
    (C) 優惠組合
    (D) 競賽

75. 下列敘述何者視為反報價？
    (A) 變更報價中的付款條件
    (B) 表示將進一步評估報價內容
    (C) 寄送價目表
    (D) 對報價保持沉默

76. 若進口商申請開發 60 days buyer's Usance LC，下列敘述何者錯誤？
    (A) 又稱「假遠期信用狀」
    (B) 買方延遲 60 天支付貨款
    (C) 若審單無誤賣方立即拿到貨款
    (D) 這是賣方提供買方的信用展延

77. 在國際貿易上，一般都認定下列何時為實際裝運日期？
    (A) 託運日期
    (B) 報關日期
    (C) 提單簽發日期
    (D) 保險生效日期

78. 依照 UCP 規範，將以下列何種日期將視為裝載日及裝運日？
    (A) 提單簽發日
    (B) 保險生效日
    (C) 出口報關日期
    (D) 貨物實際託運日期

79. 出口商應憑下列哪一項單據，向船公司換取物權單據，以辦理出口押匯手續？
    (A) 裝貨單
    (B) 大副收據
    (C) 提單
    (D) 小提單

80. 消費者購買並使用商品以後，才會知道產品品質的好壞，例如飲食、美髮美容等，是指下列何者？
    (A) 搜尋品
    (B) 經驗品
    (C) 選購品
    (D) 信賴品

第七回答案

1. (D)	2. (A)	3. (B)	4. (C)	5. (D)
6. (B)	7. (C)	8. (C)	9. (D)	10. (B)
11. (D)	12. (B)	13. (C)	14. (C)	15. (D)
16. (D)	17. (C)	18. (C)	19. (B)	20. (A)
21. (B)	22. (D)	23. (D)	24. (C)	25. (A)
26. (B)	27. (C)	28. (D)	29. (B)	30. (B)
31. (A)	32. (B)	33. (A)	34. (C)	35. (C)
36. (C)	37. (C)	38. (D)	39. (D)	40. (D)
41. (D)	42. (D)	43. (D)	44. (C)	45. (D)
46. (A)	47. (C)	48. (D)	49. (B)	50. (B)
51. (A)	52. (B)	53. (D)	54. (D)	55. (B)
56. (A)	57. (B)	58. (D)	59. (C)	60. (C)
61. (C)	62. (A)	63. (A)	64. (C)	65. (C)
66. (A)	67. (C)	68. (B)	69. (C)	70. (D)
71. (B)	72. (C)	73. (C)	74. (C)	75. (A)
76. (D)	77. (C)	78. (A)	79. (B)	80. (B)

第八回

考題

1. 影響產品調適的「產品特性」因素，下列何者為非？
   (A) 服務水準
   (B) 規模經濟
   (C) 包裝
   (D) 產品成份

2. 有關共同海損分擔，下列敘述何者正確？
   (A) 所有有投保基本險均可獲得理賠
   (B) A、B 險理賠；C 險不理賠
   (C) A 險理賠；B、C 險不理賠
   (D) 是所有基本險需另外再加保的附加險

3. 下列何者不屬於企業面影響全球化的考量因素？
   (A) 經驗移轉
   (B) 規模經濟
   (C) 資源運用
   (D) 變動成本

4. 產品需經由國內經銷商或代理商銷售至目標市場國，而企業所需承擔的風險及投入的資源較少，是屬於何種國際市場進入策略？
   (A) 技術授權
   (B) 經營特許
   (C) 直接出口
   (D) 間接出口

5. 廠商由 OEM 或 ODM 進化到 OBM 模式，通常升級過程
   (A) 有延續性
   (B) 受到國外原廠支持
   (C) 不會有延續性
   (D) 國外原廠會提供技術

6. 海運提單 (Ocean B/L) 上，若運費收費情形加註 Freight Prepaid 字樣，則其貿易條件不可能為
   (A) FOB
   (B) CFR
   (C) CIF
   (D) DDP

7. 有關 factoring 之敘述,下列何者錯誤?
   (A) 融資期限多為半年以下
   (B) 多為買斷出口商遠期信用狀匯票
   (C) 除了提供出口商貿易融資外,亦能規避買方信用風險
   (D) factor 於買入出口商債權後,大都分兩次付款給出口商

8. 出口商選用樣品時,下列何者較為適當?
   (A) 以買方樣品   (B) 以平均、下等品質
   (C) 以平均、中等品質   (D) 以精選、上等品質

9. 向公共運送人進行貨物運輸索賠時,下列何者非須具備的索賠文件?
   (A) 商業發票   (B) 包裝單
   (C) 進口報單   (D) 借項清單

10. 下列何者不是影響跨國公司採用標準化策略與調適性策略抉擇的因素?
    (A) 通路因素   (B) 組織因素
    (C) 市場環境因素   (D) 產品因素

11. 下列何者不屬於不正當的索賠?
    (A) 誤解索賠   (B) 市場索賠
    (C) 惡意索賠   (D) 保險索賠

12. 企業出口行銷中,在若干市場獲得不錯效益後,企業擬深入當地市場之運作,例如注重產品的調整等。此企業應為下列哪一階段?
    (A) 國內行銷   (B) 出口行銷
    (C) 國際行銷   (D) 多國行銷
    (E) 以上皆非

13. 聯合國國際貨物買賣契約公約 (CISG) 上規範,書面報價之生效時間大多採取
    (A) 發信主義   (B) 到達主義
    (C) 雙方自行約定   (D) 不一定

14. 下列何種報價對報價者具有約束力?

(A) 附條件報價 　　　　　　　　(B) 還價
(C) 要約之引誘 　　　　　　　　(D) 要約

15. 下列何者不屬於母國通路成員？
    (A) 母國掮客 　　　　　　　　(B) 製造商代理商
    (C) 採購中心 　　　　　　　　(D) 以上皆非

16. 我國對於進出口商品原產地之認定有二：一為其商品標準分類前 6 碼是否改變；二為材料經加工或製造後之重要製程所產生之貨品附加價值達
    (A) 35% 　　　　　　　　　　(B) 40%
    (C) 45% 　　　　　　　　　　(D) 50%

17. 若一跨國汽車公司欲進行國際行銷研究時，工程師進駐當地市場以觀察消費者的用車習慣，這屬於
    (A) 觀察法 　　　　　　　　　(B) 實驗法
    (C) 訪談法 　　　　　　　　　(D) 調查法

18. 全球的價格鎖定是指某種商品或服務在全球的價格被固定在某一狹窄的範圍內，下列何者是典型的價格鎖定？
    (A) 卡特爾 (Cartels) 　　　　　(B) 轉移定價
    (C) 傾銷 　　　　　　　　　　(D) 滲透定價

19. 有關短途運輸可能會發生貨比單證先到的問題，請問下列哪一項方式無法解決上述問題？
    (A) 電報放貨 　　　　　　　　(B) 擔保提貨
    (C) 副提單背書提貨 　　　　　(D) 保結押匯

20. 有關於 Proforma Invoice 之敘述，下列何者錯誤？
    (A) 由賣方簽發
    (B) 對於外匯管理較嚴格國家，可供買方購買外匯用
    (C) 可視同報價單
    (D) 是商業發票的一種

21. 有關各種稅費：(1) 商港服務費；(2) 推廣貿易服務費；(3) 關稅；(4) 貨物稅及營業稅，下列敘述何者正確？
    (A) 出口時應繳納：(1)(2)(3)
    (B) 出口時應繳納：(1)(2)(4)
    (C) 進口時應繳納：(1)(3)(4)
    (D) 進口時應繳納：(1)(2)(3)(4)

22. 跨國公司將一部份的製造程序安排在海外進行，是屬於何種國際市場的進入策略？
    (A) 在地組裝
    (B) 直接出口
    (C) 合約生產
    (D) 完全整合製造

23. 下列何種商品適用以樣品約定品質的條件？
    (A) 藥品
    (B) 罐頭
    (C) 玉石
    (D) 芝麻子

24. 為了進入海外市場，不惜虧本，甚至以低價銷售產品的作法是
    (A) 無心傾銷
    (B) 掠奪性傾銷
    (C) 零星傾銷
    (D) 聯合傾銷

25. Which of the following credit availablity, the beneficiaries do not have to issue a bill?
    (A) sight payment LC
    (B) deferred payment LC
    (C) buyer's usance LC
    (D) negotiation LC

26. 依照我國《自由貿易港區設置管理條例》所設置「自由貿易港區」的特色為何？
    (A) 境內關外
    (B) 境外關內
    (C) 境外關外
    (D) 境內關內

27. 社會主義經濟制度是指社會主義經濟關係的總和，以公有制為基礎，勞動者成為生產要素的主人，實行按勞分配，以消除兩極分化，最終實現共同富裕，而在其制度下，市場上大多是屬於哪一種情形？
    (A) 需求大於供給
    (B) 無須談論供給和需求
    (C) 供給大於需求
    (D) 以上皆非

28. 關於我國貿易現況，下列敘述何者正確？
    (A) 所有進出口貨物皆需辦理報關

(B) 目前貿易往來使用最多的付款方式為託收交易

(C) FTA 簽約國大多為主要貿易國往來國家

(D) 已加入 WTO、APEC 及 IMF 等國際組織

29. 影響國際通路決策因素可分為內部因素與外部因素，下列何項不是影響國際通路決策之「外部因素」？

    (A) 顧客特性　　　　　　　　(B) 文化

    (C) 溝通　　　　　　　　　　(D) 競爭

30. 在區隔之後，企業應能運用其行銷組合來有效服務所選定的市場區隔，此即市場區隔變數的＿＿＿＿。

    (A) 可接近性　　　　　　　　(B) 可衡量性

    (C) 可回應性　　　　　　　　(D) 以上皆是

31. 依國家競爭力中各要素類別，該國家是否具備這項產業的相關支援產業，例如日本汽車工業的競爭優勢離不開鋼鐵、機械、零組件等產業的支持，是屬於國家競爭優勢的哪一項要素？

    (A) 生產因素　　　　　　　　(B) 機會

    (C) 相關與支援產業　　　　　(D) 需求條件

    (E) 政府

32. 下列何者通常屬於運輸索賠的範圍？

    (A) 箱數沒減少，但箱內個數短少　　(B) 裝卸或堆積不當

    (C) 變更航程　　　　　　　　(D) 短卸或不到貨

33. 對企業的經營只有間接影響，且較難控制的環境因素，稱為

    (A) 個體環境　　　　　　　　(B) 直接環境

    (C) 間接環境　　　　　　　　(D) 總體環境

34. 依 Incoterms 2010 之規定，下列貿易條件何者適用 Shipped Quality Terms？

    (A) EXW　　　　　　　　　　(B) CIF

    (C) DAT　　　　　　　　　　(D) DAP

35. 台灣某公司從美國進口汽車廢鐵 10 萬噸，美國國內收購價為 0.3 美元 / 公斤，含採購佣金 FOBC2，另加運、保費及其他費用 10%，國內銷售價每公噸 NT$10,000，試計算該廢鐵進口換匯成本為
    (A) 29.94
    (B) 30.30
    (C) 30.92
    (D) 31.47

36. 下列國際規範何者敘述錯誤？
    (A)《京都議定書》：管制二氧化碳
    (B)《華盛頓公約》：保護瀕臨絕種野生動物
    (C)《里約宣言》：保護全球環境及兼顧經濟發展
    (D)《CISG 公約》：聯合國禁止化學武器製造與使用

37. 若進口商對供應商在履約保證上有疑慮時，可以要求對方提供何種信用狀？
    (A) Irrevocable LC
    (B) Back to Back LC
    (C) Confirmed LC
    (D) Stand-by LC

38. 下列何者為出口押匯文件？
    (A) S/O
    (B) M/R
    (C) B/L
    (D) D/O

39. 下列何種信用狀押匯時不用附上財務單證？
    (A) 紅條信用狀
    (B) 承兌信用狀
    (C) 延遲付款信用狀
    (D) 特別信用狀

40. 當一個公司使用所謂的聯運 (intermodal) 模式運送貨物，乃表示其
    (A) 使用多重通路
    (B) 以鐵路運輸
    (C) 使用超過一種運輸模式
    (D) 使用直接通路

41. 下列何者不是產品調適策略的利益？
    (A) 可滿足不同區隔顧客的需求
    (B) 可凸顯產品的獨特性
    (C) 達成規模經濟
    (D) 增加在地主國市場的競爭力

42. 有關船長或船員之惡意或故意行為，導致貨物之全損或分損，下列敘述何者正確？

(A) A險理賠；B險也理賠 (B) A險理賠；B險不理賠
(C) A險不理賠；B險也不理賠 (D) 視保單內容而定

43. 若向海運運送人提出索賠，若雙方意見不一致或被拒付時，貨主想提出訴訟，應於提貨之日起多少時間之內提出，否則喪失賠償請求權？
    (A) 1個月 (B) 6個月
    (C) 1年 (D) 2年

44. 下列何者不是企業所面對的政治風險？
    (A) 政變 (B) 反抗軍暴力
    (C) 意識型態改變 (D) 消費者行為改變

45. 下列何項不是「雜誌」廣告之優點？
    (A) 閱讀流通時間較長 (B) 可以鎖定特定客群
    (C) 刊登時間較報紙有效率 (D) 印刷較精美

46. 將企業之經營策略和管理制度等作法，透過全球化可以複製至其他地區，進行開發之計畫，企業此種作法稱為
    (A) 規模經濟 (B) 邊際效用
    (C) 經驗移轉 (D) 資源運用

47. 若海運提單的正本發行份數為三份，則提貨人應出示幾份正本方能提貨？
    (A) 一份 (B) 兩份
    (C) 三份 (D) 認人不認單

48. 世界上大多數的經濟制度是屬於何種制度？
    (A) 資本主義制度 (B) 社會主義制度
    (C) 資本分配主義制度 (D) 混合型

49. 為了防止開狀銀行延遲審單，依UCP600規定開狀銀行在收到寄來單證次日起最遲幾天內需決定提示是否拒付？
    (A) 三個營業日 (B) 五個營業日
    (C) 七個營業日 (D) 十個營業日

50. 買賣契約依 CFRC2 Dubai 交易條件成交，該批貨物約定的總值 20,000 美元，總運費 1,600 美元，請問該筆交易的外匯淨收入為多少美元？
    (A) 20,000　　　　　　　　　　　(B) 18,400
    (C) 18,000　　　　　　　　　　　(D) 19,600

51. If a shipping mark displays "Seattle via New York", it is _____.
    (A) Main mark　　　　　　　　　(B) Destination mark
    (C) Counter mark　　　　　　　　(D) Country of origin

52. 企業在台灣尋找設計人才來設計產品，並在越南或中國大陸成立工廠，以運用其便宜的人工成本來進行生產，企業的此種作法稱為
    (A) 經驗移轉　　　　　　　　　　(B) 邊際效用
    (C) 資源運用　　　　　　　　　　(D) 變動成本

53. 有關 A 險的描述，下列何者有誤？
    (A) 是基本險中保費最貴的　　　　(B) 對應舊貨物保險條款之 All Risk
    (C) 所有貨物運輸風險均予以承保　(D) 是屬於概括式的保單

54. 當信用狀要求提示 PACKING LIST IN TRIPLICATE 時，則下列何種情況將不被拒付？
    (A) 提示三份正本　　　　　　　　(B) 提示兩份正本、一份副本
    (C) 提示一份正本、兩份副本　　　(D) 提示三份副本

55. 企業定價時，必須考量的外在因素除競爭情勢外，另一因素為
    (A) 產品成本　　　　　　　　　　(B) 通路商邊際利潤
    (C) 公司目標　　　　　　　　　　(D) 市場需求

56. 企業在很短時間內同時進入很多市場，但所需投入的資源及面臨的風險會較大，屬於下列何種擴散策略？
    (A) 灑水車策略　　　　　　　　　(B) 多角化策略
    (C) 瀑布策略　　　　　　　　　　(D) 專注策略

57. 問卷問題為「請問您對於開放陸客自由行，是否對台灣觀光產業有所助益」，係為

瞭解

(A) 事實 (B) 意見
(C) 知識 (D) 行為

58. 在 Buyback Agreement 的交易方式中，簽訂機械設備採購協議的供應商多數位於何等國家？

(A) 外匯短缺國家 (B) 開發中國家
(C) 外匯充裕國家 (D) 工業化國家

59. 以下何者不是造成灰色行銷或俗稱「水貨」現象的因素？

(A) 昂貴的實體運配 (B) 大量的價差
(C) 有限的供應量 (D) 以上皆非

60. 下列敘述何者錯誤？

(A) 通常加盟合約會比授權合約更完整
(B) 服務業者之國際化，經常採取加盟方式
(C) 加盟授予者與加盟者具有更長期的承諾
(D) 加盟授予者與加盟者必須協調製造和生產

61. 進行國際行銷研究時，問卷題目之答案，並未設定任何制式答案，填答者可依據其主觀意志和意見，自由發揮填寫，這屬於何種問項？

(A) 半開放 (B) 開放
(C) 封閉 (D) 半封閉

62. 接受權力平均分配在社會每一個人手中的程度，為下列哪一構面所探討的？

(A) 權力距離 (B) 個人或集體主義
(C) 陽剛或陰柔 (D) 不確定性規避

63. 企業之行銷溝通模式，基本上可以分為哪兩種？

(A) 推與拉 (B) 上與下
(C) 前與後 (D) 左與右

64. 船貨在海上遇到風險時，若經由非船長或船員及貨主之其他人之援助行為而獲救

時，其支付援助人之費用，稱為
   (A) 共同海損分擔　　　　　　(B) 單獨費用
   (C) 額外費用　　　　　　　　(D) 施救費用

65. The stipulations of the _____ would be based on those of the _____.
   (A) LC, contract　　　　　　　(B) contract, quotation
   (C) contract, LC　　　　　　　(D) LC, quotation

66. 下列何項不是訂定轉移定價的目標？
   (A) 減少關稅與賦稅　　　　　(B) 管理現金流動
   (C) 可對新競爭者產生嚇阻作用　(D) 希望在全球市場上更具有競爭力

67. 當企業欲進行國際行銷研究時，問卷問題為「您知道未來手機具備雙相機？」係為瞭解消費者的
   (A) 事實　　　　　　　　　　(B) 意見
   (C) 知識　　　　　　　　　　(D) 行為

68. 海運提單 (Ocean B/L) 上，若運費收費情形加註 Freight Collect 字樣，則其貿易條件不可能為
   (A) FOB　　　　　　　　　　(B) FAS
   (C) EXW　　　　　　　　　　(D) CFR

69. 當出口商辦理出口押匯時，除信用狀另有規定外，出示下列何種單證將會被拒付？
   (A) 與雙方買賣合約不符
   (B) 所有貨運單證未有受益人簽名
   (C) PSI 檢驗證明書之檢驗日期晚於提單簽發日
   (D) 匯票簽發日不早於提單簽發日

70. 下列何者不是國際廣告預算編列的方法之一？
   (A) 仲裁法　　　　　　　　　(B) 專家意見法
   (C) 目標任務法　　　　　　　(D) 競爭法

71. 在 CIF 貿易條件下，下列有關於保險的敘述何者較為正確？

(A) 由買方投保，也是由買方負責索賠 (B) 由賣方投保，也是由賣方負責索賠
(C) 由買方投保，由賣方負責索賠 (D) 由賣方投保，由買方負責索賠

72. 有關我國仲裁判斷之效力，下列敘述何者正確？
    (A) 不服，可以申請重新仲裁 (B) 不能與法院之確定判決效力相比
    (C) 與法院之確定判決具有同等效力 (D) 不可依據仲裁向法院申請強制執行

73. 最典型或初步之國際行銷階段的主要方式，也是許多跨國公司進入海外市場最單純的作法為
    (A) 出口行銷 (B) 多國行銷
    (C) 全球行銷 (D) 本土行銷

74. 國外開來信用證，規定：「蠶絲布 500 克，每克 4.5 美元；總金額 ABOUT 2,250 美元，禁止分批裝運」，則出口商向銀行押匯最高金額為多少美元？
    (A) 2,000 (B) 2,250
    (C) 2,362.50 (D) 2,475

75. 在選擇示範短片、生活片段，直接銷售，以及其他的廣告形式等，乃為一種
    (A) 創意的策略 (B) 廣告的訴求
    (C) 銷售的主張 (D) 創意執行

76. 影響產品調適的「產品特性」因素，下列何者為非？
    (A) 進入市場的時機 (B) 技術規格
    (C) 來源國形象 (D) 產品成份

77. 有關 forfaiting 之敘述，下列何者錯誤？
    (A) 融資期限多為中長期半年至 10 年以下
    (B) 多為買斷出口商 O/A 或 D/A 應收帳款債權
    (C) forfaitor 大多以固定利率貼現買進匯票
    (D) 多屬於無追索權

78. Within Letter Credit terms, "In favor of" behind would usually be connected
    (A) Applicant (B) Drawee

(C) Beneficiary　　　　　　　　　(D) Payer

79. 下列何者將形成各地特有之人民生活習慣、禮儀和生活方式，且成為社會的一種法則，會影響社會中一群人的行為？
    (A) 風俗習慣　　　　　　　　　(B) 宗教
    (C) 教育　　　　　　　　　　　(D) 價值觀與態度

80. 依據 UCP600 規定，若信用狀中若未提及是否允許「分批裝運」與「轉運」時，則依慣例應解釋為
    (A) 可以分批；可以轉運　　　　(B) 可以分批；不可以轉運
    (C) 不可以分批；可以轉運　　　(D) 不可以分批；不可以轉運

第八回答案

1. (B)	2. (A)	3. (D)	4. (D)	5. (C)
6. (A)	7. (B)	8. (C)	9. (D)	10. (A)
11. (D)	12. (C)	13. (B)	14. (D)	15. (C)
16. (A)	17. (A)	18. (A)	19. (D)	20. (D)
21. (D)	22. (A)	23. (B)	24. (B)	25. (B)
26. (A)	27. (A)	28. (A)	29. (C)	30. (C)
31. (C)	32. (A)	33. (A)	34. (B)	35. (A)
36. (D)	37. (D)	38. (C)	39. (C)	40. (C)
41. (C)	42. (B)	43. (C)	44. (D)	45. (D)
46. (C)	47. (A)	48. (D)	49. (B)	50. (C)
51. (B)	52. (C)	53. (C)	54. (D)	55. (D)
56. (A)	57. (B)	58. (D)	59. (A)	60. (D)
61. (B)	62. (A)	63. (A)	64. (D)	65. (A)
66. (C)	67. (C)	68. (D)	69. (C)	70. (B)
71. (D)	72. (C)	73. (A)	74. (D)	75. (D)
76. (A)	77. (B)	78. (C)	79. (A)	80. (A)

第九回

考題

1. 實務上若見信用狀提單應提示份數為 "full set less one clean on board Bill of Lading" 時，意指出口商應提示
   (A) 正本三份，需提示兩份
   (B) 四份正本，需提示三份
   (C) 全套正本提單數少一份，其他均需提示
   (D) 全套正本提單均需提示

2. 若信用狀要求受益人三份正本提示兩份，另一份正本提單快遞給進口商時，為避免貨物直接被進口商取走而不付款時，此時受貨人應如何處理，對受益人會較有保障？
   (A) To order
   (B) To order of shipper
   (C) To order of negotiating bank
   (D) To order of Issuing Bank

3. 下列何者不是契約生效之條件？
   (A) 特定的對象
   (B) 當事人有意願
   (C) 當事人有行為能力
   (D) 須以書面形式為之

4. 影響產品調適的「市場環境」因素，下列何者為非？
   (A) 全球性顧客佔比
   (B) 政府的規範
   (C) 競爭狀態
   (D) 氣候與地理因素

5. 企業進入真正的全球化階段時，下列何者為其企業產品的特徵？
   (A) 差異化
   (B) 自動化
   (C) 標準化
   (D) 精緻化

6. 貿易糾紛的解決方式有：a. 訴訟；b. 和解；c. 調解；d. 仲裁，其優先順序為
   (A) abcd
   (B) bcda
   (C) bdca
   (D) cbda

7. 使產品的價格與其邊際成本相等，又稱為邊際成本定價法的定價方法是
   (A) 總成本定價
   (B) 固定成本定價
   (C) 變動成本定價
   (D) 需求導向定價

8. 進口商以 FOB 付款條件申請開發信用狀時，開狀銀行要求檢附下列哪一種保險文件？
   (A) To be declared policy
   (B) Open policy
   (C) Isurance certificate
   (D) Cover note

9. 根據 UCP600 之規定，申請開發信用狀時，不可要求匯票之付款人 (Drawee/payer) 為以下何者？
   (A) comfirming bank
   (B) issuing bank
   (C) applicant
   (D) beneficiary

10. 貨物以 CFS 方式出口，進儲報關之作業事項如下：a. 貨物運送抵達；b. 簽訂裝貨單；c. 點收進倉；d. 貨櫃場裝櫃、海關加封；e. 船公司裝船；f. 海關放行，以下流程何者正確？
    (A) adbcfe
    (B) cbadef
    (C) bacdfe
    (D) cbdaef

11. 歐洲企業以歐盟市場為考量，為下列何者之管理哲學來源？
    (A) 母國中心導向
    (B) 多元中心導向
    (C) 區域中心導向
    (D) 全球中心導向

12. 任何跨國公司在全球進行擴張時，其最主要的關鍵是在哪一個階段？
    (A) 出口貿易階段
    (B) 多國化階段
    (C) 併購階段
    (D) 全球化階段

13. 信用狀標明受益人提示 2/3 套提單，另將 1/3 套提單直接郵寄開狀申請人，則製作

提單時，consignee 欄位應如何註明，對受益人比較有保障？
(A) To order
(B) To order of Applicant
(C) To order of Shipper
(D) To order of Issuing Bank

14. 複合運送是指下列何者？
(A) 至少兩個運送人
(B) 中間發生轉運的情形
(C) 至少分批運送的情形
(D) 至少兩種運輸方式

15. 採信用狀付款方式時，應由託運人背書才能轉讓的提單，其受貨人欄應如何填寫？
(A) To order of consignor
(B) To order of Negotiating Bank
(C) To Buyer
(D) To order of Issuing Bank

16. 有關貿易糾紛之仲裁地選擇，若以公平性為最重要考量，則下列何者較適當？
(A) 離岸地主義
(B) 起岸地主義
(C) 第三國主義
(D) 被告地主義

17. 在各個海外市場有其各自執行的行銷策略，完全以地主國中心且是地主國為獨特的，此管理哲學作法為
(A) 區域中心
(B) 民粹中心
(C) 多元中心
(D) 全球中心

18. 以信用狀付款方式、FOB 交易之流程有：a. 購買運輸保險；b. 詢價；c. 辦理贖單；d. 開發信用狀；e. 申請簽證；f. 簽訂貿易契約；g. 進口報關；h. 換領 D/O；i. 提貨，其正確順序為何？
(A) bfcaedhgi
(B) bfeadchgi
(C) bfeachdgi
(D) bfdheacgi

19. 下列何者不是國際行銷研究人員所得到的次級資料來源？
(A) 相關人員的訪談
(B) 國際性組織
(C) 服務性組織
(D) 政府機構

20. 下列有關 O/A、D/A 和 LC 三種付款方式之敘述，何者正確？
(A) D/A 的資金流向屬於順匯
(B) LC 屬於商業信用

(C) O/A 的資金流向屬於順匯 (D) D/A 屬於銀行信用

21. 運用相同的行銷策略來行銷標準化的產品，此為何種行銷策略？
    (A) 產品延伸—溝通延伸策略 (B) 產品延伸—溝通調適策略
    (C) 產品調適—溝通延伸策略 (D) 產品調適—溝通調適策略

22. 國際行銷研究人員上網至世界觀光組織 (World Tourism Organization) 以瞭解各國觀光人數的趨勢，此為下列何種管道？
    (A) 政府機構 (B) 國際性組織
    (C) 服務性組織 (D) 電子資訊服務

23. 世界各國消費者的偏好及口味越來越相近，形成一個同質的大市場，此為
    (A) 文化全球化 (B) 政治全球化
    (C) 經濟全球化 (D) 市場全球化

24. 諾基亞藉由與微軟聯盟取得微軟的作業系統應用在手機上，意在幫助兩家公司奪回被搶走的高階手機市場，此為下列何種聯盟方式？
    (A) 製造聯盟 (B) 技術聯盟
    (C) 配銷聯盟 (D) 以上皆非

25. 下列何者不是企業海外製造策略？
    (A) 在地組裝 (B) 直接出口
    (C) 合約生產 (D) 完全整合製造

26. 買方若因進口貨物在市場行情暴跌，因不堪損失而假藉理由向賣方提出索賠，是屬於
    (A) 市場索賠 (B) 買賣索賠
    (C) 保險索賠 (D) 貿易索賠

27. 買方於提貨後外包裝尚稱完好，但收到貨時發現包裝完好但貨品有瑕疵，則可向下列何者提出索賠？
    (A) 賣方 (B) 運送人
    (C) 保險公司 (D) 賣方、保險公司和運送人

28. We have just requested our bank to _____ the credit by cable to increase the amount there of by US$330.00, please wait for bank to advise you.
    (A) extend
    (B) amend
    (C) collect
    (D) repair

29. 下列何者屬於貨運單據中主要單據之一？
    (A) insurance policy
    (B) bill of exchange
    (C) country of origin
    (D) customs invoice

30. 有關信用狀作業規則之慣例使用，下列何者正確？
    (A) eUCP 可以獨立使用
    (B) ISBP 亦可獨立使用
    (C) UCP 與 ISBP 有牴觸時，以 ISBP 的規定優先
    (D) eUCP 效力優於 UCP

31. 以信用狀付款的情況下，銀行接受不接收下列何種保險單據？
    (A) Insurance Policy
    (B) Insurance certificate
    (C) TBD
    (D) 保險代理人所簽發的保單

32. 影響產品調適的「市場環境」因素，下列何者為非？
    (A) 進入市場的時機
    (B) 政府的規範
    (C) 競爭狀態
    (D) 經濟發展程度

33. Ship "on or about Aug. 10" in the letter of credit will be interpreted as between August
    (A) the 5 to the 16
    (B) the 6 to the 15
    (C) the 11 to the 15
    (D) the 5 to the 15

34. 以較低價銷售主產品來吸引顧客，另搭配較高價銷售備選或附屬產品來賺取利潤者為何種定價法？
    (A) 組合產品定價
    (B) 市場滲透定價
    (C) 截取市場精華定價
    (D) 追隨競爭定價

35. 受開狀銀行委託為其償付「求償銀行」墊付之款項，但不必負審單之責，係指下列

何種銀行？

(A) drawee bank　　　　　　　　(B) paying bank

(C) confirming bank　　　　　　(D) reimbursing bank

36. 世界三大宗教為

(A) 基督教、回教、佛教　　　　(B) 佛教、回教、基督教

(C) 佛教、印度教、基督教　　　(D) 基督教、佛教、回教

37. 影響產品調適的「組織」因素，下列何者為非？

(A) 全球性顧客佔比　　　　　　(B) 規模經濟

(C) 競爭狀態　　　　　　　　　(D) 進入市場的時機

38. A credit must not be issued available by a draft drawn on the

(A) opening bank　　　　　　　(B) applicant

(C) negotiation bank　　　　　　(D) beneficiary

39. 當貿易條件為 FOB、FCA 或 CFR、CPT 時，由進口商負責投保貨物運輸保險，在信用狀交易之下，若涉及信用授信，通常以何者為保單上之被保險人 (Assured)？

(A) LC 開狀申請人　　　　　　(B) LC 受益人

(C) 開狀銀行　　　　　　　　　(D) 押匯銀行

40. 美國企業自北美自由貿易區 (NAFTA) 形成後，將行銷重點從美國市場擴大至 NAFTA 成員國的加拿大和墨西哥，此即下列何者之管理哲學？

(A) 母國中心導向　　　　　　　(B) 多元中心導向

(C) 區域中心導向　　　　　　　(D) 全球中心導向

41. 在其他交易條件都相同的情況下，當本國貨幣即將貶值時，進口商宜採用以何種付款條件？

(A) PIA　　　　　　　　　　　　(B) Sight LC

(C) D/P　　　　　　　　　　　　(D) D/A

42. 若出口商的報價以郵寄方式預計於 4 月 30 日送達進口商，但出口商於 4 月 28 日緊急以傳真方式告知進口商原報價無效，此行為依大陸法是屬於

(A) 報價之撤銷　　　　　　　　(B) 報價之撤回
(C) 還價　　　　　　　　　　　(D) 報價之更改

43. Shipment shall be in the middle of Aug. in a letter of credit, construed as: Shipping is between August
    (A) 10th to 20th　　　　　　　(B) 11th to 21th
    (C) 11th to 20th　　　　　　　(D) 11th to 19th

44. 下列何者不是通路的成本？
    (A) 維護成本　　　　　　　　(B) 交涉成本
    (C) 心理成本　　　　　　　　(D) 初始成本

45. 除非信用狀有特別記載，否則銀行將不接受下列何種性質之運送單據？
    (A) 含有貨物得裝載於甲板上之條款，但未特別敘明貨物裝載或將裝載於甲板上
    (B) 當 LC 禁止轉運時，若出口商所提示涵蓋運送全程之複合運送單據上標示有「貨物將轉運或得轉運」
    (C) 信用狀申請人以外的人為貨物之貨到通知人
    (D) Charter Party B/L

46. ＿＿＿＿＿＿指是擁有共同對外關稅的自由貿易區。參與國共同設定對外貿易政策，但各國有時仍會各自制定貿易配額。共同的《反托拉斯法》有助避免缺乏競爭。
    (A) 自由貿易區 (free trade area)　　(B) 關稅同盟 (customs union)
    (C) 共同市場 (common market)　　(D) 經濟同盟 (economic union)

47. 廠商使用下列何種銷售促進策略最能使消費者願意嘗試他們的產品？
    (A) 樣品　　　　　　　　　　(B) 折價券
    (C) 抽獎　　　　　　　　　　(D) 夾報廣告

48. 信用狀規定 Amount: USD 5,000，Description of Goods: ABOUT 100 SETS，單價為 USD 50/set 時，則下列不致被銀行拒付之押匯最高金額為何？
    (A) USD 4,500　　　　　　　　(B) USD 5,000
    (C) USD 5,500　　　　　　　　(D) USD 6,000

49. 國際行銷研究人員欲瞭解當地消費者媒體偏好之調查，為下列何項研究？
    (A) 產品研究 (B) 價格研究
    (C) 通路研究 (D) 推廣研究

50. 以 FOB 貿易條件向泰國進口紅蟳，收到的貨物因含沙量超過正常值致無法洗清，則該批貨應屬
    (A) fair average quality (B) good merchantable quality
    (C) grade B quality (D) not good merchantable quality

51. 下列何者為調查法？
    (A) 郵寄 (B) 人員訪談
    (C) 現場觀察 (D) 電話訪談

52. 依據 UCP600 的規定，若 LC 提示日之最後期限及貨物的最後裝船日適逢國定假日時，則下列何者正確？
    (A) 兩者有效期限皆可順延至次一營業日
    (B) 前者有效期限可順延至次一營業日；後者不可以
    (C) 前者有效期限不可順延至次一營業日；後者可以
    (D) 兩者有效期限皆不可順延

53. 在廣告產業中，下列何者的主要工作為選擇廣告圖片、圖形、廣告型態，以及其他視覺因素，並且需為廣告整體呈現負責？
    (A) 藝術總監 (B) 整合行銷經理
    (C) 版權商 (D) 公共關係經理

54. 信用狀付款方式交易，買方於到貨通知、贖單前發現，貨品品質有瑕疵，則可以採取的作法是
    (A) 不去銀行贖單 (B) 撤銷信用狀
    (C) 終止買賣契約拒絕付款 (D) 請開狀行嚴審單據，準備索賠

55. 下列何項不是企業因應「平行輸入」或「水貨」可採取之作法？
    (A) 供應不同版本產品 (B) 採取彈性價格政策
    (C) 教育消費者 (D) 斷絕供應

56. Panacea 公司擬出口機器人到歐洲，由於歐元匯率劇烈變動，其避險策略如何？
    (A) 預購遠期外匯　　　　　　　　(B) 預售遠期外匯
    (C) 改採弱勢貨幣交易　　　　　　(D) 投保輸出保險

57. 信用狀中規定 FOB 條件，貿易契約中又約定賣方須負責船務運輸，萬一貨物在載運途中發生船難，該項損失應由何方負擔？
    (A) 保險公司　　　　　　　　　　(B) 賣方
    (C) 買方　　　　　　　　　　　　(D) 船公司

58. 以信用狀付款方式交易，出口商應辦理事項如下：a. 信用狀通知；b. 辦理出口押匯；c. 簽證與檢驗；d. 報價；e. 出口報關，其出口正確次序為
    (A) daecb　　　　　　　　　　　(B) dacbe
    (C) cdaeb　　　　　　　　　　　(D) daceb

59. 以下何者不是「銷售促進」(sales promotions) 策略的優勢？
    (A) 提供消費者實質的誘因　　　　(B) 為行銷經理之權責
    (C) 使公司得以建立其資料庫　　　(D) 建立長期的品牌知名度

60. 全世界貨物貿易進出口總值最大國是
    (A) 日本　　　　　　　　　　　　(B) 中國
    (C) 德國　　　　　　　　　　　　(D) 美國

61. 貨物運輸使用的保險單保險區間為 "Warehouse to Warehouse"，下列何種情況保險效力終止？
    (A) ICC (A) (B) (C) 在最終卸貨港完成卸載後起算屆滿 30 天
    (B) ICC (AIR) 在最終卸貨機場完成卸載後起算屆滿 60 天
    (C) ICC (A) (B) (C) 在最終卸貨港完成卸載後起算屆滿 15 天
    (D) ICC (A) (B) (C) 在卸貨後至進入指定倉庫的期間

62. 當公司成立自己的行銷通路來銷售商產品時，此種作法稱為？公司自行尋找並供應生產所需的原料時，稱為
    (A) 向前整合 (forward integration)；向後整合 (backward integration)
    (B) 向前整合；向前整合

(C)向後整合；向後整合

(D)向後整合；向前整合

63. 澳洲內陸某超級市場開給台灣的採購代理一張可轉讓信用狀，行將採購種類繁多計達十八項，可安裝 4 個 TEU 的雜貨，該批貨須由台灣 9 家廠商聯合供貨，請問該採購代理宜採用何種方式裝運？

(A) CFS-CY
(B) CY-CY
(C) CY-CFS
(D) CFS-CFS

64. 接受國外大廠委託製造生產後，並以國外原委託廠商之品牌在市場銷售，這種模式稱為

(A) OEM
(B) ODM
(C) OBM
(D) ORM

65. 以單一、統一之產品，行銷全球各國不同國家與地區，例如：美國麥當勞和可口可樂最具代表性企業，此企業應為下列哪一階段？

(A)國內行銷
(B)出口行銷
(C)國際行銷
(D)多國行銷
(E)全球行銷

66. 中國大陸一向有「反日情結」，2012 年更因釣魚台事件開始一系列的反日示威活動，此種情節為下列何者所導致？

(A)語言
(B)風俗習慣
(C)教育
(D)價值觀與態度

67. 所有的產品都有產地，顧客會經由對此國家形象的認知對其產品品質的評估，此稱為

(A)月暈效果
(B)刻板印象
(C)產品來源國形象
(D)總和結構

68. 下列何者不是策略性銷售模式的步驟之一？

(A)制定個人銷售理念
(B)發展顧客關係策略
(C)發展產品策略
(D)發展我族中心主義政策

69. 國際貿易的主體與客體分別為
    (A) 貿易商、貨物
    (B) 貿易商、單證
    (C) 單證、貨物
    (D) 貨物、單證

70. 調查經營者信譽,過濾誠信不佳的交易對手,預防意外損失減少惡意索賠,屬於何種信用調查項目?
    (A) Condition
    (B) Character
    (C) Capacity
    (D) Cooperation

71. 下列何者不是合資的優點?
    (A) 可結合不同供應鏈
    (B) 雙方共同承擔財務及政治風險
    (C) 不需支付額外溝通及協調成本
    (D) 可學習到在新市場經營的經驗

72. 在公司進行銷策略時,僅考慮一套經濟、文化、政治與社會等環境因素的是哪一種行銷?
    (A) 本土行銷
    (B) 多國行銷
    (C) 全球行銷
    (D) 國際行銷

73. 有關國際貨物運輸使用的保險單,一般多屬於
    (A) 預約保險單、不定期保險單
    (B) 預約保險單、定值保險單
    (C) 航程、不定值保險單
    (D) 航程、定值保險

74. 下列何者不是相對貿易?
    (A) 易貨交易
    (B) 補償交易
    (C) 相對採購
    (D) OEM

75. 信用狀關係人如下:BENEFICIARY: HAPPY CO. LTD.; APPLICANT: ABC USA INC.; ADVISING BANK: OPENING BANK: HSBC BANK USA, N.A.; INTERNATIONAL COMMERCIAL BANK OF CHINA; NEGOTIATING BANK: MEGA INTERNATIONAL COMMERCIAL BANK,則信用狀的受益人押匯時,提示匯票的受款人 (payee) 通常是
    (A) ABC USA INC.
    (B) HAPPY CO. LTD.

(C) HSBC BANK USA, N.A.
(D) MEGA INTERNATIONAL COMMERCIAL BANK

76. 進口貨物從量課稅，其課稅依據為
    (A) 毛重
    (B) 理論重量
    (C) 法定重量
    (D) 推定重量

77. 下列何者不是企業海外製造策略？
    (A) 合資
    (B) 特許經營
    (C) 策略聯盟
    (D) 技術授權

78. 國內貿易與國際貿易，下列何者非屬其差異？
    (A) 匯兌風險
    (B) 信用風險
    (C) 政治風險
    (D) 語言及風俗習慣不同

79. ＿＿＿＿＿＿是兩國或多國，以及區域貿易實體間所簽訂的具有法律約束力的契約，目的在於促進經濟一體化，消除貿易壁壘 (例如關稅、貿易配額和優先順序別)，允許貨品與服務在國家間自由流動。
    (A) 自由貿易區 (free trade area)
    (B) 關稅同盟 (customs union)
    (C) 共同市場 (common market)
    (D) 經濟同盟 (economic union)

80. ＿＿＿＿＿＿成立於 1990 年，是由澳洲提議所召開，鑑於世界經濟有走向塊狀經濟之趨勢，目的希望亞太地區的國家應加強彼此的經貿關係。
    (A) OPEC
    (B) APEC
    (C) WTO
    (D) NAFIA

第九回答案

1. (C)	2. (D)	3. (A)	4. (C)	5. (A)
6. (B)	7. (C)	8. (A)	9. (C)	10. (C)
11. (C)	12. (C)	13. (D)	14. (D)	15. (A)
16. (C)	17. (C)	18. (B)	19. (A)	20. (C)
21. (A)	22. (B)	23. (D)	24. (B)	25. (B)
26. (A)	27. (A)	28. (B)	29. (A)	30. (D)
31. (C)	32. (A)	33. (D)	34. (A)	35. (D)
36. (A)	37. (C)	38. (B)	39. (C)	40. (C)
41. (A)	42. (B)	43. (C)	44. (C)	45. (D)
46. (B)	47. (A)	48. (B)	49. (D)	50. (D)
51. (A)	52. (B)	53. (A)	54. (C)	55. (B)
56. (B)	57. (C)	58. (D)	59. (D)	60. (B)
61. (D)	62. (A)	63. (A)	64. (A)	65. (E)
66. (D)	67. (C)	68. (D)	69. (A)	70. (B)
71. (C)	72. (A)	73. (D)	74. (D)	75. (D)
76. (C)	77. (C)	78. (B)	79. (A)	80. (B)

第十回

考題

1. 中華電信在推展數位生活的策略上，與微軟在相關產品與技術尋求合作機會，將微軟線上遊戲相關技術，整合到中華電信寬頻及數位家庭服務，此為下列何種聯盟方式？
   (A) 製造聯盟   (B) 技術聯盟
   (C) 配銷聯盟   (D) 以上皆非

2. 在 DAT 條件下，對國際運輸保險通常如何處理？
   (A) 買方投保，賣方提出索賠   (B) 賣方投保，買方提出索賠
   (C) 賣方投保，賣方提出索賠   (D) 買方投保，買方提出索賠

3. 網際網路的快速發展，帶來人類劃時代的革命，也增進跨國電子商務 (electronic commerce，或稱為 e-commerce) 的交易。跨國企業間彼此所進行的網上交易為何種交易行為？
   (A) B2B   (B) B2C
   (C) C2B   (D) C2C

4. 國際行銷研究人員經常在政府網路上或是向相關單位購買所得到的現成資料即是
   (A) 初級資料   (B) 次級資料
   (C) 描述資料   (D) 觀察資料

5. 下列何者為外匯銀行之授信業務？
   (A) Negotiation   (B) Document against Payment
   (C) Document against Acceptance   (D) Open Account

6. 台商在中國大陸設廠，以 turnkey project 方式向韓商購置染整工廠，由於金額龐大、

交期又長，應採用何種付款條件較能被供應商接受又能降低風險？
(A) 記帳
(B) 託收
(C) 寄售
(D) 分期付款

7. 下列何種危險為協會貨物保險條款 ICC (A) 承保，而 ICC (B) 不承保？
(A) 罷工險所致之單獨海損
(B) 不適航
(C) 偷竊
(D) 保險標的物自然耗損

8. 下列何者不是影響產品和溝通策略選擇的因素？
(A) 潛在顧客的偏好
(B) 進入市場的規模
(C) 調適所必須花費的成本
(D) 顧客購買該產品的能力

9. 下列何者為定性(質化)的研究方法？
(A) 實驗法
(B) 問卷調查法
(C) 論述分析
(D) 時間數列分析

10. 某台商通知在蒙特婁的加拿大商 "We are pleased to inform you that the K/D products you ordered on May 5 are ready for dispatch, we arranged with Taiwan Marine Transport Corp. to ship the goods to your warehouse by SS Lincoln, scheduled to sail from Shanghai on May 15 and due to arrive in Montreal on June 15." The ETA is
(A) May 5
(B) May 15
(C) June 15
(D) the end of June

11. 台灣大同公司至越南設廠，越南消費者可以當地越南盾 (VND) 進行購買，此為
(A) 市場全球化
(B) 生產全球化
(C) 經濟全球化
(D) 政治全球化

12. 我國貨品輸出入規定中，須由國貿局核發輸入許可證者，其代號為
(A) 111
(B) 112
(C) 121
(D) 122

13. 下列關於 "Export Credit" 之敘述，何者正確？
(A) 外銷貸款用以規避匯率風險

(B) 政府透過輸出入銀行對出口商融資爭取海外訂單

(C) WTO 成員國的貿易信用保護

(D) 銀行對出口商的信用提供補貼

14. 一般而言，研究者在進行研究前，會先尋找下列何種資料？
    (A) 初級資料
    (B) 次級資料
    (C) 質化資料
    (D) 量化資料

15. 關於信用狀項下匯票簽發日期，下列敘述何者錯誤？
    (A) 宜晚於檢驗日期
    (B) 宜早於 B/L date
    (C) 可以等於 B/L date
    (D) 宜早於 LC expiry date

16. 某台商的中國大陸紡織工廠，需要從美國 Galveston New Orleans、南方大港進口為數龐大的棉花，其使用之海上貨物運輸，以下列何者最適宜？
    (A) NVOCC
    (B) voyage charter
    (C) time charter
    (D) liner

17. 下列有關輸出保險之敘述何者錯誤？
    (A) 輸出保險幫助貿易商不完全轉嫁風險
    (B) 承保信用危險與政治風險
    (C) 輸出保險證明書協助出口商向銀行申請貿易融資
    (D) 輸出保險是以貨物為保險標的

18. 聯合國貨物買賣合約公約簡稱為
    (A) UCP
    (B) CISG
    (C) URC
    (D) UNCTAD

19. 由賣方製作並以確認書方式簽訂者稱為
    (A) invoice
    (B) offer
    (C) purchase order
    (D) sales confirmation

20. 買賣雙方初次往來，在交易函件中向對方提供 "Our reference：The Bank of Taiwan Head Office，Taipei"，其作用為方便交易對手

(A) 開發信用狀　　　　　　　　　　(B) 調查信用
(C) T/T 匯款　　　　　　　　　　　(D) 以 O/A 交易

21. 艾克森 (Exxon) 石油根據市場氣候差異來調整汽油成份，但沿用原來的廣告訴求，是採行下列何種策略？
    (A) 產品延伸—溝通延伸策略　　　(B) 產品延伸—溝通調適策略
    (C) 產品調適—溝通延伸策略　　　(D) 產品調適—溝通調適策略

22. 2014 年 11 月，中國和哪一個國家宣佈完成自由貿易協議 (FTA)「實質談判」，《天下》雜誌預估對台灣產業將造成多達新台幣 6,500 億元的產值衝擊？
    (A) 日本　　　　　　　　　　　　(B) 歐盟
    (C) 韓國　　　　　　　　　　　　(D) 美國

23. The buyer must pay the costs of any mandatory _____, except when such _____ is mandated by the authorities of the country of export.
    (A) shipment inspection, inspection　　(B) pre-shipment inspection, inspection
    (C) shipment examination, examination　(D) pre-shipment examination, examination

24. 當地品牌所能帶來的利益，下列何者為非？
    (A) 因應地主國市場消費者需求　　(B) 可產生規模經濟效益
    (C) 能切入不同市場區隔建立競爭優勢　(D) 需求擴散

25. 依 UCP600 第 14 條 C 項規定，信用狀未規定提示期間，則受益人必須在裝運日後 21 個曆日內為提示，下列何種單據非該日期依循之裝運單據？
    (A) Air transport document　　　　(B) Road transport document
    (C) Delivery order　　　　　　　　(D) Charter party Bill of Lading

26. 多國籍公司使用外派人員為銷售人員，主要想利用哪一種優勢？
    (A) 對公司產品與公司均較為瞭解　(B) 總部可以保有控制力
    (C) 可以使公司瞭解與獲得海外的經驗　(D) 以上皆是

27. 若一家跨國企業在中國大陸因政治立場而被迫關廠，這是所謂的
    (A) 徵收　　　　　　　　　　　　(B) 接管

351

(C) 所有權限制 (D) 杯葛

28. 我國出口商品 100% 檢驗的檢驗的方式稱為
    (A) 監視檢驗 (B) 逐批檢驗
    (C) 驗證登錄 (D) 符合性聲明

29. 下列付款條件中，何者最能提供買方資金融通的需求？
    (A) Sight LC (B) Cash with Order
    (C) D/P at sight (D) D/A

30. _____ serves as a receipt of goods, the contract between the shipper and the carrier, but not as a document of title to the goods.
    (A) Bill of lading (B) Delivery order
    (C) Shipping order (D) Sea waybill

31. 企業引用全新技術、原理開發新產品，進入與原有市場無關領域，也徹底改變消費者原有的消費行為模式，此為何種產品創新程度？
    (A) 連續性創新 (B) 動態連續性創新
    (C) 非連續性創新 (D) 以上皆是

32. 輸出保險不包括下列何者？
    (A) 海外投資保險
    (B) D/P、D/A 方式輸出綜合保險
    (C) 「台灣接單、大陸出口」的境外貿易保險
    (D) O/A 方式輸出綜合保險

33. 船艙隔成好幾層，用以放置各種不同的貨物，其後演進成為貨櫃輪的型態，指的是
    (A) 不定期船 (B) 散裝船
    (C) 雜貨船 (D) 傭船

34. 依據 Incoterms 2010 規定，CIF 條件下若貿易契約中未約定運輸保險種類與金額，應投保協會貨物保險條款之何種保險與比例？
    (A) A 條款，110% (B) B 條款，100%

(C) C 條款，110%　　　　　　　　(D) A 條款，100%

35. 箭牌口香糖在全球都維持相同的產品，但訴求點則相異，是採行下列何種行銷策略？
    (A) 產品延伸—溝通延伸策略　　　(B) 產品延伸—溝通調適策略
    (C) 產品調適—溝通延伸策略　　　(D) 產品調適—溝通調適策略

36. 產品可滿足不同區隔消費者的需求，但消費者使用產品不同，例如在美國用於園藝的工具，在亞洲有些地方用於農田耕種，是下列何者全球產品發展策略？
    (A) 產品延伸—溝通延伸策略　　　(B) 產品延伸—溝通調適策略
    (C) 產品調適—溝通延伸策略　　　(D) 產品調適—溝通調適策略

37. 下列何者並非高不確定性避免的文化描述？
    (A) 人們面對不確定性及風險常會感到恐懼與不安
    (B) 社會多有許多禁忌，缺乏冒險精神
    (C) 為了降低員工的不確定性，就必須訂定一些明確的薪水及福利規則
    (D) 指數越低，代表越無法忍受不確定性

38. 影響產品採行調適性策略的因素，下列何者為非？
    (A) 全球性顧客佔比高　　　　　　(B) 品牌意象認知差異大
    (C) 地主國市場競爭激烈　　　　　(D) 產品所需服務水準高

39. 定期船的船公司負責裝卸，裝卸費包含於運費中，稱為
    (A) Berth Terms　　　　　　　　　(B) FIO Terms
    (C) FIOST Terms　　　　　　　　　(D) Third Party Terms

40. 促使企業走向全球化的最重要驅力是
    (A) 競爭的驅力　　　　　　　　　(B) 科技的驅力
    (C) 政治的驅力　　　　　　　　　(D) 成本的驅力

41. 星巴克經由網站 Starbucks.com 和其他專營管道銷售各類咖啡、茶葉製品，此為下列何種聯盟方式？
    (A) 製造聯盟　　　　　　　　　　(B) 技術聯盟

(C) 配銷聯盟 (D) 以上皆非

42. 貿易實務上常見、情況最富變化、又少有國際規則或慣例可資依循的索賠，是指
    (A) 匯兌損失索賠保險索賠 (B) 買賣索賠
    (C) 運輸索賠 (D) 保險索賠

43. 下列政府政策中，哪一個與全球行銷最相關？
    (A) 個體經濟 (B) 總體經濟
    (C) 國防外交 (D) 教育制度

44. 下列付款方式中，對出口商而言何者的風險最大？
    (A) Buyer's Usance LC 30 days (B) D/A 30 days sight
    (C) D/P (D) D/P 30 days sight

45. 一般而言，出口商向進口商索賠時，比較可能採取的行動是
    (A) 退貨 (B) 扣留貨物
    (C) 補送貨物或換貨 (D) 減價

46. 2014年全球清廉指數報告中，哪一個國家為世界最清廉的國家？
    (A) 丹麥 (B) 新加坡
    (C) 日本 (D) 美國

47. 當市場出現非同質性的需求，且消費者使用產品的情況及購買產品的能力相同時，適合使用下列何者全球產品發展策略？
    (A) 產品延伸—溝通延伸策略 (B) 產品延伸—溝通調適策略
    (C) 產品調適—溝通延伸策略 (D) 產品調適—溝通調適策略

48. 在何種情況下，一個「區域性導向」的公司會採用第三國籍的銷售代理商？
    (A) 已開發國家/高科技產品 (B) 已開發國家/非高科技產品
    (C) 低開發國家/高科技產品 (D) 低開發國家/非高科技產品

49. 下列有關貿易糾紛調處，何種方式不但費用高、不具保密性，而且手續最繁雜、曠日費時？
    (A) 和解 (B) 調解

(C) 仲裁 (D) 訴訟

50. 由買方製作並以確認書方式簽訂者稱為
    (A) invoice
    (B) offer
    (C) purchase order
    (D) sales confirmation

51. 中國大陸有很多牙膏品牌強調利用中藥或藥草作為牙膏的原料，但還是沿用原本的「天然」訴求，此為何種行銷策略？
    (A) 產品延伸—溝通延伸策略
    (B) 產品延伸—溝通調適策略
    (C) 產品調適—溝通延伸策略
    (D) 產品調適—溝通調適策略

52. 出口商利用何種策略可以規避遠期信用狀的倒帳風險？
    (A) 運輸保險
    (B) Red LC
    (C) Forfaiting
    (D) Factoring

53. 出口商可在自己銀行押匯後，到指定行轉押匯並寄單的信用狀，適用在下列何種信用狀？
    (A) 特別 LC
    (B) 可轉讓 LC
    (C) 轉開 LC
    (D) 讓購 LC

54. 進口商辦理結匯時，下列何種情況得利用 T/R 提貨？
    (A) 使用讓購 LC
    (B) 以 D/P 付款方式
    (C) 使用遠期 LC
    (D) 使用 O/A 付款方式

55. 海運提單應載明的事項不包括下列何者？
    (A) shipping mark
    (B) 貨物體積及淨重
    (C) 貨物交易金額
    (D) 貨物體積及裝運數量

56. 下列何者不是權力距離大的文化描述？
    (A) 表示社會的權力及財富集中在少數人手中
    (B) 社會普遍存在著不公平及不平等的現象
    (C) 政府的管理方式偏向獨裁
    (D) 員工多能參與公司決策

57. 2014年越南排華暴動，此為台商在進行跨國企業投資的
    (A) 政治風險　　　　　　　　(B) 文化風險
    (C) 科技風險　　　　　　　　(D) 經濟風險

58. 下列國家中政治氣候最不穩定的是何者？
    (A) 古巴　　　　　　　　　　(B) 日本
    (C) 義大利　　　　　　　　　(D) 沙烏地阿拉伯

59. 創新產品同原有產品只有些微差異，企業引用原有的技術對產品做改善，對消費者原有的消費行為影響有限，為何種產品創新的程度？
    (A) 連續性創新　　　　　　　(B) 動態連續性創新
    (C) 非連續性創新　　　　　　(D) 以上皆是

60. 若出口商以電話方式報價，則進口商的承諾的方式以何者為佳？
    (A) 口頭　　　　　　　　　　(B) 書面
    (C) 傳真　　　　　　　　　　(D) e-mail

61. 企業只針對一國或一地區進行行銷，亦即企業在行銷中所需考量的是當地市場消費者喜好，即如何因應同業之競爭，例如早年的義美企業，此為
    (A) 國內行銷　　　　　　　　(B) 出口行銷
    (C) 國際行銷　　　　　　　　(D) 全球行銷

62. 繁榮 (prosperity) 通常指一國之經濟水準，可以＿＿＿＿來判定。
    (A) GNP　　　　　　　　　　(B) GDP
    (C) CPI　　　　　　　　　　(D) WPI"

63. 根據 2013 美國「商業環境風險評估公司」(Business Environment Risk Intelligence, BERI) 的報告中，亞洲最適合投資的國家為
    (A) 日本　　　　　　　　　　(B) 新加坡
    (C) 韓國　　　　　　　　　　(D) 台灣

64. 市場經濟分配資源理論中，社會主義制度下，市場上大多是屬於哪一種情形？
    (A) 需求大於供給　　　　　　(B) 供給大於需求

(C) 需求等於供給　　　　　　　　　(D) 市場無法用需求和供給衡量

65. 海關進口稅則之稅率分為三欄，適用第三欄稅率之國家或地區為何？
    (A) 世界貿易組織會員　　　　　　(B) 特定低度開發國家或地區
    (C) 巴拉圭　　　　　　　　　　　(D) 北韓

66. 出口商以 D/P 或 D/A 方式交易，為規避運輸與進口商不去提領貨物的風險，宜採用何種貿易條件簽訂契約？
    (A) FOB　　　　　　　　　　　　(B) DAP
    (C) C&I　　　　　　　　　　　　(D) CPT

67. 根據 UCP600 規定，銀行審查提示單據之合理時間為：提示日之
    (A) 次日起最長 5 個銀行曆日內　　(B) 次日起最長 5 個銀行營業日
    (C) 當日起最長 5 個銀行曆日內　　(D) 當日起最長 5 個銀行營業日

68. 網際網路的快速發展，帶來人類劃時代的革命，也增進跨國電子商務 (electronic commerce，或稱為 e-commerce) 的交易。例如企業網站販售商品給一般消費者 (如博客來網路書店)，稱為
    (A) B2C　　　　　　　　　　　　(B) C2C
    (C) C2B　　　　　　　　　　　　(D) B2B
    (E) 以上皆非

69. 下列有關貿易糾紛調處，何種方式不但有快速、公平、保密等優點，又具有法律拘束力？
    (A) 和解　　　　　　　　　　　　(B) 調解
    (C) 仲裁　　　　　　　　　　　　(D) 訴訟

70. 下列何者為定量 (量化) 的研究方法？
    (A) 個案研究　　　　　　　　　　(B) 論述分析
    (C) 問卷調查　　　　　　　　　　(D) 田野調查

71. 在產品的設計或技術上做改變，使產品具備新的功能，也會改變消費者原有的消費模式，為何種產品創新程度？

(A) 連續性創新 (B) 動態連續性創新
(C) 非連續性創新 (D) 以上皆是

72. 當市場出現同質性的需求，且消費者使用產品的情況及購買產品的能力相同時，適合使用下列何者全球產品發展策略？
    (A) 產品延伸—溝通延伸策略 (B) 產品延伸—溝通調適策略
    (C) 產品調適—溝通延伸策略 (D) 產品調適—溝通調適策略

73. 若一多國企業採行我族中心主義導向，則其使用的銷售人員較可能是
    (A) 地主國人員 (B) 第三國人員
    (C) 不限國籍 (D) 外派人員 (expatriate)

74. 下列有關投保協會貨物保險兵險之敘述，何者正確？
    (A) 屬 warehouse to warehouse 條款 (B) 投保兵險加保罷工險不須增加保費
    (C) 保險期間為至目的港卸貨後未滿 30 日 (D) 使用原子或核子武器所致毀損賠償

75. 何種情況下，多國籍公司會使用地主國的銷售代理商？
    (A) 已開發國家／高科技產品 (B) 已開發國家／非高科技產品
    (C) 低開發國家／高科技產品 (D) 低開發國家／非高科技產品

76. 下列有關貿易糾紛調處，何者不需第三者介入？
    (A) 和解 (B) 調解
    (C) 仲裁 (D) 訴訟

77. 約定以 D/P 30 days sight 付款方式，出口商開立匯票的付款人為
    (A) 進口商 (B) 提示銀行
    (C) 代收銀行 (D) 託收銀行

78. 對於企業進行行銷時，僅面對一套經濟、文化、政治與社會等環境因素的是屬於何種行銷模式？
    (A) 全球行銷 (B) 多國行銷
    (C) 本土行銷 (D) 區域行銷

79. _____為一國際性的組織，開始的使命是幫助在第二次世界大戰中被破壞的國家

重建。

(A) 國際貨幣基金 (International Monetary Fund, IMF)

(B) 關稅暨貿易總協定 (GATT)

(C) 世界銀行 (World Bank)

(D) 自由貿易協定 (Free Trade Agreement, FTA)

80. _____ is a document to prove that the goods are in the place of production, manufacture or export.

(A) ISF Form (B) consular invoice

(C) certificate of origin (D) customs invoice

第十回答案

1. (B)	2. (C)	3. (A)	4. (B)	5. (A)
6. (D)	7. (C)	8. (B)	9. (C)	10. (B)
11. (A)	12. (C)	13. (B)	14. (A)	15. (B)
16. (C)	17. (D)	18. (B)	19. (D)	20. (B)
21. (C)	22. (C)	23. (B)	24. (D)	25. (C)
26. (D)	27. (D)	28. (B)	29. (D)	30. (D)
31. (A)	32. (C)	33. (C)	34. (C)	35. (B)
36. (B)	37. (D)	38. (C)	39. (A)	40. (D)
41. (A)	42. (B)	43. (B)	44. (B)	45. (B)
46. (A)	47. (B)	48. (D)	49. (B)	50. (C)
51. (C)	52. (C)	53. (A)	54. (C)	55. (C)
56. (D)	57. (A)	58. (A)	59. (A)	60. (A)
61. (A)	62. (A)	63. (B)	64. (A)	65. (D)
66. (C)	67. (B)	68. (A)	69. (D)	70. (C)
71. (B)	72. (A)	73. (D)	74. (B)	75. (D)
76. (A)	77. (A)	78. (C)	79. (C)	80. (C)

NOTE

NOTE